이마고 부부관계치료

이론과 실제

하빌 헨드릭스 추천

릭 브라운 저 ㅣ 오제은 역

IMAGO

RELATIONSHIP THERAPY

AN INTRODUCTION TO THEORY AND PRACTICE

학지사

Imago Relationship Therapy:
An Introduction to Theory and Practice
by Rick Brown

역자 서문

부부치료는 '관계' 패러다임의 변화를 의미한다

거의 10여 년 만에 귀국한 고국에서, 상담 전문가의 입장에서 나를 가장 당황하게 만든 것은 바로 '부부문제'였다. 그러나 사실 그때까지만 하더라도 나 역시 부부를 따로따로 개별 상담하거나, 혹은 부부를 같이 상담한다고 해도 어떻게 '부부상담'을 진행해야 할지 잘 알지 못했다. 그래서 나는 가족치료전문가 과정(캠브리지 가족치료연구소 가족치료 레지던트 과정)에서 수련받았던 방식대로 부부 각자의 원가족에서 비롯된 아직 해결되지 않은 어떤 미해결 과제가 현재의 부부관계에서 어떻게 문제를 일으키고 있는지, 또 자녀에게는 어떠한 영향을 끼치는지를 진단하였고 전통적인 가족치료적 접근방식에만 의존하고 있었다. 그러다 보니 아무리 상담을 열심히 해도 다양한 형태의 심각한 부부문제를 겪고 있는 내담자들의 호소는 크게 줄어들지 않았다. 이러한 상황을 접하게 되면서 '정말 어떻게 하면 부부관계를 좀 더 효과적으로 도울 수 있을까? 그런 부부치료 방법이나 도구는 과연 무엇일까?' 하고 진지하게 고민하게 되었

다. 그 후 매년 기회가 올 때마다 부부치료와 관련된 국제적인 학술
대회나 세미나에 열심히 참여하게 되었다. 그중 미국에서 매년 개최
되는 Smart Marriages Conference는 부부치료와 가족치료, 부모교
육 등을 중심으로 전 세계적으로 가장 널리 알려진 임상 효과가 확실
히 검증된 대표적인 치료모델들을 개발자들이 직접 시연을 곁들여
강연도 하고 전문가 과정을 소개하는 국제적 규모의 컨벤션이다. 나
는 2002년에 처음 이 컨벤션에 참가한 이래로 지금까지 거의 매년
빠짐없이 참가해 오고 있는데, 이 컨벤션 기간과 컨벤션 전후 기간에
개최되는 특별 세미나 기간을 통해서 부부치료 분야에서 대표적인
프로그램들을 거의 다 참여해 볼 수 있는 아주 좋은 기회를 가질 수
있었다. 특히 PREP(The Prevention and Relationship Enhancement
Program), RE(Relationship Enhancement), CC(The Couple
Communication Program), Couple CARE(Couple Communication
and Relation ship Enhancement), 그리고 ACME(Association for
Couple in Marriage Enrichment), ME(Marriage Encounter),
PAIRS(The Practice Application of Intimate Relationship Skill)와
PREPARE/ENRICH, Gottman 모델 등 여러 부부치료 프로그램에
직접 참여하는 경험을 통해서 참으로 많은 것들을 배울 수가 있었다.
그러나 그중에서도 가장 의미 있었던 일은 바로 이마고 부부관계치
료(IMAGO Couple Relationship Therapy) 모델을 접하게 된 것이다.
이마고(IMAGO)와의 만남은 나 자신의 부부관계와 자녀관계는 물론
상담자로서의 '치료적 관계'에 대한 나의 관계 패러다임을 완전히
바꿔 놓았다.
  이마고 부부치료 모델은 여러 가지 면에서 매우 독특하고 다른 부

부치료 모델과 다르다. 무엇보다도 첫째, 이마고 부부관계치료는 부부 각자의 아직 치유되지 않은 어린 시절의 상처(unhealed childhood wounds), 즉 '미해결 과제(unfinished business)'를 현재 부부갈등과 힘겨루기의 가장 핵심적인 주제로 간주하고 부부치료에 임상적으로 적용하고 있다는 점에서 다른 부부치료 모델과는 확연히 구분된다. 즉, 이마고 모델은 부부의 '관계'를 치료함에 있어서 어떤 행동의 변화나 문제를 야기하는 증상의 완화를 치료의 목적으로 삼기보다는, 좀 더 심오한 무의식적 차원인 각자의 어린 시절의 상처와 미해결 과제의 치유를 부부간의 '관계'의 치료를 통해 시도하고 있다는 점에서 다른 어떤 부부치료 모델보다도 전인적이고 통합적이며 더욱 근본적인 인간관계 치료라고 할 수 있다. 이마고 부부치료 모델이 시도하고 있는 '관계중심'적 패러다임(relational paradigm)의 관점은 그동안 '개인적 패러다임(individual paradigm)'과 '가족체계적 패러다임(family-systems paradigm)'에만 치중해 오던 나의 치료적 관점을 좀 더 '관계중심'적으로 전환시켜 주었고, 또한 부부관계에서 각 개인의 어린 시절에 발생한 상처의 내면치유와 서로의 아픔을 공감하는 것을 통해서 안전감과 공감적 연대감을 회복하는 관계치료 사이를 연결시키는 다리가 되어 주었다.

둘째, 이마고 부부관계치료는 다른 부부치료 모델들과는 달리 부부치료에서 부부의 역할을 서로의 어린 시절의 상처를 치유하고 미해결 과제를 풀어내기 위해 없어서는 안 될, 아니 반드시 있어야만 하는 '이마고 짝(IMAGO Match)'임과 동시에 서로를 위한 치료사로 이해한다는 점이 매우 독특하다. 이마고 부부치료를 접하기 전까지만 하더라도 나는 부부관계에서 비롯되는 문제들 또한 부부 각자의 개인 치유가 얼마나 이루어졌는지에 달린 일이며, 설령 부부 중 한 사람이 아무리 노력을 기울인다 할지라도 결국 상대방 배우자의 치유는 그 사람 자신의 개인적인 문제라고만 생각했었다. 다시 말해, 부부관계치료에 있어서의 부부의 역할을 다소 부정적으로 보고 그것을 과소평가했다. 그러나 이마고 부부관계치료 전문가 훈련을 받으면서 각 개인의 역할보다 부부의 '관계'에 더 많은 초점을 맞추게 되면서부터, 부부문제는 부부 중 어느 한 사람의 노력이나 변화에 달려 있는 문제가 아니고 **부부가 서로 어떤 상호작용을 하느냐, 즉 '관계' 패러다임을 어떻게 형성하느냐**에 달린 문제라는 것—부부치료 또한 그 관계 패러다임을 변화시키는 일이라는 것—을 더욱 분명하게 깨닫게 되었다. 이혼한 사람의 거의 70%가 다시 재혼을 하거나 새로운 관계를 시작하는데, 재혼자의 이혼율이 초혼자의 이혼율보다 더 높은 이유가 바로 여기에 있다. 나의 어린 시절 상처의 치유와 미해결 과제를 이마고 짝인 나의 배우자와의 관계 속에서 함께 치유하지 않는 한, 다시 말해서 나와 너의 '관계' 패러다임의 변화와 치유를 경험하지 않는 한, 아무리 상대를 바꾸어도 그 결과는 결국 마찬가지이거나 아니면 더 못한 결과를 초래할 수밖에 없다는 것이다.

셋째, 이마고 부부관계치료는 치료사의 역할을 다른 치료 모델들과는 달리 '코치(coach)'와 '촉진자(facilitator)'로 정의하고 있다는 점이 중요하다. 다시 말해서, 부부관계를 치료하는 치료의 주체는 치료사가 아닌 곧 부부 자신들이므로 치료사는 부부가 서로의 치료사 역할을 잘 할 수 있도록 촉진해 주고 특히 부부 사이에서 어떠한 형태의 삼각관계(triangle)도 만들지 않도록 주의해야 한다. 즉, 이마고 치료사의 역할은 부부의 '관계'를 치료하고 강화시키도록 돕는 코치요, 촉진자인 것이다. 나는 이마고 부부관계치료 전문가가 된 이후로는 부부상담을 할 때 부부를 따로 상담하지 않고 항상 두 사람을 동시에 상담한다. 그리고 부부상담을 할 때는 부부가 서로를 정면에서 바라보도록 고안된 '이마고 의자(IMAGO Chair)'를 사용하여, 부부가 상담사인 나를 바라보지 않고 항상 서로를 마주 볼 수 있도록 이끈다. 그리고 나의 역할이 이 부부가 서로의 치료사 역할을 잘 감당하도록 돕는 관계 '코치'이며, 동시에 두 사람의 관계강화를 촉진하는 '촉진자'라는 사실을 잊지 않기 위해 애쓴다.

이마고 부부관계치료는 부부관계, 더 나아가 가족, 자녀관계, 인간관계의 치료를 위해서 하빌 헨드릭스 박사(Harville Hendrix, Ph.D)와 헬렌 헌트 박사(Helen L. Hunt, Ph.D) 부부가 개발한 것으로서 **탁월한 임상효과를 인정받아 전 세계적으로 크게 각광받고 있는 최상의 부부치료 프로그램**이다. 이마고 부부관계치료는 현재 북미를 중심으로 부부상담센터와 가족치료 전문기관, 각종 정신의료, 사회복지기관과 대학교 등에서 성황리에 실행되고 있으며, 이마고 부부상담 전문가 과정은 국제적으로 대단히 큰 호응을 얻고 있다. 현재 20여 개국에서 약 1,000명의 이마고 부부관계치료사가 배출되어 활동하고 있다. 이혼을 결심했던 부부 10쌍 중 7쌍이 이마고 부부워크숍 참가 후에 부부관계가 회복되었다는 놀라운 임상결과가 밝혀지면서(출처: http://gettingtheloveyouwant.com), 미국의 인기 토크쇼 오프라 윈프리 쇼(Oprah Winfrey Show)에 이마고 부부관계치료 개발자인 하빌 헨드릭스 박사와 이마고 부부관계치료 프로그램이 약 17회에 걸쳐 소개되어 극찬을 받기도 했다.

또한 미국에서 미래의 국가정책에 반영하기 위해서 실시한 '가장 행복한 미국인이 누구인가?'에 대한 연구조사 결과에 따르면, 행복지수가 가장 높은 사람들의 공통분모로 흔히 예상되는 돈, 건강, 학력, 직업, 외모 등은 그 사람의 행복지수와는 결정적인 상관관계가 없는 것으로 나타났다. 오히려 놀랍게도 가족관계(부모/부부/자녀)가 좋은 사람, 그중에서도 **부부관계가 좋은 사람**이 가장 **행복한 사람**이라는 사실이 밝혀졌다(연구출처: Center of the American Experiment, Coalition for Marriage, Family and Couples Education, Institute for American Values).

이뿐만 아니라, 한 회사나 조직의 기능성과 생산력 또한 그 조직에 속한 조직원의 부부관계와 매우 깊은 상호관련성이 있다는 연구 결과가 나왔는데, 이런 결과를 토대로 미국의 기업과 정부기관 등에서는 직원들에게 우선적으로 정기적인 부부교육을 실시하고 있다(연구출처: Lois Verbrugge and James House, University of Michigan).

나는 2003년도부터 약 3년 반에 걸쳐 미국의 버지니아 부부치료 전문가 수련센터에서 이마고 부부치료전문가 과정을 수련받았다. 그 과정에서 여러 과제와 시험, VCR 테스트 등을 통과하고 협력 슈퍼바이저(Co-Supervisor) 과정과 약 6개월간의 수련과정을 마친 후, 2007년 2월 마침내 국제이마고 부부관계치료협회(IRI: IMAGO Relationships International)로부터 국제공인 이마고 부부치료 전문가 자격(CIT)을 취득할 수 있었다. 나를 지도했던 수련감독자 마이크 보라시(Mike Borash)는, 아마도 내가 이마고 부부치료 전문가로는 한국인으로서는 물론이고 아시아인으로서도 최초일 것이라고 말하며 축하해 주었다. 하지만 이 말을 듣는 나 자신은 그 말이 영광스럽게 느껴지기보다는 도리어 한없이 부끄러웠다. 우리나라는

OECD 국가 중에서 이혼율은 2위, 이혼성장률과 자살률은 1위로 심각한 상황임을 감안할 때 그동안 국제 공인 부부치료 전문가가 한 사람도 없었다는 사실은 매우 부끄럽고도 한심한 현실이 아닐 수 없다.

나는 워싱턴 DC에서 열렸던 2005년 Smart Marriages Conference 마지막 날 행사에서 수많은 참가자들이 그곳에 있던 대형 스크린에 미국의 이혼율이 자신들의 기대만큼 떨어졌다는 내용이 발표되자 환호성을 지르며 서로를 얼싸안고 눈물을 흘리면서 기뻐하는 모습을 넋을 놓고 멍하니 바라본 적이 있다. 거기에 모인 사람들은 서로 출신배경도 다르고 종교와 직업도 달랐지만, 지금까지의 미국 문제의 핵심이 가정의 위기에 있고, 따라서 미국을 살리기 위해서는 가정을 살리고 부부관계를 치유해야 한다는 데 뜻을 같이하고 있었다. 그래서 그들은 자원봉사도 하고 여러 가지 방법으로 자신들과 자녀들의 미래를 위해서 함께 땀흘려 왔고 그 결과 이러한 괄목할 만한 성과를 얻어 낸 것이다.

많은 사람이 지금 이 사회를 위기의 시대라고 말한다. 그런데 진짜 위기는 대부분의 사람이 정작 무엇이 진짜 문제인지를 모르고 있다는 것이다. 오늘날 위기의 핵심에는 바로 **가정의 위기**가 있다. 나는 우리 사회의 가장 시급한 문제가 무엇보다도 가족문제, 그중에서도 **부부문제**라고 확신한다. 모든 문제의 주범은 우리의 가정이 무너지고 있는 데 있고, 그 가정의 위기의 핵심에는 바로 부부문제가 있다. 그리고 이 부부문제의 가장 큰 피해자는 바로 자녀들이며 현재 이혼가구의 약 70%가 미성년 자녀를 두고 있는 것으로 보고되고 있다. 일반적으로 가정해체는 아동이 있는 가정의 소득 및 소비 수준을 감소시킴으로써 자녀로 하여금 경제적인 어려움에 직면하게 한다. 아동보호시설에 수용된 가출아동의 약 60%가 해체가정의 아동이라는 점은 가정해체가 자녀들에게 미치는 악영향이 단순히 경제적인 어려움에 그치지 않고, 심리, 정서, 대인관계에도 어려움을 주어 심각한 고통을 겪게 한다는 것을 알 수 있다. 이러한 문제는 결국 가출과 범죄율 상승, 폭력, 자살, 약물중독, 성문제, 각종 비행 등의 형태로 나타나 또다시 사회 전체에 악영향을 주게 됨으로써 이제 부부문제와 이혼 등으로 인한 가정해체 문제는 더 이상 한 가정만의 문제가 아닌 심각한 사회, 국가적 문제로 대두되었다. 또한 해체가정에서 성장한 자녀는 나중에 성인이 되어서도 건강한 가정을 꾸리지 못하고 자신들의 부모가 가지고 있던 문제를 다음 세대에 걸쳐 계속적으로 반복하게 되는 경우가 많아 불행한 가정이 결국 확대 재생산된다.

이처럼 부부문제와 이혼, 가정해체는 아동과 청소년 및 가족의 다른 구성원은 물론 사회적으로도 여러 가지 부정적인 결과를 야기한다. 하지만 우리나라처럼 법률적, 제도적인 세부 대책이 제대로 자리 잡고 있지 못한 상황에서는 이러한 부부문제와 가족해체의 확대 현상이 국가재정지출 급증으로 인한 경제성장 둔화 그리고 범죄증가 등으로 인한 사회적 비용급증과 같은 심각한 부작용을 가져올 것으로 보인다. 이것이 바로 우리가 부부관계를 치유하고 강화하는 데 우선적으로 힘을 쏟아야만 하는 이유다. 부부관계를 건강하게 회복시키는 것은 일차적으로는 각 개인과 부부의 노력이 있어야 하는 것이지만 오늘날 이 문제를 개인적인 책임으로 전가시켜서는 해결이 불가능한 상황이므로 이제는 국가와 사회가 모두 함께 머리를 맞대고 중대한 국가적 사안으로서 풀어 나가야 할 것이다.

우리나라는 북미와 비교할 때 부부문제와 관련한 부부상담 전문기관과 부부상담 전문가가 절대적으로 부족한데, 이는 무엇보다도 시급하게 개선되어야 할 부분이다. 미국의 가족정책을 볼 때 미국에서 부부상담이 차지하는 위치는 거의 절대적이다. 미국의 부부관련 정책은 무엇이 결혼을 실패하게 하는지에 대한 문제점 분석과 이혼 후의 사후 마련 대책을 논의하기보다는, **어떻게 하면 성공적인 결혼생활을 할 수 있고 부부갈등을 해결하여 이혼을 막을 수 있는가의** '예방정책'에 초점을 두고 있다(Stanley & Markman, 1997). 그러므로 이혼 전 상담의 실질적인 효과를 위해서는 반드시 부부상담전문기관을 통해 임상경험이 입증된 부부상담 전문가에게서 부부 전문 상담을 받을 수 있도록 해야 한다.

하빌 헨드릭스 박사가 이 책의 추천사에서도 밝혔듯이, 이 책은 이마고 부부관계치료를 알고자 하는 이들에게 이마고 모델의 이론과 실제를 정확하게 설명해 주는 최초의 참고도서로서 많은 사람에게 유용하게 활용될 수 있을 것이다. 이제 이마고 부부관계치료의 이론과 실제를 개관하는 이 책이 한국에 정식으로 소개되는 것을 계기로 하여 우리나라에서도 부부상담이 대중화되고 다양한 부부문제로 고통을 받고 있는 수많은 부부가 그 혜택을 누리게 되길 바란다.

이 번역서가 나오기까지 많은 분들의 도움이 있었다. 우선 번역작업에 많은 도움을 주신 차윤경 선생님께 깊이 감사드린다. 또한 이마고부부상담연구소의 이지영 연구원, (사)한국가족상담협회의 이지현 국장과 강유리 팀장, 한국가족상담센터의 김정희 실장에게 감사한다. 그리고 숭실대학교의 동료 교수님들과 상담전공 학생들, 숭실기독교상담심리연구소의 조아라 조교와 연구회원들 및 지금까지 이마고부부치료 관련 프로그램에 참석해 준 모든 이들과 함께 이 책의 출간을 축하하고 싶다. 또한 언제나 변함없이 상담인의 든든한 후원자로 힘이 되어 주시는 학지사 김진환 사장님과 편집부 관계자 여러분께 진심으로 감사드린다.

마지막으로 이마고 부부관계치료의 개발자이신 하빌 헨드릭스 박사와 헬렌 헌트 박사 부부, 나의 전문가 과정 지도 슈퍼바이저이셨던 버지니아부부치료전문가 수련센터 소장이신 마이크 보라시 선생님, 나의 첫 이마고 부부워크숍의 인도자이셨던 레베카 시어스(Rebbecca Sears) 교수님, 그리고 나의 협력슈퍼바이저 과정의 수련감독이셨던 셸턴 휴티그(Shelton Huettig)와 수지 이츠슈타인(Susie Itzstein) 두 분 선생님께 가슴 깊이 존경과 감사의 마음을 전한다.

"한 번에 한 부부를 변화시킴으로써 온 세계를 변화시킬 수 있다(transforming the world one couple at a time)."라는 이마고 부부치료 비전 선언문을 되새기면서 나는 오늘도 부부상담실로 발걸음을 향한다.

내가 알고 있는 한 이 세상에서 부부가 서로에게 보내는 눈빛과 포옹보다 더 치유적인 것은 없다.

'한 사람과의 관계, 특히 부부관계를 무엇보다도 소중하게 여기는 그날을 바라보며…'

2009년 7월
숭실대학교 연구실에서
국제공인 이마고 부부관계치료전문가(CIT)
오제은

모든 이론과 실제는 역사적이고 관념적인 상황에서 일어나며, 그 학문적 기여는 그 이론의 기원을 통해서 가장 잘 이해될 수 있다. 그런 의미에서 나는 이마고 부부관계치료가 개발된 최초의 상황에 대해 간략한 설명을 하고자 한다.

지난 30여 년 동안 결혼은 계속해서 변화되어 왔다. 이전에는 주로 부모에 의해서 결혼 상대자가 선택되었고 결혼 또한 가족 사이에서 조정되었다. 즉, 결혼은 가족의 사회적, 경제적 요구는 물론 가족의 안정을 위해 사회의 요구 또한 채워 주었다. 대부분의 결혼생활이 비록 안정적이고 오래 지속되기는 했으나 행복이 결혼생활의 목표는 아니었으며, 이혼은 일반적으로 불륜과 불임의 이유로 이루어졌다.

그러나 민주주의와 개인적 자유의 도래로 말미암아 결혼의 기반은 부모에 의한 조정에서 개인의 선택으로 변화되었고, 이는 민주주의 정신에 의해 발생된 큰 사회적, 정치적 변화를 반영하는 것이었다. 민주주의가 도래하기 이전의 사회에서는 사람들은 무언가를 소유할 수는 있었지만 선택의 자유는 거의 누리지 못했었다. 하지만 민주주의는 개인의 생각과 행복의 권리를 가져왔다. 이러한 민주주의 사상으로 인해서 사람들은 '삶과 자유, 행복의 추구'에 대한 권리를 성취하게 되었다. 즉, 그들 스스로가 무언가를 소유하고 자신이 누구와 결혼하려는지 등에 대한 개인적 자유를 누리게 된 것이다. 이제 결혼의 목표는 더 이상 가족과 사회의 안정을 위한 것이 아닌 개인적 욕구와 행복을 추구하는 것으로 탈바꿈되었다.

　가족에 의해 주선된 결혼이 부모의 허락으로 이루어지는 반면 선택에 의한 결혼은 마음의 욕구에 의해 이루어진다. 사회적, 경제적으로는 타당하지 않다 하더라도 로맨틱한 감정의 끌림과 무의식적인 개인적 욕구가 이 선택의 기본이 되었다. 하지만 '로맨틱한 사랑'과 개인적 욕구를 기반으로 한 결혼생활은 본질적으로 불안정하고, 환멸과 갈등으로 인해 고통으로 변하게 되었다. 이혼율은 급증했고 이때부터 심리학에 기반을 둔 부부치료가 시작되었다. 19세기 말 프로이트(Sigmund Freud)가 정신분석을 세우기 전까지는, 갈등을 가진 부부는 주로 성직자와 상담하였다. 성직자는 교회의 경전과 신학을 사용하여 부부갈등의 원인이 죄와 불복종이라고 지적했고, 결혼생활을 유지하기 위한 전통적인 가치관인 믿음에 대해 논하였다. 하지만 심리치료의 도입으로 인하여 부부는 또 다른 자원을 가질 수 있게 되었고 이전과는 다른 진단을 받게 되었다. 프로이트 다음으로 활동한 첫 번째 부부치료사는 내적인 갈등의 원인을 아동기의 해결되지 않은 개인적 문제에 의해 발생된 심리적 에너지의 불화로 보았다. 일반적 치료 접근은 부부를 개별적으로 따로따로 치료하는 것이었고, 처음에 접한 사람을 자신의 내담자로 하고, 그 배우자는 동료 치료사에게 의뢰하곤 하였다.

부부치료의 첫 형태는 프로이트의 형이상학을 기초로 하는 19세기의 물리학, 개인의 자율성과 자유를 공상화한 정치적 세계관, 그리고 무엇보다도 고유의 개인성을 반영하는 것이었다. 19세기 중반에 이혼율이 급증했다. 전쟁미망인은 영어로 말하는 법을 배웠고 남편의 생각과 다른 부분이 있을 경우 자신의 생각을 표현하기 시작했다. 이러한 필요에 따라 부부치료사가 많이 양성되었고 다양한 부부상담기법이 시도되기 시작했다. 여전히 사람 간의 갈등은 개인 내의 심리적 갈등이 치료되어야만 해결된다는 강한 신념이 있어 대부분의 치료사는 결혼한 파트너를 따로따로 치료했고 대부분 배우자를 동시에 만나지는 않았다. 어떤 치료사는 치료의 자문을 시도하기도 했고, 또 다른 일부 치료사는 네 명이 함께 참여하는 상담, 즉 두 명의 치료사가 부부를 각각 상담하기도 했다. 그러다가 일부 용감한 치료사는 그들에게 금단된 영역이었던 부부 모두를 포함한 치료를 하기 시작했다. 이것이 '공동치료(conjoint therapy)'라고 불리는 새로운 치료법의 태동이 되었다. 그러나 여전히 개인의 틀과 개인의 투쟁을 극복하기 위해서 무의식적인 깊은 갈등을 해결하려는 태도가 거의 지배적이었다. 전문가에게 있어서도 결혼생활의 행복은 여전히 정의하기가 어려운 것이었지만 그것이 배우자에 의한 것이라고 정의되지는 않았다.

그러다가 약 40여 년 전 '체계이론(systems theory)'이라는 새로운 바람이 불었다. 부부치료사는 개인적인 틀을 버리고 시스템의 틀을 추구하기 시작했다. 개인의 내적 갈등의 원인은 깊은 무의식에서 나오고 가족 체계 안에서 유해한 상호작용을 가진 해결되지 않은 어린 시절의 문제임이 다시 대두되었다. '개인은 체계 안에 있다'는 새로운 신념이 생겨났다. 이러한 접근방법은 문제를 가진 가정의 아동과 가족에게는 매우 성공적인 것이었지만 부부는 아직 그 치료과정 안에 포함되지 않았다. 그러나 치료적 문화 속에서 거시적으로 성취된 것은 개인의 병리적 문제로부터 내담자의 관계문제로의 패러다임의 변화가 일어난 것이다.

이마고 부부관계치료는 이런 상황에서 태어났다. 그 선구자로는 프로이트, 체계 이론가들, 사회적 프로이트학파, 설리번의 대인관계이론(interpersonal theory), 부버의 '나와 너'의 철학(I-Thou philosophy), 사회적 학습이론, 서구의 신화적 전통과 양자물리학의 통찰 등이 포함된다. 이러한 이론은 개인 간 관계의 영향에 초점을 맞추고 우리는 개개인의 분자이기보다는 상호 간의 분자라고 주장한다. 여기에서 개인과 체계의 존재론의 틀은 경시되고 관계의 존재론이 생겨났다.

그렇다고 이마고 부부관계치료가 부부 자체를 내담자로 보고 부부관계를 그 기반으로 둔 최초의 부부치료는 아니다. 그러나 이것은 치료사가 아닌 커플이 치료적 역할이 된 첫 시도였다. 정신역동에 기반을 두고 관계적 통찰력과 협조하면서, 이마고 부부관계치료는 부부와 치료사 관계의 전이를 부부간의 전이의 문제로 바꾸었고, '관계'의 힘을 치유의 원천으로 사용하였다. 관계는 존재론적 메타이론(metatheory)에 비추어 인간의 차원에서 연결의 개념으로 재해석되었다. 그리고 이 연결의 불화는 모든 결혼생활의 갈등으로 진단되었다. 부부치료를 위한 요구는 연결의 불화에 대한 반응으로 나타났고 결혼 갈등의 무의식적인 목표는 연결을 회복하고 유지하려는 시도로 해석되었다. 따라서 치료의 목표는 그 연결감의 회복을 활성화시키는 과정이 되었다. '로맨틱한 사랑'의 경험은 미성숙한 끌림이거나 반함에 의한 것이 아니라, 인간의 가능성의 예상으로 재인식되었고, 인간의 행복은 성취 가능한 목표가 되었다. 이마고 부부관계치료는 연결감이 회복되고 안정되면 개인적인 혹은 체계 안의 병리가 사라지게 된다는 가정에서 시작된다. 이마고는 이 치유를 위한 치료적 방법이 '대화 과정'이라고 믿는다. 이것은 부부가 그들의 공생적 관계를 깨고, 분리된 자기를 구별하고, 그들의 투사를 포기하고, 서로의 주관적 존재와 연결하는 과정이다. 이 과정으로 갈등은 감소되고, 서로 더욱 존중하게 되며, 열정이 회복되는 것이 관찰되었다. 그렇게 부부는 열정적인 친구가 될 수 있다.

다른 책에서도 이마고 치료의 적용에 대한 내용이 서술되어 왔지만, 이 책은 포괄적인 이마고 부부관계치료의 일반적인 실제적 활용에 대하여 가장 폭넓게 서술한 최초의 저술이다. 릭 브라운(Rick Brown)은 이 책을 쓰는 데 있어 너무나 적합한 사람이다. 그는 이마고 부부관계치료전문가로서 이미 헌신해 왔고, 이마고 이론과 실제를 국내, 국제적으로 가르쳐 온 사람이며, 현재 이마고 부부관계치료 연구소의 소장으로 활동하고 있다. 나는 그의 공개강좌가 이 책으로 만들어진다는 사실을 알고 매우 기뻤다. 이 책을 읽는 독자들은 이마고 치료에 대한 메타이론과 임상이론, 그리고 그 임상적 적용의 일반적 개관을 얻게 될 것이다. 물론 책을 읽는 것만으로는 실제 이마고 전문가 과정을 수련하는 것과는 큰 차이가 있고 그 정신을 대신할 수야 없겠지만 그럼에도 이 책은 이마고 부부관계치료를 알고자 하는 모든 이들에게 그 이론과 실제에 대한 정확하고 확실한 안내를 해 줄 수 있을 것이다. 그리고 이 책은 이마고 부부관계치료사들을 위한 좋은 참고도서가 될 것이다. 나의 아내 헬렌 헌트와 함께 나는 이 이마고 이론과 실제의 공동 개발자로서, 이 책을 통해 이마고 부부관계치료가 더욱 확실하게 설명된 것이 매우 기쁘고, 치료적 분야에서 이마고 부부관계치료가 이렇게 임상적으로 제시된 것에 대해 깊이 감사드린다. 그래서 나는 이 책을 여러분 모두에게 적극 추천하는 바이다.

1998년 미국 뉴저지에서
이마고 부부관계치료 개발자
하빌 헨드릭스 박사

이마고 부부관계치료는 하빌 헨드릭스 박사와 그의 아내인 헬렌 헌트 박사 부부에 의해 처음으로 개발되었다. 이마고 부부관계치료는 이미 결혼했거나 결혼하지 않은 커플을 대상으로 실시했던 임상 연구를 바탕으로 개발되었다. 이것은 헨드릭스 박사가 저술한 (뉴욕 타임스 연속 베스트셀러인)《당신이 원하는 사랑을 얻기 위하여: 커플을 위한 가이드(Getting the Love You Want: A Guide for Couples)》와《당신이 원하는 사랑을 유지하기 위하여: 싱글을 위한 가이드(Keeping the Love You Want: A Guide for Singles)》, 그리고 최근 그들의 공동저서인《치유하는 사랑을 주기 위해: 부모를 위한 가이드(Giving the Love That Heals: A Guide for Parents)》에 잘 서술되어 있다.

이마고 치료는 심리학적 관계 이론과 영적 전통의 복합이며 연속이다. 이마고 치료는 프로이트와 그의 추종자인 융의 이론과 연결되어 있고 아동 심리발달학자, 말러(Mahller), 볼비(Bowlby), 에인즈워스(Ainsworth), 스턴(Stearn) 등의 이론도 포함한다. 그리고 이마

고 치료는 학습이론과 행동의 이론적 틀과 통합하고 있고, 체계이론
을 바탕으로 한다.

이마고 치료는 또한 물리학과 인류학, 그리고 우주학과 같은 다른
분야에서 배운 지식에 의해서도 형성된다. 그것은 현 시대의 보통
사람과 학자에게 기존에 있던 큰 철학적이고 영적인 질문과 이슈에
서 그 답을 찾는다.

이마고 치료의 이론적 초점은 어린 시절의 경험이 짝을 고르는 데
있어서 무의식적인 영향을 끼친다는 것과 개인의 치유와 자기완성
을 위한 성인으로서의 무의식적인 욕구에 있다. 개인적 치유와 자기
완성은 심리학자뿐만 아니라 신학자의 관심 대상이었다. 실제적으
로 중요한 것은 부부가 안전감과 열정을 갖기 위해 '의식적인 결혼
생활'을 영위하는 데 있고, 이를 돕기 위해 치료적 절차, 과정, 기술
(「이마고 부부대화법」과 같은)이 필요하다.

이마고 관계치료의 기반이 된 헨드릭스 박사의 연구는 17년간의 결
혼생활 후 이혼을 할 수밖에 없었던 그의 개인적이고 전문적인 경험
에서 나온 것이다. 그는 서던 메소디스트 대학교(Southern Methodist
University)의 심리학 교수로서 부부치료를 학생들에게 가르치고 있는
자신이 결혼생활에 실패한 것에 대해서 학생들이 의문을 가질 것이라
고 걱정했다. 그래서 그는 커플을 연구하면서 한 학생의 질문— 왜 남
자와 여자는 서로 잘 지내지 못할까— 에 대답해 보기로 결정했다.

헨드릭스 박사는 그의 연구를 부부가 서로 상호작용할 때 나타나
는 힘을 진단하거나 파악하는 데 할애하지 않았다. 그 대신 마음을
열고 부부의 이야기를 경청하였으며 조심스럽게 부부의 언어적, 비
언어적 대화를 연구하고 그들의 감정을 파악하는 데 주력하였다. 그

결과 헨드릭스 박사는 그의 상담실에서 서로의 관계에 대해서 논의하는 성인보다는 싸우거나 울고 있는 어린아이의 모습을 가장 많이 경험하게 되었다.

그 어떤 부부라도 마치 전쟁처럼 서로에게 지독한 상처를 주는 관계를 즐거워하지는 않았지만, 그럼에도 그러한 부부들에게서 뭐라고 딱 잡아 설명할 수 없는 어떤 반복적이고 강박적인 경향을 발견하게 된 것이다. 그것은 서로가 이미 결혼하기 이전부터 가지고 있던 어떤 부정적이고 깊이 억눌린 감정이 계속해서 강박적으로 반복되는 것이었다. 헨드릭스 박사는 그러한 부부들에게서 그것이 비록 불쾌하고 좋지 않은 그런 기억임에도, 자꾸만 익숙한 어떤 곳으로 돌아가려고 하는 경향성을 발견하게 되었다.

헨드릭스 박사는 그렇게 힘든 상황으로 자꾸 되돌아가려는 강박적인 경향이 무의식적인 차원에서 나오는 것으로 보았다. 나는 이런 경향을 데자뷰(deja vu)—사람들이 처음 방문한 곳에서 마치 자기가 예전에 이미 와 봤던 곳에 다시 온 듯한 그런 느낌을 받는 것—와 반대되는 부자데(vu ja de) 경험으로 보았다. 부자데 경험이란 사람들이 자신이 이미 예전에 그곳에 와 봤었다는 것을 알고 의식적으로는 돌아가지 않으려 하지만 그럼에도 결국 자신의 의지와는 상관없이 또다시 되돌아가는 것을 말한다.

헨드릭스 박사에 의해 연구된 커플들은 일반적인 이유(서로 맞지 않고, 다르고, 더 이상 육체적으로 끌리지 않는다는 것 등)로 인해 부부상담을 하게 되었다고 말했다. 하지만 헨드릭스 박사는 그들이 무의식적으로는 불행한 곳으로부터 탈출하기 위해서 상담사를 찾아온 것이라고 믿었다.

헨드릭스 박사는 남녀 모두 이러한 경험에서 빠져나오기 위해 울면서 도움을 청해 온다는 사실은 알았지만, 그들 부부나 박사 모두 어떻게 하면 그것에서 자유롭게 되는지는 알지 못했다. 그는 상담을 계속해 나가면서 사람들이 익숙한 곳으로 다시 돌아가려고 하는 반복적인 강박은, 그들이 사실 익숙한 환경으로 되돌아가려는 것이 아니라 **오래된 상처와 아픔을 치유하기 위한 그들의 무의식적 열망**이라는 것을 깨닫게 되었다. 그래서 '익숙한 곳으로 되돌아가는 것'을 자주 경험하면 할수록 더욱더 절망적으로 해결방법을 찾게 되었으며, 결과적으로 그들의 부부관계 또한 더 불안정적이 되고 더 불행해졌던 것이다.

이러한 부부들을 도와주는 데 있어서 헨드릭스 박사는 만약 그 사람이 상처를 극복하거나 방어를 멈춘다면 과거의 불행하고 고통스러웠던 경험으로 인해 더 이상 영향을 받지 않는 자연스러운 무방비 상태로 되돌아갈 수 있을 것이라는 분석적 개념을 가지고 있었다. 하지만 그가 커플들을 연구하면 할수록 이것이 사실이 아니라는 것을 깨닫게 되었다.

헨드릭스 박사는 어린 시절의 상처와 절망이 정서적인 상처의 주위에 **방어를 형성하는 진짜 원인**이라는 사실을 알게 되었다. 이렇게 주위에 방어를 형성함으로써 어린아이는 그런 힘든 상황에서 살아남을 수 있었던 것이다. 그러나 그렇게 어린아이는 감정적인 접근을 막아 버리는 방어를 취하게 됨으로써 스스로를 구속하는 대가를 치르게 된다.

헨드릭스 박사는 단지 사람의 방어적인 구조를 제어하는 것이 그 사람의 성장과정을 다시 시작하게 하는 시발점을 갖게 하는 것이 아니라는 것 또한 알게 되었다. 방어적이지 않다는 것은 익숙하지 않은 영역에 머무른다는 것이다. 헨드릭스 박사는 어린 시절의 상처로 인해 자기 자신을 방어적인 구조에 가둬 두게 된 사람은 세상을 어떻게 살아야 할지를 아직 배우지 못한 이유로 자신이 방어적이 되지 않고는 달리 어떻게 살아야 할지를 모르고 있는 것으로 이해했다. 그래서 그는 그러한 방어를 다 제거하고 나면 결국엔 유아적 자아만 남게 될 것이라고 믿었다. 다시 말해서 아동기에 성장이 저지된 사람은 사실 스스로도 그토록 성장을 원하고 있음에도 어떻게 해야 자신이 성장할 수 있는지를 아직 모르고 있는 것이다.

반복적으로 받았던 정서적 상처를 치유하기 위한 무의식적 과정은 그 사람으로 하여금 앞으로 더 이상의 상처를 받지 않도록 자신을 보호하기 위해 더욱더 경직된 방어체계를 갖추게끔 만든다. 이렇게 어린 시절에 경험된 정서적 상처는 성인이 되어서 친밀하고자 하는 관계 형성에 영향을 끼친다. 이것은 반복적이며 지속적으로 계속해서 영향을 미친다. 이로 인해 헨드릭스 박사는 개인에서 '관계'로 그의 초점을 옮기게 되었다.

개인에서 관계로 초점이 전환되는 것은 항상 개인에 초점을 맞추었던 기존의 전통적인 심리 치료적인 접근, 즉 개인의 내적인 역동과 개인의 삶, 그리고 가족병력과 성격 등과는 상반되는 것이다. 기존의 심리 치료적 접근은 개인을 서로에게 영향을 미치고 환경의 영향을 받는 존재로 보기보다는 소외되고 독립적인 존재로 다루었다.

반대로 이마고 부부관계치료는 사람은 소외된 존재로 태어난 것이 아니며 소외된 상태로 사는 존재도 아니라는 것을 기본으로 한다. 이마고 이론에 따르면, 개인의 탄생은 다른 사람과의 관계 속에

서 발생된다. 이마고 이론은 개인을 관계 안에 두고 자아의 상처와
형성에 있어서 관계를 원초적인 힘으로 이해한다. 즉, 자아 치유의
원초적인 힘은 바로 '관계'인 것이다.

　이마고 치료사는 한 개인을 소외된 존재로 따로 보기보다는 어떤
것과 또는 누군가와의 '관계'로 본다. 중요한 것은 두 명의 상극된
모습에서 오는 긴장감이 분명히 나타난다는 것이다. 이것은 결국 상
처와 치유가 함께 발생하는 관계의 긴장이다.

　나는 오랫동안 심리학자와 목회상담사로 일해 오면서 오프라 윈
프리 쇼에 출연한 헨드릭스 박사에 대해 아내가 언급했던 것을 계기
로 처음으로 그의 이론을 접하게 되었다. 아내는 헨드릭스 박사가 결
혼관계에 대한 질문에 열중하고 일상적인 대답을 하지 않은 점이 아
주 인상적이었다고 했다. 그는 매우 심사숙고한 후에 대답했고 광범
위한 분야에 깊은 통찰력을 제공한 것 같다고 말했다. 나는 그의 책
《당신이 원하는 사랑을 얻기 위하여: 커플을 위한 가이드》를 구입하
여 읽게 되었다.

　나는 그동안 부부와 가족치료에 관하여 수많은 책을 읽어 왔지만
이렇게까지 정확하게 이해되는 책은 처음이었다. 나와 내 아내는 헨
드릭스 박사가 이끄는 이틀 동안의 이마고 부부워크숍에 참석하기
위해 이마고 부부관계치료 연구소로 향했다. (그 워크숍은 전 세계적
으로 부부들뿐만 아니라 전문상담사를 위해서 좀 더 깊은 강도의 전문가
프로그램을 정규적으로 진행하고 있었다.)

　나의 결혼생활은 비교적 안정적이긴 했지만 곤경에 빠져 있는 부
분 또한 있었다. 나는 "그 점이 좀 더 나아졌으면…" 하고 바라고 있
는 나 자신을 발견하게 되었다. 우리 부부는 아주 고통스러운 갈등

에 처해 있는 정도는 아니었지만 그러나 우리 부부 사이에 열정과
생기가 점점 사라져 가고 있음을 느끼고 있었다. 이마고 치료의 다
양한 방법들을 통해서 우리 부부는 우리가 서로에게 어떻게 안전하
게 느끼도록 할 수 있고 수용하고 용납할 수 있는지를 배웠다.

　이마고 부부워크숍을 마친 후에 나와 아내는 이마고 치료를 통해
서 배운 다양한 기술과 책에 설명되어 있는 과정을 우리의 결혼생활
에 적용하기 시작했다. 그리고 실제로 우리의 결혼생활이 변화되는
것을 경험하게 되었다. 이마고 부부관계치료가 나 자신의 결혼생활
에 너무나 성공적이었기 때문에, 나 자신이 이마고 부부관계치료사
가 되기 위해 전문 훈련을 받고 그것을 나에게 찾아오는 커플들에게
적용시키려 한 것은 너무나 자연스러운 결과였다.

　내가 이마고 이론과 치료에 어느 정도 숙달하게 되었을 때, 나는
고통 중에 나의 상담실을 찾아오는 부부들에게 큰 고마움을 갖게 되
었다. 이들은 단지 서로의 다른 점을 발견하거나 매일의 문제를 해결
하기 위해서라기보다는 좀 더 큰 것을 해결하기 위해 진심으로 노력
하고 있는 사람들이었던 것이다. 그들은 좀 더 크고 깊은 무의식적
여행— 치유되어 아동기를 완성시키려는 —을 떠난 것이다. 즉, 아직
까지 채워지지는 않았지만 반드시 채워져야만 하는 그 어린 시절의 욕
구를 만족시켜야만 하는 것이다. 치료사로서의 나의 역할은 무의식이
하려는 그 일을 의식적으로 인식할 수 있도록 도와주는 것이다.

　나의 일은 부부와 맞서는 것이 아니라 그들과 함께 헤쳐 나가는 데
있다. 그들의 개인적인 문제와 불평이 무엇이든 간에, 그들의 논쟁
과 좌절이 무엇이든지 간에—그것이 그런 고통스러운 '힘겨루기'에
처해 있는 부부가 무의식적으로 노력하는 것이든 아니든 간에—그

들의 어린 시절을 치유할 수 있도록 마무리 지어야만 한다. 이것이 무의식적인 목표라 하더라도 (처음에 나도 그랬던 것처럼) 그들이 그 목표를 성취하기 위한 어떤 기술, 도구, 지식을 지니고 있지 않은 것만은 확실하였다.

치유의 핵심은 성장과 변화이지만 거의 대부분이 진심으로 성장하거나 변화하기 위해 치료를 받으러 오지는 않는다. 그러나 만약 그들이 정말로 원하는 것을 얻으려고 한다면 정직하게 '관계' 속에서 시도해야만 한다. 그들이 변화에 관심이 있다면 보통은 더 쉽고 덜 번거롭기 위해서 상대방을 변화시키기 위한 시도를 한다.

이마고 부부관계치료의 과정 속에 만일 둘 중 한 사람만이라도 성공적으로 참여를 한다면 거기에는 치유와 성장이 일어나게 된다. 나는 치유와 성장을 구별하고자 했다. '치유'는 당신의 욕구가 채워진 상태를 일컫는다. 다시 말하면, 당신이 진정으로 배우자로부터 원해 왔던 것을 마침내 얻게 되었을 때 당신은 치유의 감정을 느끼기 시작한다.

그러나 '성장'은 당신이 당신의 배우자의 욕구를 채워 주었을 때 일어난다. 즉, 당신이 당신의 배우자의 욕구를 충족시키기 위해서 한발 더 내딛게 될 때, 당신은 당신 속에 오랫동안 묻어 두고, 잃어버리고, 억제되었던 자신의 일부를 활성화시키게 된다.

이것은 자신을 정직하게 바라보고자 하는 의지, 관계의 한 부분을 책임지려는 의지, 그리고 마치 깨지거나 손상을 일으킬 수도 있는 살얼음 위에서 스케이팅을 하는 것 같은 그런 느낌 가운데서도 이 프로그램에 계속해서 참여하고자 하는 확고한 의지를 요구한다. 나는 어느 누구든 만약 적절한 안내와 도구를 제공받는다면 이러한 일을 해낼 수가 있다고 진심으로 믿고 있다.

내가 심리치료사로 처음 수련을 받았을 때, 커플들과 함께 치료작업을 하는 데 있어서 어떤 결과나 기대에 관해서도 항상 중립적인 자세를 취해야 한다고 배웠다. 그런데 커플들을 향한 나의 뜨거운 열정과 바람은 치료의 진행을 방해하는 역전이 문제 이상으로 더 심각한 것이었다. 이제 나는 부부가 성공을 하든지 못하든지 간에 내 자신이 더 이상 중립이라고 생각하지 않는다. 나는 부부가 이번 치료를 통해서 그 관계가 회복되든지, 다음 회기에 회복되든지 간에 똑같은 열정을 느낀다. 그리고 동시에 우리 자신이 한 사회의 공동체의 일원으로서 실패한 모든 '관계'에 대해서 우리 모두가 함께 치러야만 하는 대가가 실로 어마어마하다는 것을 실감한다.

비록 모든 부부가 성공적이지는 않다 하더라도 무의식은 자신이 무엇을 하려는지를 정확히 알고 있다고 나는 여전히 확신한다. 만약 우리가 치유와 회복의 목표를 가진 무의식과 협력하는 데 있어 성공하지 못한다면 우리는 언젠가 그 대가를 지불해야만 할 것이다.

이마고 치료사가 되는 것은 '과정'을 활성화시키는 사람이 되는 것이다. 이마고 치료사는 코치로서 치유자가 되거나 과정의 중심이 되려고 해서는 안 된다. 이마고 치료사는 과정을 조정하여 부부가 서로의 치유자가 될 수 있도록 촉진하는 사람이다. 부부가 서로의 치유자가 되어 여정을 계속하도록 격려하는 것이 궁극적인 목표다.

만약 치료사가 부부로 하여금 서로의 치유자가 되도록 격려하는 데 성공한다면 치료를 향한 욕구는 계속 줄어들 것이고 결국엔 더 이상 치료사를 필요로 하지 않게 될 것이다. 궁극적으로 부부는 서로를 필요로 하는 때에 서로를 의지하는 것을 배우게 된다. 그들은 서로를 언제나 곁에 있을 수 있고 또한 서로의 치유를 위한 최고의 치료사로 바라보기 시작하고 의지하게 된다.

   이마고 부부관계치료를 경험하게 되면서 커플은 치유의 힘이 '치료사-내담자의 관계'에서 일어나는 것이 아니라는 인식과 깨달음을 얻는다. 즉, 치유는 부부의 관계 속에 있다. 치유는 원래 상처가 발생했던 것과 비슷한 관계 속에서만 발생한다. 이 주장은 다음 장들에서 더 자세하게 설명될 것이다.

   치유자의 역할에 익숙해 있는 전통적인 치료사는 이마고 치료를 배우면서 그들의 역할이 감소되는 것에 대해 조금 염려하게 될 수도 있다. 이것은 우리 모두의 자세를 겸허하게 낮추게 하는 경험이다. 하지만 치료사가 이 과정 안에 머무르기만 한다면 여러분 또한 내가 경험했던 것처럼 적어도 상담치료를 하는 작업이 더 이상 지루하거나 부담되지 않게 될 것이다. 또한 여러분은 커플들에게 그들이 해야 할 일을 격려하면서 동시에 여러분 자신의 에너지가 새로워짐을 느끼게 될 것이다. 그리고 이러한 경험을 통해서 여러분은 여러분이 단지 그들의 부부문제만을 해결해 주는 것이 아니라, 그들로 하여금 좀 더 큰 치유를 향한 여행과 아직까지 끝내지 못한 그들의 어린 시절을 마칠 수 있게 해 주는 일에 도움을 주고 있는 데서 오는 보람을 느끼게 될 것이다.

플로리다 윈터 파크에서
이마고 부부관계치료 연구소 소장
릭 브라운

C O N T E N T S 차 례

PART 01 이마고 이론 Imago Theory

01 부부는 스스로를 치료한다 ⋯ 35

02 이마고 부부관계 이론 ⋯ 57

PART 1

이마고 이론

01 COUPLES HEAL THYSELVES

부부는 스스로를 치료한다

1. 한 부부의 인생 여정

아내 루이스는 지치고 힘들었다. 사실 그녀는 남편인 웨인이 두려웠다. 남편은 늘 불같이 화를 내고 신경질적으로 비난을 해대며 가정을 전쟁터로 만들어 놓기 일쑤여서 그녀는 항상 거기에 대비하고 있어야만 했기 때문에 편안함과 휴식을 취할 수가 없었다.

그동안 남편을 의지해 왔던 그녀는 남편의 성격이 결혼 후 5년이 넘도록 계속해서 변해 가는 것을 지켜보면서 무척이나 걱정스러웠다. 그토록 사랑스럽고, 유쾌하고, 사려 깊고, 상대방에게 주의를 기울여 주던 남편의 모습은 어디론가 사라져 버리고, 신경질적으로 소리 지르고, 사소한 일에도 화를 내는 사람으로 점차 변해 갔다. 한때 번성했던 남편의 사업마저 그의 감정적인 변화로 인해 큰 어려움을 겪고 있었다.

　남편과 두 자녀를 돌보기 위해 직업까지 포기해야만 했던 아내는 남편의 사업보다는 부부관계의 어려움을 더 걱정하고 있었는데, 이런 점이 남편을 더 화나게 만들었다. 사실 그동안은 남편의 사업이 성공적이었기 때문에 남편은 아내가 아이들과 함께 가정에서 잘 지낼 수 있도록 해 주면서 자기는 그저 잠시 동안만 가족과 함께 시간을 보내도 괜찮다고 생각했다. 또한 그는 자신이 가족의 부양자로서 남편의 역할을 다하고 있기 때문에, 자기가 집에 있는 동안은 뭐든지 자기 마음대로 해도 된다고 주장했다. 그러면서 자신과 아이들에게 화내는 것을 자제해 달라는 아내의 부탁을 항상 무시해 왔다.

　아내는 과연 앞으로 남편과 함께 계속 살아야 할지 말지를 고민하면서 그와 처음에 만났던 한 주간의 학술대회를 회상했다. 그 당시 그들은 각자 다른 주(州)에 살고 있었지만, 직업 관련 정보를 이메일로 주고받으며 연락을 계속 취하게 되었고 이로 인해 점차 가까워지다 사랑에 빠져 마침내 결혼까지 하게 되었다. 짧았지만 매우 열정적이었던 남편과의 로맨스와 연애편지를 그녀는 아주 오랫동안 소중히 여겨 왔지만 이제는 그런 소중한 기억조차 희미해져 버렸다. 그 이유는 한편으로는 남편과 이혼하게 될까 봐 두렵고, 또 다른 한편으로는 남편이 집에 들어오지 않았으면 좋겠다고 생각하는 양가감정으로 말미암아 매우 혼란스러웠기 때문이다.

　처음에 그녀는 자신이 아내로서 실패했다고 생각하여 남편이 변해 주기만을 바라는 자기 자신을 자책했다. 그래서 그녀는 작은 선물을 하거나, 낮에 남편에게 전화를 걸거나, 그가 좋아하는 요리를 하거나, 일터에서 돌아왔을 때 좀 더 예쁘게 보이려고 노력하는 등 어떻게든 남편을 기쁘게 만들어서 좀 더 안락하고 편안한 가정을 가꾸기 위해 부단히 노력했다. 하지만 남편은 이러한 노력을 알아차리지 못하는 듯했다. 그리고 그런 시간은 그녀를 점차 **보이지 않는 배우자**(invisible partner)(역자 주: 있기는 하지만 마치 보이지 않는 사람처럼 된 배우자를 일컫는 말로, 실제로는 이혼한 것과도 같은 빈껍데기 결혼생활이지만 겉으로나 법적으로는 이혼을 하지 않은 채로 살아가는 부부를 가리켜 '보이지 않는 이혼'이라고 부르는 것과 같은 맥락이다)로 만들어가는 것 같았다.

이제 아내의 외로움은 자포자기로 바뀌었고, 남편의 애정과 관심을 끌기 위해 더 미친 듯이 매달리며 불평과 잔소리를 해대었다. 그렇게 아내가 남편에게 다가가려 하면 할수록 남편은 더욱더 거리를 두었고, 그들의 대화는 거의 말다툼이 되었다.

절망적이던 어느 날, 아내는 그동안 그들 부부가 격한 말다툼을 하는 것을 종종 들어 왔던 한 이웃에게 남편이 자신과 아이들에게 해를 끼칠지도 모른다는 자신의 두려움과 공포에 대해 털어놓게 되었다. 그 이웃은 자신이 언젠가 남편과 부부문제로 상담을 받은 적이 있던 이마고 부부관계치료 연구소에 연락하여 전문적인 도움을 받으라고 그녀를 설득했다.

이들의 부부문제는 아내와 아이들이 신체적 위협을 느끼는 정도에까지 이르렀지만 사실 그녀는 결혼생활을 개선하기 위해 나름대로 계속 노력해 왔다. 그녀는 남편에게 그의 술주정과 욱하는 성질에 대해 상담을 받아 볼 것을 오랫동안 권해 왔고, 또 남편이 어렸을 때 부모에게 받았던 학대를 극복하는 치료프로그램에도 그를 참여시키기 위해 애썼다.

하지만 그 어떤 치료프로그램도 남편에게는 실질적인 도움이 전혀 되지 못했고, 남편은 오히려 전보다도 점점 더 감당할 수 없는 사람이 되어 갔다. 그래서 그녀는 이제는 전문적인 상담이 과연 실제로 두 사람의 부부관계를 개선시켜 줄 수 있을는지 매우 의문스러웠지만, 남편이 그녀를 떠나려 한다는 확신이 들었을 때 비로소 이웃의 조언을 받아들이게 되었고, 이마고 부부관계치료 연구소에서 부부치료를 하고 있는 나에게 연락을 하게 되었던 것이다.

이 부부가 처음 상담실을 방문했을 때, 그들은 자신들의 불행한 결혼생활에 대해 전반적인 불평을 털어놓았다. 그들은 화목하지 못했고, 문제를 가진 다른 어느 부부들과 마찬가지로 그들이 그렇게 되기까지 도대체 왜 그리고 무슨 일이 그들에게 일어난 건지를 잘 모르는 채 의아해하고 있었다.

그들은 서로 사랑하는 것 같기는 했지만, 그러나 둘 사이에 제대로 되고 있는 일은 하나도 없었다. 아내의 주된 불평은 남편이 그녀와 충분한 시간을 함께해 주지 않고, 또 그녀가 원하는 긍정적인 관심과 애정을 주지 않는다는 것이었다. 남편은 아내의 잔소리와 비판적인 성격, 그리고 아내가 전반적으로 불행하다고 느끼는 여러 가지 문제들을 자신에게 쏟아붓는 것에 대해 불평했다.

남편은 매우 분노에 찬 남성처럼 보였다. 이마고 부부관계치료사로서 나는 모든 분노 밑에는 아픔이 있으며, 그 아픔 밑에는 아직 치유되지 않는 어린 시절의 상처(unhealed childhood wound)가 자리잡고 있음을 잘 알고 있었다. 이 부부는 서로에게 상처를 주는 무의식적인 힘겨루기(unconscious power struggle) 중이었으며, 그 아픔이 이들의 결혼생활에서 분노로 표출되고 있었다.

1. 한 부부의 인생 여정

나는 이 부부와의 상담을 통해서 남편이 어렸을 적 받았던 학대로 인해 수치심을 느끼고 있음을 알 수 있었다. 그리고 남편은 아내와의 결혼생활을 통해서 그 수치심을 또다시 경험하고 있었다. 아내가 남편에게 잔소리를 하거나 비난을 하는 것은 마치 그의 부모가 어린아이였던 그에게 "이런 잘못을 저지르다니 넌 참 나쁜 애구나! 나쁜 짓을 했으니까 넌 벌을 받아야 해."라고 말하는 것과 같았다.

남편이 술에 취해 분노를 이기지 못할 때, 아내가 그것이 '나쁘다'고 굳이 말하지 않아도 남편은 이미 자신의 행동에 대한 벌을 예상하고 있었다. 그래서 그는 집에 들어서기도 전에 이미 몸을 잔뜩 도사리고 아내가 자신에게 쏟아낼 비난과 '벌'에 대한 반응을 준비하게 되었던 것이다. 그런데 아내 역시 그런 남편의 행동을 이미 예상하고 있었으며, 남편이 도착할 시간이 되면 안절부절못하며 불안해했다. 싸움에 임하는 양측 모두가 다 그렇게 서로를 주시하며 예상해 왔던 것이다.

남편이 자신의 내면 깊은 곳과 맞닿아 어린 시절의 상처를 이야기하게 되고, 아내가 남편을 공감하고 감정을 이해하기까지는 많은 상담이 필요했다.

남편 또한 아내가 성장하는 동안 그녀 역시 부모와의 사이에서 감정적 거리감이 있었으며 그로 인해 남편의 관심과 애정을 오랫동안 갈망해 왔다는 것을 이해할 수 있게 되었다. 남편이 신체적, 감정적으로 그녀를 밀어내고 무시했던 모든 시간은 그녀를 또다시 버림받은 아이로 만들었던 것이다.

상담이 진행되면서 남편과 아내의 의사소통과 이해심은 거의 공감적 수준에까지 다다를 수 있게 되었는데, 그것은 연구소에서 실시했던 '감정에 관한 프로그램' 중 특별히 「이마고 부부대화법(the Couple's Dialogue)」 훈련을 통해 이루어졌다. 그리고 이 훈련은 이마고 부부관계치료의 핵심이다.

계속해서 이 책을 통해 이야기하게 되겠지만, 「이마고 부부대화법」으로 대화를 하게 되면서 이들은 서로에게 반응하려는 태도를 멈출 수 있게 되고 그저 서로의 이야기를 잘 들을 수 있게 되었다. 부부는 「이마고 부부대화법」 훈련을 통해서 한 사람이 상대방에게 하는 이야기를 잘 듣고 최대한 침착하게 상대방 말을 반영해 주거나 반복해 준다. 그리고 상대방에게서 충분한 설명을 다 들었을 때는 들은 내용에 대해서 「인정하기」를 해 주고, 상대방의 말이 이해가 되면 이해된다고 그리고 그 말이 무슨 뜻인지를 알겠다고 말해 주면서 상대방의 이야기를 서로 순서를 바꿔 가며 인정해 줄 수 있게 되었다. 그리고 더 나아가 서로가 상대방의 이야기를 있는 그대로 솔직하게 다 들은 후에, 그때 상대방 배우자가 어떤 감정을 느꼈을까를 상상해 보고 상대방이 느꼈을 것 같은 감정을 표현하면서 서로를 공감할 수 있게 되었다.

이 「이마고 부부대화법」은 커플이 대화 도중에 자제력을 잃지 않도록 보호할 수 있는 어떤 특별한 패턴을 따르도록 되어 있는데, 이것은 어린 시절 상처의 밑바닥 아래 있는 분노와 두려움마저도 이야기할 수 있게 하는 그런 안전한 환경을 형성해 준다. 이마고 부부관계치료사는 커플들로 하여금 이러한 관계의 수준까지 이를 수 있도록 그들을 안내하는 코치의 역할을 담당한다.

남편의 분노가 아내를 얼마나 겁에 질리게 했는지를 다룬 그 특별하고도 신랄했던 상담시간이 시작되었을 때, 남편의 첫 반응은 냉담함 그 자체였다. 그는 자신은 이미 이 모든 얘기를 다 들었었고 그래서 또다시 이 이야기를 반복해서 듣고 싶지 않다고 했다. 그는 자신이 이런 상담 때문에 자신의 일하는 시간을 뺏길 수는 없다고 말하며, 이 「이마고 부부대화법」에 참여하는 것 자체를 회피했다. 하지만 나는 그가 치유되어야만 하는 자신의 상처를 다룰 수 있을 때까지 「이마고 부부대화법」을 통해 그를 안내해 주었다.

남편은 아내가 잔소리를 하고, 자신을 비난하는 그 모든 것이 자신의 부모, 그중에서도 특히 어머니가 어렸을 때 자신을 대했던 모습을 떠올리게 한다고 고백했다. 그는 어머니의 구타와 엄한 처벌, 그리고 또래친구와 다르다는 이유로 가해졌던 언어폭력 등을 기억해 냈다. 그의 아버지는 그의 어머니가 아들을 마음대로 학대하도록 내버려 두었고, 그중에서도 어머니의 무분별한 행동들을 전혀 제지하지 않았기 때문에, 아버지 또한 그 학대에 동조를 했다고 생각하고 있었다. 그의 부모 두 사람 모두 아들에 대해서 약간의 인내심조차 갖고 있지 않았었고, 이제 성인이 된 남편 웨인은 아내 루이스의 가장 큰 잘못 중 하나가 자신의 부모와도 아주 비슷한 그런 태도라고 느끼고 있었다.

상담을 하는 동안 아내는 남편의 이런 이야기에 귀를 기울였고, 남편이 부모와의 관계에 대해 울먹거리며 말하는 것을 들으며 한결 마음이 누그러졌다. 이 단계에서 아내의 역할은 단지 남편의 말을 들은 그대로 반영하고, 인정해 주고, 공감하는 것이었다. 아내는 "그러니까 당신 말은, 당신이 저녁식사 시간을 거르며 집에 늦게 들어왔다고 내가 당신을 비난하는 것이 마치 당신이 아주 나쁜 짓을 했다고 말하는 것처럼 느껴졌고, 또 그것이 당신이 어렸을 때 당신

을 그렇게 대했던 어머니를 생각나게 했다는 거군요."라고 조용히
반영해 주었다.

"그래. 그게 바로 내가 하고 싶었던 말이야. 당신은 내가 왜 늦었
는지는 묻지도 않았잖아. 내가 무엇 때문에, 왜 늦었는지, 내게 무슨
일이 일어났는지는 상관하지도 않고 그저 내가 늦은 것에 대해서만
불평을 늘어놓았잖아."라고 남편이 말하자, 아내는 "그러니까 당신
말은 내가 당신이 왜 늦었는지는 묻지도 않고 불평만 하고 당신이
늦은 상황에 대해서는 아무런 고려도 하지 않았다고 느꼈다는 거군
요. 당신의 말이 이제야 이해가 돼요."라고 남편의 말을 인정해 주었
다. 그러고 나서 그녀는 그러니까 "내가 그렇게 했을 때 마치 당신의
부모님이 과거에 당신에게 그랬던 것처럼 내가 당신을 꾸짖고 해명
할 기회조차 주지 않고, 그래서 당신 자신이 나쁘고 수치스럽다고
느끼게 됐을 것이라는 게 짐작이 가요."라며 공감했다. 남편은 아내
가 자신을 잘 이해했을 때는 '그렇다'고 반응했으며, 아내가 잘 이
해하지 못했을 때는 거기에 대해 설명을 더 길게 하였다. 그들은 그
렇게 자신들의 메시지가 서로에게 편안하게 전달되고 이해가 될 때
까지 「이마고 부부대화법」을 계속하였다.

이 90분간의 상담 동안 아내와 남편은 서로 순서를 돌아가면서 각
자의 이야기를 했고, 한 사람이 이야기할 때 상대방은 그것을 반영
하고, 인정하고, 공감해 주었다. 그러고 나서 다시 서로의 입장을 바
꾸어 대화함으로써 어떤 두려움도 없이 안전한 환경에서 서로의 생
각을 충분히 말로 표현할 수 있는 기회를 가지게 되었다.

상담회기가 끝날 즈음에 그들은 상담을 시작했을 때보다 훨씬 더
침착해졌으며 "이제야 이해가 돼요. 앞으로는 이런 방법으로 대화

를 해야겠어요.”라고 아내가 남편에게 말할 정도가 되었다.

　남편은 아내만큼 빨리 되지는 않았지만, 이 「이마고 부부대화법」 과정에 참여함으로써 이제부터는 누군가에 대한 비난이나 어떤 두려움 없이 자신의 어린 시절의 깊은 상처를 내보일 수 있게 되었다. 그리고 아내는 이제야 비로소 남편의 **분노**의 **진짜** 원인을 이해할 수 있게 되었고, 그것에 맞서기보다는 침착하게 반영할 수 있는 단계에까지 다다르게 되었던 것이다. 이렇게 그녀는 남편을 다르게 바라보기 시작했는데, 이것을 이마고 부부관계치료에서는 「배우자에 대한 이미지의 재형성」이라고 부른다.

 ## 2. 달라진 이미지

　이마고(Imago)라는 말은 라틴어 어원으로 ‘이미지(image)’라는 뜻이다. 어린 시절 형성되고 만들어진 보호자에 대한 이미지가 성인이 된 후에 **배우자를 선택하는 동기**가 된다는 것이 바로 이마고 부부관계치료의 핵심이기 때문에, 이미지는 이마고 부부관계치료에서 매우 적절한 용어다. 우리는 보호자의 긍정적이고 또 부정적인 모습을 닮은 사람에게 끌리는 경향이 있다. 이러한 경향은 우리가 상처받았던 어린 시절의 사건이 또다시 결혼생활 가운데 재현되도록 만든다.

　‘어린 시절 우리에게 무슨 일이 일어났는가’는 대부분의 동물이 새끼였을 때 일어나는 일과도 흡사하다. 콘라드 로렌츠(Konrad Lorenz)는 그의 〈새끼오리에 관한 유명한 연구〉에서 새끼오리는 태어나자마자 어미의 이미지를 자기 안에 각인하는데, 이 각인의 목적이 자신의 생존을 위한 것이라는 사실을 관찰했다.

만약 새끼오리가 길을 잃어서 숲에서 뾰족한 귀에 날카로운 이빨을 가진 무언가를 만나게 된다면 새끼오리는 그것에 관심조차 보이지 않고 도망가 버린다. 하지만 그것이 만약 오리처럼 걷고, 오리처럼 생겼으며, 오리처럼 소리를 낸다면, 새끼오리는 그것을 따라간다. 만일 새끼오리의 첫 번째 이미지가 연구자였다면, 새끼오리는 그 연구자를 각인하여 자기 어미인 줄로 알고 따라다니게 될 것이다.

인간도 이와 비슷하다. 매우 어렸을 적 보호자의 긍정적이고 부정적인 이미지를 지닌 채로 우리는 시작하게 된다. 일반적으로 부모에게 가장 큰 영향을 받게 되지만 형제, 할아버지, 할머니, 삼촌, 이모 등이 보호자였다면 그들의 긍정적, 부정적 모습을 각인하게 되고 이러한 이미지를 우리의 삶 속에 간직하게 된다.

보호자의 이미지는 합성되어 어떤 모습을 지니게 되는데, 우리는 그런 이미지의 합성을 가리켜 이마고(Imago)라고 부른다. 이마고는 어린아이의 초기발달에 영향을 주었던 특정 보호자의 긍정적이고 부정적인 모든 모습으로 구성된다. 그것은 분명한 흑백사진이 아니라 전체적으로 이해되어야 하는 어떤 인상파 그림과도 흡사하다고 할 수 있다. 모순적이게도 우리는 성장하면서 무의식적으로 이러한 이미지에 맞는 사람에게 끌리게 된다.

만약 당신이 배우자에게서 어떤 모습을 기대하느냐고 질문을 받는다면 아마도 당신은 친절하고, 자상하고, 따뜻하고, 민감하고, 매력적인 모습과 같은 긍정적인 모습만을 나열할 것이다. 그 누구도 배우자와의 관계에서 무관심하고, 거리감을 두고, 불친절한 것과 같은 부정적 모습을 원하지는 않는다. 이렇게 의식적으로는 사람들 모두가 긍정적 모습을 지닌 이상적인 배우자를 찾기 위한 준비를 하지만, 사실은 우리 자신도 모르게 무의식적으로 우리의 보호자의 긍정적이면서 또한 부정적인 두 가지 모습을 함께 지닌 그런 사람을 찾게 된다는 것이다.

이를 설명하기 위해 프로이트(Sigmund Freud)가 사용했던 비유를 들 수 있다. 그는 무의식과 의식을 구별하여 설명하기 위해서 말에 올라타 있는 기수의 이미지를 사용하곤 했다. 여기에서 기수는 의식적 생각을, 그리고 말은 무의식을 나타낸다. 즉, 의식적인 생각으로 기수는 자신이 무엇을 원하는지를 알고 있지만, 기수의 밑에 있는 말에 해당하는 무의식은 자기 스스로의 생각을 가지고 있다.

말에 올라타 있는 기수의 모습을 생각하면서 과연 누가 진정한 힘을 가지고 있는지 생각해 보자. 물론 기수가 모든 것을 담당할 수 있다고 생각할 수도 있겠지만, 사실 진정한 힘의 주인공은 말(馬)이다. 만일 자신이 원하기만 한다면 말은 멈추거나, 기수를 떨어뜨리거나, 혹은 도망갈 수도 있다.

이러한 것을 '관계' 속에서 생각해 보았을 때, 우리는 의식적으로는 우리가 배우자에게 무엇을 기대하는지를 알고 있으며, 배우자가 지닌 긍정적 모습에서 그것을 찾고 있다고 말할 수 있겠지만, 과연 모든 힘을 가진 무의식이 찾고 있는 것은 무엇이고 이 무의식은 무엇을 하려고 하는 것일까?

이마고 이론을 살펴보면, 무의식은 어린 시절에 **충족되었어야** 했지만 아직 **충족되지 못한** 것을 찾아 그 여행을 끝내야 할 사명을 가지고 있다. 무의식인 말(馬)은 그 여행을 끝내기 위해서 무의식이 어렸을 적 가져야만 했던 그것과 비슷한 것을 찾아 나서는 것이다. 만약에 당신의 부모가 당신이 어렸을 때 당신을 잘 돌보고, 좋은 것을 제공했던 그런 긍정적인 면을 지니고 있었지만, 그럼에도 당신의 부모가 우울하고 불행했다면, 당신은 결국 무의식적으로 우울한 배우자를 찾아다니게 될 것이다. 하지만 그 누구도 그런 고통을 원하지는 않기 때문에 만약에 당신이 그 사실을 미리 알았더라면 이미 그 사람에게서 멀리 도망쳤을 것이다.

　하지만 무의식적으로 당신은 우울한 사람에게 끌리게 될 것이다. 어렸을 적 상처를 받았던 그대로 당신에게 상처를 주는 사람에게 또다시 끌릴 것이다. 당신이 이 문제를 해결하지 못하고 관계를 잘 맺지 못한다면, 당신의 집과 당신이 가진 모든 것이 다 사라지고 없어지게 되는지도 모른다. 또한 당신이 다시는 이런 관계를 맺지 않겠노라 아무리 맹세를 한다 해도 이전과 똑같은 일이 또다시 다른 사람과의 관계 속에서 재현될 것이다. 그 오래된 당신의 상처가 치유되지 않는 한, 그게 부모든 아니면 다른 보호자든 당신에게 처음으로 상처를 주었던 그 사람의 이미지와 비슷하게 들어맞는 그런 어떤 사람을 당신도 모르게 무의식적으로 찾아다니게 될 것이다.

　누구나 의식적으로는 자기 자신을 위해 이렇게 하지는 않을 텐데, 과연 무엇이 우리를 이러한 관계 속으로 빠져들게 하는 것일까? 이 지구상의 그 어떤 힘이 이러한 관계를 맺게 이끄는가? 이 딜레마의 해답은 자연스럽게 나타난다. 그것이 바로 **로맨틱한 사랑**(romantic love)이다.

　'로맨틱한 사랑'은 상대방의 부정적인 모습을 보지 못하게 하거나 너그럽게 바라보도록 만들고, 두 사람의 관계 속으로 강렬하게 빠져들게 만든다. "사랑을 하면 눈이 먼다."라는 옛말은 의미심장하지만 그것은 진실이다. '로맨틱한 사랑'은 배우자의 부정적인 모습을 잠시 동안 바라보지 못하도록 만든다. 이것은 거의 마취와도 같은 방법으로 작용되는데, 우리는 마치 마취를 당한 것처럼 일시적으로 무감각하게 되어 결과적으로 우리가 원하고 좋아하는 곳으로 나아가게 된다. 만약 우리가 어디로 가는지, 그리고 어떤 고통을 맛보게 될 것인지를 미리 알 수 있다면, 우리 대부분은 그런 길을 결코 택하지 않았을 것이다. 하지만 무의식은 그것이 우리에게 중요할 뿐만 아니라 반드시 필요한 여행이라고 우리를 믿게끔 만든다.

　'로맨틱한 사랑'을 하면서도 상대방의 부정적인 모습을 볼 수 있는 경우가 있기는 하다. 하지만 '로맨틱한 사랑'의 그늘 아래에서 우리는 그러한 부정적인 모습을 과소평가하는 것 같다. 예를 들어, 한 젊은 여성이 약혼자에게 질문을 하는데 그가 대답을 하지 않았다고 하자. 그녀는 아마 이 일을 가볍게 여기며 '아마 이 사람의 마음이 지금 복잡한 게 분명해. 앞으로 우리가 결혼을 하고 안정을 취하게 되면 분명히 내게 더 많은 관심을 가져 줄 거야.'라고 생각할는지 모른다. 그러나 결혼을 한 후 부부의 결혼생활이 시작되고 드디어 마취상태와도 같은 '로맨틱한 사랑'이 사라지고 나면, 그때야 비로소 상대방의 부정적인 모습이 드러나게 되고 고통을 느끼기 시작한다.

　아침에 일어나 아내가 남편에게 말을 걸어 보지만 남편이 투덜거리기만 한다면 아내는 상처를 받고 자신이 무시당한다고 느낄 것이다. 하지만 그 당시는 알 수 없겠지만, 그것이 그렇게 큰 아픔을 주는 까닭은 아마도 그것이 자신이 어렸을 적에 부모에게서 무시당하고 간과되었던 그녀의 어린 시절의 상처를 건드리는 것이기 때문일 것이다. 즉, 자신의 **결혼생활**을 통해서 자신의 어렸을 때의 일이 또다시 재현되고 있는 것이다.

결혼 초기에 이러한 아픔을 경험하게 되는 부부가 결혼생활을 그냥 끝내 버려야겠다고 마음먹으며 결국 이혼의 길을 선택하게 된다 해도 사실 그리 놀랄 만한 일이 아니다. 많은 부부들은 '로맨틱한 사랑'이 사라지는 결혼 초기의 몇 년 동안 상대방이 자신이 그토록 바라던 그런 배우자가 아니었다는 점에 대해 실망을 하고 환멸을 느끼며 이혼을 결심하게 된다. 하지만 이마고 이론은 만약 그들이 자신들의 부부관계 속에서 그것을 극복하는 시간을 갖지 못한다면, 얼마 가지 않아 곧 그것을 또다시 반복하게 될 것이라고 경고한다. 사실 이마고 부부관계치료사는 이러한 패턴을 종종 접하게 된다.

이마고 부부치료를 시작하기 전에 나는 한 부부를 만난 적이 있는데, 이 부부는 남편이 알코올 중독치료를 거부한 것 때문에 결국 이혼하게 되었다. 아내는 낮은 자존감을 가지고 있었으며, 그들의 결혼생활의 마지막은 매우 절망적이었다. 하지만 얼마 후, 그녀는 다시 새로운 삶을 시작하게 되었다. 직업도 새로 가졌고, 2년 반 동안의 개인상담을 마친 후 이젠 다른 삶을 살게 되었다며 내게 감사의 편지를 보내왔다. 우리는 서로 악수를 하며 그 상담을 마무리하였고, 나는 상담을 통해 좀 더 나은 사람을 세상에 내보내게 되었다고 확신하고 있었다. 하지만 그로부터 약 3년이 지난 후, 그녀는 자신이 재혼을 했으며, 지금 당장 도움이 필요하다면서 나에게 전화를 걸어왔다. 그녀가 새 남편과 함께 상담실에 찾아와 15분이 지났을 때 나는 '오 저런, 부자데(vu ja de)!'라고 생각했다. 그녀는 매우 탁월하고 성공적인 변호사와 재혼을 했다. 하지만 그녀의 새 남편은 알코올중독자는 아니었지만 일중독자였다.

　그녀는 첫 남편에게서 느꼈던 것과 똑같이 새 남편과의 관계에서도 감정적인 거리감과 관계에서 오는 무익함으로 인한 고통을 또다시 경험하고 있었다. 그 당시 나는 이마고 부부관계치료를 하고 있었기 때문에 그들을 「이마고 부부대화법」 과정으로 이끌어 그들로 하여금 상대방의 아픔을 경청해 줄 뿐만 아니라, 서로를 이해하고 공감할 수 있는 환경을 조성해 주었다. 상당한 상담시간을 가진 후 그들은 치유 과정에서 서로에게 유익한 배우자가 되는 방법을 배울 수 있게 되었다.

　「이마고 부부대화법」을 통해서, 그녀는 성격이 몹시 차갑고 그녀의 삶에 전혀 관여하지 않았던 자신의 아버지에 대해서 말할 수 있었다. 남편 또한 조금이라도 부모의 기대에 벗어날 경우 그때마다 자신을 과소평가하며 항상 더 열심히 해야 한다고 다그쳤던 자신의 부모에 대해서 말할 수가 있었다. 이렇게 그들이 서로를 전혀 다른 모습으로 바라보게 되었을 때―즉, 서로에 대해 새로운 이미지를 갖게 되었을 때―그들은 진정한 치유가 필요했던 자신들의 어린 시절의 상처를 향하여 조금씩 움직여 내려갈 수 있었다.

3. 배우자에 대해 새로운 이미지 갖기

　이마고 부부관계치료의 목표 중 하나는 부부로 하여금 상대방 배우자에 대하여 새로운 이미지를 갖도록 하는 것이다. 스티븐 코비는 그의 베스트셀러인 《성공하는 사람의 7가지 습관(The Seven Habits *of Highly Effective People)*》에서 버스를 탔던 일화를 소개하고 있다. 한 버스정류장에서 두 아이를 데리고 한 남자가 버스를 탔다. 남자는 자리에 앉아 팔짱을 끼고는 고개를 떨어뜨렸고 아이들은 버스에서 서로 장난을 치기 시작했다. 얼마 후 아이들은 버스 통로 앞뒤를 왔다 갔다 했고 승객들은 눈살을 찌푸리기 시작했는데, 정작 아이들과 함께 탄 그 남자는 구부정하게 앉아 자기 아이들의 그러한 행동을 의식하지 못하는 듯이 보였다.

아이들에게 무관심해하는 그 남자의 행동을 보면서 승객들은 화가 나기 시작했다. 코비 박사는 무언가를 하기로 맘먹고 재빨리 남자의 어깨를 치며 이렇게 말했다. "실례합니다. 당신이 알고 있는지는 잘 모르겠지만 당신의 아이들이 지금 승객들에게 폐를 끼치고 있습니다. 그리고 나는 무엇보다도 아이들의 안전이 걱정이 되네요." 그러자 남자는 고개를 들며 말했다. "오, 저런! 정말로 죄송합니다. 우린 방금 아내가 죽은 병원 앞 정류장에서 이 버스를 탔습니다. 지금 저는 무척 힘든 시간을 보내고 있는데 아마 아이들도 저만큼이나 힘들 겁니다."

그 말을 들은 코비 박사는 부모로서의 그를 탓하거나 질책하기보다는 도리어 그 사람의 마음을 공감할 수 있었다. 왜냐하면 코비박사는 그 남자에 대한 새로운 이미지를 갖게 되었기 때문이다. 다시말해서, 그 새로운 정보의 결과로 코비 박사는 그를 나쁜 남자로 보기보다는 상처받은 남자로서 바라볼 수 있게 된 것이다.

바로 이것이 배우자가 서로에게 해 줘야만 할 일이다. 그들은 그들의 배우자에 대하여 새로운 이미지, 즉 나쁜 이미지가 아니라 슬프고 상처받은 이미지를 가져야 한다. 이것은 그들이 서로에 대해서 새로운 정보를 얻음으로써 가능하다.

아내 루이스와 남편 웨인의 경우, 아내는 남편 웨인을 나쁘고, 무심하고, 못된 남자가 아니라 **상처를 받은 한 어린 남자아이로서** 바라보게 되었다. 아내 루이스가 남편을 새로운 이미지로 보기 시작했을 때, 부부는 분노나 두려움 또는 복수심 대신에 서로에게 공감을 느끼기 시작했다. 부부가 서로를 부둥켜안았을 때 모든 분노는 사라지고 서로를 더 공감할 수 있게 되었으며 더욱 가까워질 수 있었다.

다른 이론적 관점을 가진 심리치료사는 남편인 웨인의 문제를 개인적인 문제로 아주 다르게 볼지도 모른다. 그는 성격장애로 진단받을 수도 있고, 알코올 의존 치료 프로그램이나 개인 상담을 요구받게 될 수도 있다. 그러나 이러한 치료형태와 낙인은 어쩌면 그의 수치심을 더 증가시키고 그의 아내로부터 그를 더욱 소외시키게 만드는지도 모른다.

아내 루이스 또한 의존증으로 진단 내려져 남편의 문제 안에서 자신을 더욱 잘 돌보고 대처하는 기술을 가르치는 의존증 치료 모임에 보내지게 될지도 모른다. 하지만 나는 이러한 접근방식이 이 부부를 치유하거나 서로의 공감대를 형성하는 데 전혀 도움이 되지 않는다고 생각한다.

이마고 부부관계치료에서는 남편과 아내 각각의 '개인적인' 문제를 다루는 것과 함께 부부관계에서 서로의 어린 시절 상처를 재현하는 것, 그리고 상처 때문에 끊어진 공감대를 다시 새롭게 연결하고 형성하는 것을 더 중요한 것으로 간주한다.

남편 웨인은 그동안 여러 워크숍과 각종 프로그램, 자기개발을 위한 도서와 심리치료와 명상 등 수많은 시도를 해 보았지만, 그중 어느 것에서도 치유가 일어나야 할 단계에서 치유가 일어나는 그런 결 정적인 도움을 받지는 못했다. 왜냐하면 우리에게 일어나야 할 치료 는 이마고 배우자와의 관계 속에서만 이루어질 수 있기 때문이다. 우 리가 부모에게서 충족하지 못했던 욕구를 채우기 위해 또다시 어린 시절로 되돌아갈 수는 없기 때문에, 우리의 무의식은 "걱정하지 마. 내가 적당한 복제품을 보낼 테니 그 사람을 통해 다시 해 보면 돼." 라고 말한다. 이것이 바로 이마고 배우자의 역할이다.

전형적인 심리치료는 그것이 얼마나 훌륭한 것이었든 간에 우리 의 자아를 치유가 필요한 그 시점에까지 끌어내려 주지는 못했다. 왜냐하면 대부분의 심리치료사는 자기 내담자의 이마고 대상은 아 니기 때문이다. 그리고 만약 그들이 이마고 대상이라면, 대부분 그 내담자들과 힘든 '힘겨루기'를 하게 되거나, 치료사와의 경계와 관 계를 부적절하게 넘어서게 되어 상담사와 내담자 간의 치료적 관계 마저 끝내 버리게 될는지도 모른다.

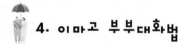

4. 이마고 부부대화법

이마고 부부관계치료는 전통적 입장과는 달리, 소외된 '관계'의 문제를 관계적 배경 안에서 바라본다. 다시 말해서, 자아는 관계의 배경 안에서 그 형태를 갖는다고 주장한다. 그러므로 모든 상처는 '관계' 속에서 발생하는 것이며, 결과적으로 모든 치유 또한 '관계' 속에서 일어나야 한다고 본다. 그러므로 부부가 안전한 환경 속에 있 지 않는 한, 이러한 치유는 결코 일어나지 않는다. 이마고 모델에서 부부는 「이마고 부부대화법」이라고 불리는 대화 과정을 통해서 이러한 안전감을 형성하기 시작한다. 이 책의 5장에서는 이 과정을 더욱 상세하게 다루게 될 것이다.

남편 웨인이 상담실에 처음 들어왔을 때 그는 매우 화가 나 있었다. 그는 계속 「이마고 부부대화법」을 회피했으며, 오랜 분노에 빠져 눈에 보이게 아내 루이스를 겁주었다. 이러한 상황에서도 이마고 치료사는 차분하고 확실하게 부부 사이에 안전감을 형성하도록 돕는 것이 아주 중요하다. 방어가 너무 심해 「이마고 부부대화법」이 이루어지지 않을 때에도, 이마고 치료사는 부부 중 한 사람과 이야기를 시작하고, 이어 다른 배우자와도 대화를 시도한다. 이렇게 함으로써 부부를 진정시키고, 방어를 누그러뜨리며, 부부간의 대화로 이어지도록 돕는다.

남편 웨인이 아내 루이스와 함께 「이마고 부부대화법」을 할 수 있을 때까지 남편과 대화를 계속 나누는 것이 나의 첫 과제였다. 이렇게 남편과 계속해서 대화를 나눔으로써 남편을 연결고리 속에 머무르게 한다. 그리고 부부가 「이마고 부부대화법」을 통해 진심으로 서로를 인정하고 그리고 공감할 수 있을 때까지 나의 하는 말 한마디 한마디가 그들의 말의 거울과도 같아야 한다. 전통적인 개인치료나 다른 부부치료와는 달리 나는 그들의 개인적 문제를 이야기하는 데는 흥미를 두지 않는다. 나는 다만 그들 두 사람이 자신들의 이야기를 잘 이끌어 갈 수 있도록 약간의 경계와 안전을 제공할 뿐이다.

이마고 부부관계치료사는 분석하거나, 진단하거나, 내담자가 왜 그런 방향으로 가려고 하는지 해석하지 않는다. 대신 이마고 치료사는 대화 과정을 통해서 부부가 무엇을 해야 하는지를 이끈다.

이 대화는 「반영하기(mirroring)」, 「인정하기(validation)」, 「공감하기 (empathy)」를 기초로 한다.

아내 루이스가 남편 웨인과 함께 그들의 대화 안에 머물 수 있도록 하면서 나는 그가 분노를 지니고 있으며, 부부가 모두 다 고통스러워함에도 그들로 하여금 그 분노를 표현할 수 있게 하고 또한 그 분노가 자신의 어린 시절의 상처로까지 옮겨 갈 수 있도록 도왔다. 한 사람이 분노로부터 자신의 어린 시절과 그때의 상처로 옮겨질 수 있게 되면 상대 배우자 또한 공감을 통해서 그렇게 할 수 있게 된다. 한 사람에게서 다른 사람에게로 옮겨지는 이 공감대의 경험이 궁극적으로는 치유를 일으키는 것이다.

이마고 부부관계치료의 핵심은 부부로 하여금 안전하게 서로 연결되는 것을 배우게 하고, 「이마고 부부대화법」이라는 이 특별한 치료도구를 통해서 서로의 아픔을 공감하도록 하는 데 있다. 부부가 안전감을 경험하며 「이마고 부부대화법」을 하면서 방어를 누그러뜨리게 되면 마침내 치유가 일어나기 시작한다.

제6장에서 초기면접과 내담자와의 첫 만남에 대하여 더 상세히 다루게 되겠지만, 한 부부가 이마고 부부관계치료사의 상담실에 들어선 그 순간부터 떠날 때까지 그들은 대화의 과정 안에 머무르게 된다. 그리고 부부는 그 상담실을 떠난 후에도 이러한 과정 안에 머무르도록 장려된다. 이것의 그들의 삶의 일부분이 되기까지는 아직도 많은 시간이 필요하겠지만, 그러나 이것이 이마고 **부부관계치료**의 궁극적인 목표인 것이다.

당신이 치료사든 내담자든 간에 '부부대화' 과정을 배운다는 것은 그리 쉬운 일이 아니다. 피아노나 자전거 혹은 스키와 같은 그런

새로운 어떤 것을 배울 때처럼 이것 역시 어렵거나 좌절될 수도 있
다. 스키를 타기 전에 당신은 스키를 어떻게 제동시켜야 하는지 그
기술부터 습득해야만 한다. 하지만 당신이 초급자용에서 매일매일
스키를 연습한다면, 점차 리프트를 타고 올라가 더 가파른 경사에서
스키를 타고 내려올 수도 있을 것이다.

　생활을 하고 일할 수 있는 안전한 환경을 만들면서 동시에 「이마
고 부부대화법」을 통해서 매일매일의 의사소통을 습득하는 것은 매
우 더딘 과정이다. 하지만 스키를 타는 것과 같이, 우리가 열심히 노
력한다면 이것도 점차 자연스러워질 것이고 또 더 어렵고 도전적인
단계로까지 나아갈 수 있을 것이다.

02 IMAGO RELATIONSHIP THEORY
이마고 부부관계 이론

 1. 메타 이론-첫걸음부터 시작하기

이론을 이해하는 것은 매우 중요하다. 왜냐하면 이것이 치료사가 하는 모든 작업을 안내해 주기 때문이다. 부부가 무엇을 말하든지—그것이 새로운 것이든, 아니면 다른 것이든, 혹은 전혀 예상하지 못했던 것이든 간에—치료사는 가능한 한 광범위한 이론 안에서 그것을 생각할 수 있어야 한다.

고유의 체계 속에는 세 가지 단계의 이론이 있다. 이론의 세 가지 단계 중 그 첫 번째는 이론 배후의 이론이라고 할 수 있는 '메타 이론(meta theory)'이다. 이것은 출발점이 없는 가설에 그 근거를 두고 있다. 우리가 메타 이론에 대해 이야기하기 위해서는 가설에 대해서 이야기를 해야 하고, 가설에 대해 이야기하기 위해서는 패러다임에

관해 이야기해야만 한다. 토마스 쿤(Thomas Kuhn)은 그의 책《과학
혁명의 구조(*The Structure of Scientific Revolutions*)》에서 패러다임
의 출현과 분열에 대해 이야기했다. 패러다임이란 당신이 어떤 것을
바라보는 방식을 말한다. 설령 당신이 바라보는 것이 정확한지 아닌
지를 증명할 수 없을지라도 말이다. 패러다임은 많은 양의 정보를
체계화할 때 유용하다. 그리고 연구는 그 가설을 확인하거나 논박하
게 된다.

   치료사는 이론에 바탕을 두고 안내를 받아야 한다. 광범위한 메타
단계의 이론에 중심을 두고 있지 않은 치료사는 마치 어떤 기계를
이해하고 있고 그 기계의 여러 부분을 고칠 수는 있지만, 그러나 그
수리된 상태를 계속 지속시킬 수 있을 정도까지는 아직 그 문제를
확실히 파악하지 못한 그런 기술자와도 같다고 할 수 있다.

   치료사가 미처 예상을 하지 못했거나 치료사가 아직 모르고 있는
어떤 새로운 뭔가를 부부가 언급했을 때에 치료사는 이론의 안내를
받아야만 한다. 사실 치료사가 그렇게 인식하고 있든지 아니든지 간
에 그들은 항상 어떤 이론을 참고로 하고 있다. 치료사가 혼잣말로
'이 부부는 정말 알 수 없는 부부야.'라고 말할 때, 그 치료사는 이미
이 부부를 그러한 병리적 설명을 위한 어떤 이론적인 틀에 맞추고
있는 것이다.

   사람들은 어떤 경험을 하고 또 그들이 경험했던 그 의미를 전달하
고자 의사소통을 시도한다. 이렇게 함으로써 사람들은 그들만의 인
생에 대한 시각을 지니게 된다. 이것이 바로 메타 이론이다.

   메타 이론의 다음 단계는 '임상 이론(clinical theory)'이다. 임상
이론은 관찰에 그 근거를 둔다. 치료사는 주어진 상황 속에서 부부

가 어떻게 행동하고 반응하는지를 알아야 한다.

부부가 의사소통을 할 때, 치료사는 먼저 이 두 사람 사이에 어떤 일이 일어났는지에 대해 직관적으로 알아내는 단계를 거친다. 그는 다른 부부를 관찰하거나, 아니면 다른 이론가와의 대화를 통해서 또는 그와 비슷한 현상에 대한 어떤 책을 읽으면서 그 이론을 확인한다. 이러한 연구를 거친 후 치료사는 이 부부에게 일어난 일에 대해 더 좋은 설명을 가질 수 있게 되었다고 결론을 내리면서 '임상 이론'에 이것을 포함시키게 될 것이다.

임상 이론에서 그다음 단계인 '치료적 이론(therapeutic theory)'이 나온다. 이는 치료를 하기 위해 필수적이다. 임상 이론을 가진 후에 치료사는 어떻게 부부의 문제에 접근할 것인가에 대해 고심하며 스스로에게 이렇게 질문할는지 모른다. 어떤 방법을 가지고 그 현상 속으로 들어갈 것인가? 이 방법이 고통을 경감시킬까? 안위감을 줄 수 있을까? 통찰력을 제공할까? 또는 성장하게 할까? 그리고 자신이 원하는 결과를 내기 위해서 그 치료적 이론을 가지고 다양한 기술과 과정, 그리고 절차를 구성하게 된다.

이 **치료적 이론**은 무엇이 치유되어야 하며 어떻게 그런 치유가 일어날 수 있는지에 대한 치료사의 분별력을 포함한다. 예를 들어, 만약 치유가 어떤 통찰력의 결과로서 오는 것이라고 믿는다면, 그 치료사는 내담자에게 여러 가지 해석과 통찰력을 제공하려고 노력할 것이다. 이에 반해서 만약 치유가 정서적 나눔과 표출에서 온다고 믿는다면, 그 치료사는 정서적 카타르시스의 기회를 제공하려고 노력할 것이다. 또는 치유가 몸속에 묻혀 있는 여러 가지 기억을 제거하는 데에서 온다고 믿는다면, 그 치료사는 정신적 신체치료의 한 형태를 포함시킬 것이다.

어떤 치료 형태를 택하든지 간에 치료사는 부부에게 치료가 일어
날 것이라는 믿음을 기초로 하여 그 결과를 이끌어 내려고 할 것이
다. 결과적으로 치료사가 부부에게 행하는 모든 상담치료 행위 뒤에
는 기대되는 결과가 있다.

치료사는 '메타 이론'에 근거를 두어야 한다. 만약 치료사가 부부
에게 어떤 일이 일어나는지 그리고 그들이 무엇을 성취하려고 하는
지에 대해 큰 그림을 가진다면, 나머지는 그냥 자연스럽게 이루어질
것이다. 충분히 큰 '메타 이론'을 지닌다는 것은 치료사로 하여금 어
떤 일이 주어지든지 그것을 조절할 수 있게 해 준다.

그렇다면 '메타 이론'을 고려하였을 때, 이마고 부부관계치료의
근원이 되는 가정은 무엇일까? 이러한 가정을 생각해 보는 방법 중
하나는 자아의 네 가지 여행을 떠나 보는 것이다

 2. 자아의 네 가지 여행

우주여행

네 가지 자아의 여행 중 첫 번째는 우주여행이다. 이것은 우리를
맨 처음으로 돌아가도록 이끌고, 근본에 머무르게 하며, 인간의 기
본적 본질에 대해 언급한다.

우주는 본질적으로 에너지다. 은하계, 행성, 그리고 이 지구에 존
재하는 모든 것은 에너지인데, 이 말은 가장 기본적인 단계에서 인
간 또한 에너지란 뜻이다.

이런 설명을 듣고, 어떤 이는 이 에너지의 본질에 대해 의문을 품을지 모른다. 그렇다면 무엇이 에너지의 본질적 상태인가? 에너지는 멈추지 않고 마치 심박동처럼 움직이는 것과 같다. 그러므로 만약 우리가 기본적으로 에너지라면, 우리의 본질 역시 박동하는 에너지인 것이다.

아마도 이것의 가장 좋은 예는 인간의 심장일 것이다. 무엇이 심장의 본질적 상태인가? 그것은 심박동처럼 뛰는 것이다. 우리의 폐역시 또 다른 예다. 우리가 의식적으로 지시하지 않더라도 그것은 자연적으로 움직인다. 인간의 에너지는 다른 모든 에너지와 마찬가지로 박동을 친다. 우주를 연구하는 사람들은 우주가 팽창하고 축소하는 것이 마치 심장이 뛰는 것처럼 보인다고 말한다.

우리는 이러한 박동하는 에너지의 일부다. 우리 안에 뛰고 있는 이것과 맞닿는 느낌과 경험은 어떠할까? 이것은 어떤 느낌일까?

우리가 우리의 자연적 상태 또는 박동적 에너지의 고동 안에 있을 때, 우리는 편안하고 즐거운 느낌을 경험한다. 이러한 편안한 즐거움이 우리의 자연적 상태인 것이다.

편안한 즐거움을 경험하는 것은 곧 우리의 권리다. 모든 사람은 이 경험을 원하고 갈망한다. 우리가 정말로 순수하다면, 우리는 이러한 편안한 즐거움을 알아챌 수 있을 것이다. 하지만 우리 대부분은 긴장하거나 스트레스를 받거나, 걱정하거나 화가 나 있고, 그리고 우울하거나 불안함을 느끼기도 한다. 우리가 하는 행동은 이런 것을 밖으로 밀어내려고 하는 노력이다. 수많은 사람이 스트레스 해소법을 위한 책을 읽거나 그런 프로그램에 지속적으로 참석한다.

왜 그럴까? 그 이유는 그들은 뭔가가 그들의 삶에 잘 맞지 않는다

고 느끼기 때문이다. 사람들은 자신들의 자연적 본질에서 이탈되어
있고, 이전의 편안한 즐거움을 다시 회복하기를 희망하며 그들의 삶
이 좀 더 잘 조절되고 편안해지길 갈망하고 있다. 그래서 그들은 스
트레스 조절, 시간 관리, 그리고 체중조절을 위한 여러 세미나에 참
석한다.

얼마나 많은 양의 합법적, 비합법적 약물들이 매일 소비되고 있는
지 생각해 보라. 어떤 목적 때문인가? 사람들은 편안하고 즐거움을
느끼기를 갈망하고 있다. 항우울성 그리고 항불안성 약물들이 삶에
서 편안함과 기쁨을 느끼기 원하는 사람들에게 계속 처방되고 있다.
코카인이나 마리화나를 복용하는 사람들 또한 어떤 편안한 즐거움
을 경험하기를 갈망하고 있는 것이다.

편안한 즐거움은 우리의 '고난 권리'다. 사람들은 그것을 상실했
다고 느끼고 있으며 되찾기를 원한다. 의학협회는 생체화학적인 교
정 또는 사람의 삶에서 사고와 행동의 통합이 목표라고 주장한다.
하지만 나는 사람들이 그들의 타고난 권리를 찾기 위해 힘써 노력하
고 있으며, 또 편안하고 즐거운 감정을 위해서라면 그게 무엇이든지
다 할 것이라고 생각한다.

왜 사람들은 불륜관계를 가지는가? 어떤 단계에서 그들은 어떤 허
전한 감정을 지니게 되며 무엇인가를 소유하고자 하는 강한 욕망에
사로잡힌다. 그들의 삶은 뭔가가 잘못되었다. 무엇인가 조화롭지 못
한 것이 있고, 사람들은 그것을 교정해 보려고 애쓰며, 편안한 즐거움
을 느끼기 위해 그들 원래의 본질로 돌아가려고 무진장 애쓴다.

우리가 본질적으로 에너지 안에 있다는 사실을 고려하면서, 우리
는 또한 다른 에너지와 접속점을 가진 에너지 장 안에 살고 있다는

사실을 직시해야 한다. 우리는 다른 사람과 연결되어 살아가도록 직물처럼 짜여 있다. 시인인 존 돈(John Donne)은 "누구도 홀로 섬에서 살아갈 수 있는 사람은 없다."라고 썼다. 우리는 서로 연결되어 있으며 서로에게 영향을 미친다.

우주는 아주 작은 진동이 멀리 떨어진 깊은 우주 속 태양계 안에 어떤 영향을 끼치는지가 이미 어떤 식으로 정해져 있다. 그리고 우리에게 그 유명한 '나비효과' ―나비의 날개의 작은 펄럭임이 아주 먼 땅까지도 바람의 흐름에 영향을 미치는 것―를 상기시켜 준다.

그래서 우리는 에너지, 즉 박동하는 에너지다. 우리가 자연적 상태에 있을 때, 우리는 편안하고 즐거운 감정을 갖는다. 그리고 우리는 다른 에너지 접촉점을 가진 커다란 에너지 장 안에 살게 되고, 인간의 형태로 우리의 에너지 장에 접촉하게 된다. 우리는 그들에게 영향을 주고 그들 또한 우리에게 영향을 준다.

어떤 사람은 '다른 사람'이 우리의 삶에 와서 방해를 하기 전까지는 우리는 편안하고 즐거운 경험을 가지고 살고 있었다고 말할는지 모른다. 그러면서 우리는 수많은 부부가 서로를 향해 "당신만 아니었더라면…" 이라고 말하는 '비난 게임' 속에 있는 우리 자신을 발견하게 된다.

 3. 축소자와 확대자

우리가 편안하고 즐거운 상태에 있는데 누군가가 그것을 방해한다면, 두 가지 중 한 가지 상황이 우리에게 일어나는 경향이 있다.

어떤 사람은 자신의 에너지를 위축시키고 움츠리게 되어 결국 말이 없어지고 조용해진다. 우선 그들은 말을 멈춘다. 그들은 자신들의 에너지를 붙잡고 보호하려 애쓴다. 우리는 이런 사람을 가리켜 '축소자(minimizers)'라고 부르는데, 왜냐하면 그들은 자신의 에너지 흐름을 최소화하는 경향을 가지기 때문이다.

축소자는 화가 나거나, 걱정이 되거나, 공포에 떨거나, 겁에 질리면 위축된다. 만약 당신이 그들에게 오늘 기분이 어떠냐고 물으면, 아마도 그들은 십중팔구 '괜찮다'고 답할 것이다. 또 그들에게 무슨 문제가 있느냐고 물으면, 그들은 '아무 문제가 없다'고 답할 것이다. 그들은 거의 말을 하지 않거나 의사소통을 하지 않는다. 이런 사람은 집의 조용한 구석을 찾아 신문을 읽거나 혼자 있을 수 있는 지하실이나 차고에 일거리를 찾아 어슬렁거린다.

그런데 이런 축소자는 그들과는 아주 다르게 보이는 사람들과 '관계'를 맺는 경향이 있다. 축소자는 화가 나거나 겁에 질릴 때 자신의 에너지를 밖으로 표출하는 그런 유형의 사람에게 끌린다. 또한 축소자는 자신을 쫓아다니거나 귀찮게 하는 사람에게 끌린다. 그런 '관계' 속에 있는 축소자는 다음과 같은 질문공세를 받을 것이다. "왜 당신은 나랑 말하지 않는 거죠?" "날 사랑하지 않나요?" "왜 당신은 혼자 있고 싶어 하죠?" "내가 당신 파트너로 적당하지 않은 건가요?" 이런 질문을 하는 사람은 그들의 에너지를 확대시키기 때문에 우리는 그들을 '확대자(maximizers)'라고 부른다.

나는 때때로 축소자를 거북이에 비유한다. 왜냐하면 거북이는 자신의 등껍데기 속으로 숨어 버리기 때문이다. 그런데 확대자는 마치 폭풍이나 천둥과 같다. 그래서 이 둘이 함께 있을 때 서로에게 배울 수 있는 것이라곤 아무것도 없을는지 모른다. 도대체 거북이가 천둥 속에서 무엇을 할 수 있을까? 단지 움츠리는 것뿐이다. 그러나 거북 이가 자신을 보호하고 안전감을 느끼려고 하면 할수록 확대자는 더 욱더 크고 거세게 몰아 부친다. 확대자가 쫓아다니면서 귀찮게 굴면, 축소자는 더 조용해지고 더욱 위축된다.

　나는 아내의 상담요청에 의해 상담실에 온 결혼한 지 25년이 된 한 부부를 기억하고 있다. 그녀는 첫 회기 때 '절대 아내와 말을 하 지 않는' 사람과 살아온 것에 대한 싫증을 이야기하느라 정신이 하 나도 없었다. "이 사람은 내가 무슨 질문을 하건 간에 절대 대답을 하는 법이 없어요. 단 두세 마디도 들을 수가 없다니까요. 난 이렇게 말이 없는 사람과 같이 사는 데 아주 진력이 났어요." 아내가 불평을 계속해서 퍼붓는 동안에도 남편은 그저 의자에 조용히 앉아 전혀 움 직이거나 미동조차 하지 않았다.

　아내가 말을 멈추지 않을 것이라고 생각한 나는 아내의 말에 끼어 들어 잠시 남편에게 그 내용을 물어봐도 괜찮겠느냐고 물었다. 그러 고 나서 나는 남편을 향해 "당신이 아내와 말을 하지 않는다는 것이 사실입니까?"라고 물었다. 그는 천천히 머리를 들면서 대답했다. "아내와 말을 하는 것은 아무런 효과가 없어요. 내가 말을 하려고만 하면, 아내는 항상 한발 앞서 나가요." 그가 막 이 말을 마치려는 그 순간 아내가 남편의 말을 끊고 다시 말하기 시작했다. "이거 보세요. 이제 이 사람이 또 나를 비난하기 시작해요. 나는 이 사람이 말하는 그런 사람이 아니에요." 아내는 또다시 말을 하기 시작하고, 남편은 다시 조용해지는, 이미 그들이 익숙해져 있는 그 상태로 돌아가는 것을 나는 가만히 지켜보았다.

놀라고 무섭고 걱정스러울 때 축소자의 태도가 스스로를 보호하려 든다면, 이것에 대한 확대자의 반응은 더욱 목소리가 커지고 더 공격적이 되는 것이다. 그들 누구도 이런 식으로 서로를 오래 견디지 못한다. 그러나 수많은 부부가 그런 상태에서 서로를 견디며 살아가는 법을 나름대로 터득하는 것 같다.

우리가 이런 두 유형의 부부에게서 볼 수 있는 것은 한마디로 '불안전하다'는 것이다. 그런데 분명한 것 하나는 확대자가 자신의 삶을 절망적으로 만들기 위해 일부러 축소자의 뒤를 쫓아다니는 것은 아니라는 것이다. 단지 버려지고 상처받은 감정이 확대자를 조종하는 것이며, 이들은 고의로 그러고 있는 것이 아니라 그들 자신의 상처에 대해 반응을 보이고 있을 뿐이다. 축소자 역시 확대자를 절망적으로 만들기 위해 위축하거나 숨는 것이 아니다. 축소자 또한 그러한 순간에 자신의 안전을 위해 그 장소로 숨어들어 가는 것일 뿐이다.

하지만 그런 관계가 지속되면 사람들은 서서히 계획적으로 서로에게 상처를 주는 행동을 하게 된다. 하지만 원래는 고통에 대한 무의식적인 행동이었을 뿐이다. 그 의미는 우리가 불안전한 다른 사람의 에너지를 경험한다는 것이다. 우리의 자연적인 내적 반응은 우리 자신을 보호하기 위해 우리의 에너지를 사용하고 있는 것일 뿐이다. 이런 일이 발생하고 파트너가 서로에게 위협적인 존재가 될 때, 환경은 불쾌하게 변하고 부부 각자는 안전하지 못하다고 느끼게 된다.

만약 한 사람이 '관계' 속에서 필요를 채우지 못한다면 그것은 그의 배우자가 안정적이지 못하기 때문이다. 우리는 자신이 불안전하다고 느끼는 한, 자신을 보호하기 위해 껍데기 속으로 숨거나, 더욱

세게 소용돌이치거나 아니면 여러 가지 다른 방어기제를 사용하게
될 것이다.

나는 이런 사실을 나 자신의 결혼 생활을 통해 너무나 절실하게
깨달았다. 하루는 집에 돌아와서 집에 누가 있는지 불러 보았지만
아무런 대답이 없었다. 그래서 부엌으로 갔는데 그곳에 아내가 있었
다. 내가 아내에게 왜 대답을 하지 않았느냐고 묻자, 아내는 그냥 대
답하기 싫어서 하지 않았다고 말했다. 나는 아내에게 무슨 문제가
있는지, 왜 그러는지를 되물었는데, 아내는 "아니에요, 내게 신경
쓰지 마세요."라고 대답했다. 나는 뭔가가 아내를 성가시게 하고 있
다는 것은 확신했지만, 아내는 내게 신경을 쓰지 말라고 하면서 내
가 자신의 말을 잘 경청하지 않기 때문에 나와 별로 말하고 싶지 않
다고 했다.

"내가 당신 말을 잘 듣지 않는다고요?" 나는 맞받아쳤다. "사람들
은 내게 자기들의 말을 들어 달라고 돈을 지불해요. 내가 당신의 말
을 잘 들어주지 않는다기보다는 도리어 상대방이 말을 들어주기에
는 당신이란 사람이 너무 힘든 사람이라는 생각은 해 본 적 없어요?"

"그럼 이렇게 하면 되겠군요."라고 아내가 말했다. "당신과 대화
를 하기 위해서 내가 당신의 상담실에 전화를 걸어 예약을 하지요.
왜냐하면 당신이 집에 있을 때는 전혀 내 말을 들어주지 않으니까
요." 나 또한 더욱 방어적이 되어 이렇게 말했다. "당신의 남편이 정
말 다른 사람의 말을 잘 들어주는 사람이라고 말해 줄 수 있는 사람
들을 얼마든지 찾아서 지금 당장 당신 앞에 데려올 수도 있어요."

그렇게 말하고 나서 나는 내가 얼마나 좋은 경청자인지를 아무리
많은 사람이 말해 준다 한들 그것이 아내와는 아무런 상관이 없는

문제라는 사실을 깨달았다. 아내와 내가 경험하는 것은 내가 내담자
와 경험하는 것과는 전혀 별개의 것이기 때문에 아내가 '안전하다'
고 느끼지 않는 한, 아내는 화를 내든지 아니면 자신을 닫아 버리든
지 어떡하든지 자신을 보호해야만 하는 것이다. 아내 역시 자신을
보호하기에도 바쁘기 때문에 아내가 나의 필요를 채워 주거나, 나와
이야기를 나누거나, 즐거운 시간을 보내기는 매우 힘들다는 사실 또
한 깨달았다.

　사람들은 종종 말한다. "나는 다른 사람들과는 잘 어울릴 수 있는
데 도대체 이 사람하고는 왜 이렇게 말이 안 통하는지 이해가 잘 안
돼요." 부부관계 속에 있는 사람들은 다른 사람이 그들을 대단하게
바라보는 것과 그들 부부와는 아무런 상관이 없다는 사실을 깨달아
야 한다. 당신의 배우자가 스스로 안전하지 않다고 느끼는 한, 당신의
배우자는 자신을 보호하기 위해서 에너지를 안으로 끌어들여 축소
시키거나 혹은 에너지를 밖으로 표출하여 더 확대시키려 할 것이다.

　우리의 주된 목적은 부부 모두가 안전감을 경험하는 길을 찾는 것
이다. 다음 장에서 우리는 어떻게 이것이 가능한지에 대해 이야기할
것이다.

발달여행

　우리가 아는 한, 모든 생물체는 단 한 가지의 의무 아래 살고 있
다. 즉, '살아 있는 것'이다. 결과적으로 안전하고자 하는 욕구는 모
든 살아 있는 존재의 본질이다. 만일 우리가 모두 연결되어 있고 서
로의 에너지에 영향을 주고받으며, 우리가 경험하는 모든 것이 무언
가와 혹은 누군가와 연결되어 있다면, 우리는 서로에게 의지함으로

써 안전감을 느낄 수 있을 것이다.

계속 살아 있어야 한다는 의무가 우리를 이끄는 한, 살아 있는 개체는 생존을 위해 자신의 본능을 개발시킨다. 어떤 동물은 위협을 받을 때 뛰거나 날거나 또는 재빨리 걸어서 도망가도록 진화되었다. 어떤 동물은 싸우거나 살아남기 위해 큰 몸집이나 날카로운 이빨을 가진다. 어떤 동물은 먹잇감을 사냥한다. 만약 어떤 동물이 도망치거나 싸울 수 없다면, 위험이 사라질 때까지 움직이지 않거나, 죽은 척하거나, 색깔을 바꾸어서 자신을 보호한다.

우리 인간도 우리의 환경이 안전하지 못하다고 느낄 때, 동물과 비슷한 반응을 보인다. 어떤 사람은 도망가 얼마 동안 숨어 지낸다. 예를 들어, 만약 가정에서 문제가 생기면 우리는 다른 곳에 가거나, 직장에 늦게까지 머물거나, 말을 하지 않거나, 친구를 만나 밖에서 술을 마신다. 위험을 피하기 위해서 우리는 이런 행동을 한다.

어떤 사람은 위협을 받으면, 말다툼을 하거나 몸싸움을 한다. 아니면 배우자를 비난하거나 헐뜯기도 한다. 만약 집에 왔을 때 배우자와 어떤 문제가 있을 것으로 예상된다면, 자신을 방어하기 위해 공격을 하거나 비평을 한다. 남편이 집에 늦게 들어왔을 때, 아내는 "당신, 어디에 있었어요? 왜 전화도 하지 못해요?"라고 소리를 지른다.

어떤 사람은 도망을 가거나 싸우려고 하지 않는다. 그들은 그냥 죽은 듯이 지낸다. 그래서 위협을 느낄 때 그들은 구석에 숨게 되고 자신도 모르게 그냥 컴퓨터 앞에 앉게 되는 것인지도 모른다. 그러면서 사실 그들은 배우자를 피하고 있는 것이다.

우리는 서로 싸우게 되거나 아니면 도망치게 되어 있다. 어떤 관계에서는 싸우거나 도망가는 것이 수년 동안 지속되기도 한다. 그러나 사실 부부는 살기 위해서 그리고 스스로를 보호하기 위해서 이런 행동들을 하고 있는 것이다.

'관계'가 계속적으로 불안전한 것만은 아니다. 야생 동물조차 이따금 그들의 환경 속에서 안전감을 느낀다. 하지만 그들의 정글이 안전하다고 누군가가 말해 주는 것은 아니다. 그들은 그것을 본능적으로 안다. 그것을 감각적으로 느낀다. 안전하다고 느낄 때 그들은 서로 쫓아다니면서 뒹굴며 논다. 환경이 안전하면 즐기고자 하는 충동이 생기기 마련이다.

안전하다고 느낄 때 나타나는 또 하나의 욕구는 '돌봄'이다. 예를 들어, 어린 새끼 동물은 그들의 환경이 안전하다고 인식될 때 따뜻함과 돌봄을 찾아 어미 옆으로 다가간다.

안전이 보장되면, 사람이건 동물이건 서로 짝을 찾는다. 야생에서의 동물의 짝짓기는 생물학적 기능 그 이상이다. 만약 총소리를 듣거나, 나뭇가지가 부러지거나, 적이 나타나는 등 위협을 느끼게 되면 그들은 짝짓기를 멈춘다. 동물은 재빨리 도망가거나 싸우거나 또는 숨는 등 자신을 보호할 수 있는 방어적 자세를 취한다.

이것은 인간이 얼마나 다른 살아 있는 동물과 비슷한지를 보여 주는 또 하나의 예다. 남자와 여자는 그들의 관계와 주위 환경이 모두 안전하다고 느끼면, 자연스럽게 서로 즐기면서 서로를 돌보며 사랑을 나눈다.

배우자와 안전감을 느낄 때, 서로 즐기고 재미를 느끼고자 하는 욕구를 갖는다. 춤을 추거나, 파티에 가거나, 영화를 보거나 또는 공원을 산책하기도 한다. 하루 종일 전화를 하거나, 일이 많았던 날은 외식을 하거나, 서로의 짐을 나누는 등 서로에게 좋은 일을 한다.

그들은 자신이 성관계를 거부하면 상대방이 화를 낼 것이기 때문에 관계를 갖는 것이 아니라 서로를 즐기기 위해서 성관계를 맺는다. 그들의 관계에 안전감을 느낄 때, 그들은 창조적이고, 살아 있고, 열정적인 성관계를 할 수 있게 되는 것이다.

부부치료사로서 나는 안정적이기보다는 위험한 부부를 더 많이 경험한다. 위험한 부부는 서로 싸우고 불평한다. 함께 즐거운 시간을 보내지도 못하고, 서로를 돌봐 주거나, 침대에서도 좋은 성관계를 갖지 못한다.

이마고 치료사로서 우리는 그들이 '관계'에서 위협보다는 안전을 느낄 수 있도록 균형의 변화를 시도할 것이다. 자신이 안전하다고 느끼는 것은 아무런 문제가 되지 않는다. 자신의 배우자가 그렇게 느끼지 못하는 것이 문제가 되는 것이다. 마치 우리의 뇌는 두 가지 세팅—안전하다고 판단하는 부분과 위험하다고 판단하는 부분—을 갖고 있는 것 같다. 그리고 그 두 가지 중 하나가 판단될 때 본능적으로 그것에 따라 반응한다. 우리의 뇌는 이 부분에 있어서 매우 본능적이고 재빨리 판단한다.

이것은 부부가 살기 위해 애쓰는 '발달여행(evolutionary journey)'의 한 부분이다. 부부가 부부문제를 해결하기 위해 치료사에게 갈 때 그들은 이렇게 말할 것이다. "나는 나의 환경에서 위협을 느끼지 않고 안전감을 느끼기 위해 선생님의 도움이 필요해요." 그들은 이것을 이렇게 표현한다. "나는 방어적이 되지 않고는 나의 배우자와 대화를 할 수가 없어요. 나는 내 집에서 이렇게 살얼음 위를 걷는 것처럼 살고 싶지 않아요. 나는 우리 부부가 좀 더 잘 지냈으면 좋겠어요." 이 말은 **나는 안전감을 원해요**라는 뜻이다.

모든 살아 있는 동물의 원초적 본능이 생존이라면, 인간 또한 두 번째 의무 속에서 살아간다. 만약 당신이 살아 있다면, 왜 당신은 살아 있음을 즐기지 못하는가? 우리는 삶의 **열정**을 갖기를 열망한다. 우리가 알고 있는 한, 이렇게 살아 있음을 즐기고자 하는 열망이 인간으로 하여금 좀 더 높은 차원의 삶을 유지하도록 한다. 그러나 인간 외의 모든 다른 생물은 단지 생존을 위해 원초적 본능을 따라 움직인다.

부부는 이 열망(욕구)을 여러 가지 다른 방법으로 표현한다. "우리의 결혼은 마치 죽은 것 같아요." "예전만큼 즐겁지가 않아요." "우린 더 이상 아무 재미가 없어요." "우리 관계는 이제 끝났어요." 부부는 열정을 느끼고 싶어 한다. 또한 부부는 "나는 가장 친한 친구와 사는 것처럼 느끼고 싶어요." "나는 살아 있음을 느끼기 원해요." "나는 짜릿함을 느끼고 싶어요." "나는 우리가 성관계를 할 때 그냥 몸을 움직이는 것 그 이상을 느끼고 싶어요."라고 표현한다.

살아 있는 개체로서 우리는 **안전감과 열정**, 이 두 가지의 기본적인 욕망을 가진다. 이 욕망을 자세히 들여다보면 우리는 이것을 하나로 축소할 수 있다. 그것은 '안전감'이다. 결국 관계 속에서 오랫동안 안전감이 지속된다면 열정에 대해서는 그리 걱정할 필요가 없을 것이다. **열정은 안전감이 있으면 항상 존재한다.** 숲속의 동물들은 그들의 환경이 안전하면 즐기고, 돌보고, 그리고 짝짓기를 한다. 그러므로 만약 그들의 환경 속에서 서로에게 안전감을 느끼도록 돕는다면, 열정을 느낄 수 있는 기회는 얼마든지 증가시킬 수 있다.

나는 결혼생활에 더 이상 열정을 느낄 수가 없다고 호소했던 한 부부를 기억한다. 남편은 그런 생활에 좌절감을 느꼈고 이혼을 고려하고 있었다. 그들이 이마고 부부대화 과정을 가졌는데 이를 통해서 안전감을 형성할 수 있었다. 서너 번의 상담을 가진 후 남편이 출장을 가야 했기 때문에 더 이상의 상담을 진행할 수가 없었다. 하지만 그 당시 부부는 이미 어느 정도 부부관계가 개선되었기 때문에 남편은 아내를 자기 출장에 동반시켰다. 그들이 약 2주 만에 집으로 돌아왔을 때는 사이가 아주 좋아 보였다. 사실 그들이 출장기간 동안 얼마나 잘 지냈는지를 이야기할 때는 약간 부끄러워할 정도였다. 그들은 그들이 집을 떠났던 모든 시간 동안 거의 침대 밖으로 나올 수가 없었다고 했다.

그들의 문제는 성관계가 없고, 낭만이 없고, 그리고 사랑이 없다는 것이었다. 하지만 출장을 떠나기 전 몇 회기 동안 「이마고 부부대화법」을 나누면서, 서로 이야기하는 것을 배우고, 안전감을 경험하는 기회를 가졌다. 그렇게 부부관계 속에서 안전감을 경험하게 되었을 때 즐기고, 돌보고, 사랑하는 자연스러운 모습이 풍성하게 흘러나올 수 있었던 것이다.

이러한 경험을 바탕으로 나는 모든 부부치료사의 첫 번째 목표는 부부로 하여금 그들의 관계 속에서 안전감을 느끼도록 돕는 것이라는 것을 더욱더 확실히 깨닫게 되었다. 만약 이 안전감이 성공적으로 성취된다면, 열정은 자연적으로 나타날 것이다. 그러므로 우리 모두는 이 안전감을 형성하기 위해 노력해야 한다. 그러면 그 후는 자연스럽게 저절로 이루어질 것이다.

자아 여행의 또 다른 부분은 인간의 뇌의 진화와 관련이 있다. 인간의 뇌의 크기는 인간을 다른 살아 있는 동물과 구별 짓게 한다. 뇌를 연구하는 사람들은 사람의 뇌가 세 겹이라고 말한다.

뇌의 기저부에는 뇌간(brain stem)이 있다. 이것은 파충류의 뇌와 비슷하다고 해서, '파충류 뇌(reptilian brain)'라고 불린다. 이곳은 근육을 움직이는 작용을 한다. 커다란 도마뱀은 긴 꼬리를 흔들거나 자신을 방어하고 살아남기 위해 긴 꼬리를 흔들거나 턱과 발을 움직인다. 인간의 뇌의 이 부분도 이와 비슷한 기능을 담당하여 우리의 근육을 움직인다. 이 뇌간이 손상되면 우리는 움직이지 못하게 된다.

인간의 뇌의 또 다른 층은 '포유류 뇌(mammalian)' 또는 '대뇌 변연계(limbic system)'라고 불린다. 이름만으로도 알 수 있듯이 이 뇌는 포유동물에게 발달되어 있으며, 생존을 위해 화나 분노, 통증에 반응하게 한다. 포유동물은 적을 놀라게 하기 위해 크게 으르렁거리거나 소리를 지를 수 있다. 인간 또한 이렇게 할 수 있는데, 과학자는 실제로 이러한 반응을 일으키기 위해 뇌에 전기 자극을 이용하기도 한다.

인간의 뇌는 포유동물이나 파충류와 구분되는 세 번째 층인 피질(cortex)이 있다. 뇌의 이 부분은 우리가 생각해야 할 것을 떠오르게 하며 인간에게만 유일하게 존재한다. 이것 때문에 인간은 하고자 하는 것을 숙고할 수 있지만 다른 동물은 단지 움직이기만 한다.

예를 들어, 원숭이로 하여금 키보드 앞에 앉아 키를 누르도록 가르칠 수는 있다. 하지만 그들은 단지 키보드를 두드릴 뿐이지 그것에 어떤 이야기가 쓰여 있는지 생각할 수 있는 능력은 갖고 있지 않다. 돌고래에게 물 밖으로 뛰어올라 원을 통과하도록 훈련시킬 수는 있다. 그러나 돌고래 자신이 다시 물로 뛰어들면서 '와, 이번 점프는 좋았어.'라고 스스로 생각하며 자신의 행동을 다시 생각할 그런 능력은 가지고 있지 않다.

만약 우리의 뇌가 파충류 뇌와 포유류 뇌로만 합쳐져 있다면, 우리는 그것을 '오래된 뇌(old brain)'라고 부를 수 있다. 즉, 그것은 좀 더 오랜 기간 동안 존재해 왔다는 것이다. 우리는 이 오래된 뇌를 '반응하는 뇌(reactive brain)'라고도 부를 수 있는데, 왜냐하면 그것은 좀 더 본능적이고 충동적인 기능을 담당하기 때문이다. 반면에 피질은 '새로운 뇌(new brain)'이며 좀 더 최근에 진화된 부분이다. 우리는 이 새로운 뇌를 '숙고하는 뇌(reflective brain)'라고 부를 수 있는데, 이것으로 인해 우리는 어떤 일이 왜 일어나고, 또 일어났었는지에 대해 멈추고 생각할 능력을 가지게 된다. 이 '숙고하는 뇌'는 왜 부부가 그들의 관계 속에서 그렇게 행동하는지를 이해함으로써 인간의 뇌에서 더욱 중요해지기 시작했다.

부부는 그들이 생활하는 데 있어 이 '오래된 뇌'를 사용하는 경향이 있다. 즉, 그들은 숙고하기보다는 반응하려 한다. 만일 아내가 몇 시간 전부터 남편을 기다리고 있는데 마침내 남편이 들어왔다고 하자. 남편이 오는 소리가 들리면 아내는 본능적으로 현관문으로 가서 문을 연다. 이때 아내의 근육이 움직이고, 턱은 굳어지고, 몸은 긴장이 된다. 그러고는 "당신, 늦었군요. 전화도 없이 늦어서 혹시 당신에게 무슨 일이 생긴 건 아닌지 걱정했어요."라고 숙고하여 말하는 대신, "뭐하다 이제 온 거예요?"라고 톡 쏘아붙인다.

이마고 치료사는 이렇게 질문한다. "어떻게 인간으로 하여금 어떤 상황과 거기에 대한 그들의 반응에 대해 좀 더 숙고할 수 있도록 '반응하는 뇌'를 좀 잠잠하게 할 수 있을까?" 다음 장에 더 자세히 소개될 「이마고 부부대화법」은 부부간의 행동을 좀 더 숙고하도록 해 주고 '반응하는 뇌'를 잠잠하도록 돕는 구체적인 방법이다.

생존하고자 하는 의무감에 덧붙여 인간은 또 다른 욕망을 갖는다. 사람이 계속 자신을 살아 있도록 하려면 두 번째 목표, 즉 살아 있음을 즐길 수 있어야 한다. 하지만 사람이 살아 있음을 즐기는 것 또한 그 첫 번째 의무인 살아 있음이 충족될 때에만 이루어지는 것이다. 안전감은 자기방어를 늦추고, 즐기고, 돌보고, 그리고 짝짓는 본능이 살아나도록 돕는다.

치료를 원하는 부부는 무엇보다도 살고 싶어 한다. 부부 중 한 사람은 이렇게 말할는지도 모른다. "이 사람은 나를 미치게 만들고 너무 고통스럽게 해요. 우리 결혼생활은 마치 죽은 것 같아요." 보라! 이 부부는 살아 있으려고 노력하고 있는 것이다. 부부치료사로서 당신은 그들에게 그들이 살아 있을 수 있고 또 서로의 관계를 유지할 수 있음을 깨닫게 해 주어야 한다. 대부분의 부부가 원하는 것은 그들이 더 잘 지내게 되고 살아 있음을 즐거워하는 것이다.

한 정신과 의사가 내 클리닉에 의뢰한 한 부부가 있었는데, 그 아내는 우울증 진단을 받았다. 남편의 주된 불평은 아내가 화를 내는 것을 통해서만 자신의 정서적 안정을 찾는 것 같다는 것이었다. 나와 상담을 시작할 때 두 사람은 너무나도 절망적이었다. 아내의 불평은 남편이 말은 전혀 들어주지도 않고 항상 자기만 옳다고 주장하는 일중독 환자라는 것이다.

그들과 함께 여러 차례 상담을 한 후, 부부는 점차 반응하기가 줄어들고 반영하기가 늘어나는 뚜렷한 진전을 보였다. 그들 사이에 안전감이 더욱 증가되었다. 그들은 그들의 관계의 발전에 대해 매우 흡족해했다. 그들은 점점 더 가정이 안전하다고 생각하게 되었고 긴장이 감소되었으며 서로를 더 잘 이해할 수 있게 되었다. 상담을 하던 어느 날, 남편은 "다음 단계가 무엇입니까?"라고 물었다. 이것은 "지금 우리는 잘 지내고 있습니다. 더 이상 우리 부부관계가 죽은 것처럼 느껴지지 않습니다. 살아 있음을 느끼기 위해 우리가 무엇을 더 해야 합니까?"라고 말하는 것과 같다.

그들은 이제 「새로운 비전 갖기(re-visioning)」라고 부르는 부부의 이상적 관계를 만들어 가는 과정으로 초대된다(이 과정은 다음 장에서 더 자세히 소개될 것이다). 이 과정은 부부로서 그들이 바라는 것이 진정 무엇인지 그리고 둘 사이에 어떤 일이 있었으면 좋겠는지를 서로 나누도록 부부를 초대하는 것이다. 그들은 「이마고 부부대화법」을 통해서 이것을 나눈다. 위의 부부는 부부관계가 더 즐겁기를 원했고, 여행을 더 많이 다니길 원했다. 에너지는 살아 있기 위해서만 사용하는 것이 아니라, 살아 있음을 즐기기 위해서 더 많이 사용되는 것이다.

이 지점까지 온 부부는 그들이 무엇을 하고 있는지 그리고 그들이 무엇을 원하는지에 대해 서로 깊이 숙고하여 생각하는 능력을 발전시키게 되고 의식적인 결혼생활을 할 수 있게 된다. 대부분의 부부는 무의식적인 관계 속에서 '오래된 뇌'를 사용하여 서로의 약점을 건드린다. 그러나 '새로운(숙고하는) 뇌'를 사용하게 됨으로써 인간은 의식적인 관계를 만들어 가고 자신이 무엇을 하고 있는지도 더 깊이 생각할 수 있게 된다. 이제 그들은 좀 더 **계획적**이다.

안전감은 부부관계에서 저절로 생겨나는 것이 아니다. 이것은 두 부부에 의해 계획적으로 만들어지는 것이다. 계획을 세운다는 것은, 곧 부부가 '역−본능적 행동(counter-instinctive behavior)'을 한다는 것을 말하는데, '역−본능적 행동'이란 두 사람이 반응적으로 행동하는 '오래된 뇌'에 저항하고, 반응하기 전에 그들이 무엇을 하고 있는지를 숙고한다는 것이다. 이것은 본능에 맞서는 능력으로서 인간에게만 나타나는 독특한 행동이다. 이것은 **결과를 계획하여 그 결과가 나타나도록 행동하는 능력**인 것이다.'

　부부에게 있어서 이 의미는 본능적으로는 도망가고 싶고 두렵다 하더라도 배우자에게 더 나아갈 수 있게 한다는 것이다. 사실 아내는 자기의 생각과 반응을 미리 계획하여 다음과 같이 말할 수 있다. "나는 남편이 무섭고 도망가고 싶어요. 하지만 만약에 내가 계속해서 이 패턴을 훈련한다면 나는 나의 본능에 따르지 않고도 남편을 대할 수가 있을 거예요."

　아침 일찍 아내와 말다툼을 했던 어느 날, 나는 사무실에 도착한 이후에도 분을 가라앉힐 수가 없었다. "난 집에 가고 싶지 않아." 그날 밤은 집에 들어가지 않아야겠다고 생각했다. 난 우리의 말다툼이 전적으로 아내의 탓이라고 생각하고 있었으며, 설령 내가 집에 들어가게 된다 하더라도 아내를 무시하고 그냥 내 방으로 들어가리라 작정했다. 아내가 직장으로 전화를 걸더라도 받지 않을 작정이었다. 하지만 아침나절에 아내가 전화를 했다. 나는 아내를 피하는 대신 그녀와 이야기를 해 봐야겠다고 결심했다. 내가 "여보세요."라고 말하기도 전에 아내가 먼저 말하기 시작했다. "나는 지금 당신에게 상처를 주는 말을 할 수도 있어요. 하지만 아침에 당신이 그런 식으로 나가고 나서 … 난 당신이 그리웠어요…."

　아내의 그러한 행동은 본능에 저항을 하는 것이었고 나의 방어를 완전히 풀리게 만들었다. 아내의 예측하지 못한 반응에 난 더 이상 그녀와 싸울 필요가 없다고 느꼈다. 사실 이 일은 예측하지 못한 일이었다. 만약 아내가 "하지만 당신은 고집이 너무 세요."라는 말을 덧붙였더라면 우리는 아침에 그랬던 것처럼 또다시 싸웠을 것이다. 그 대신 아내는 '죽을 것 같은' 일에 자신을 노출시켰고, 아내의 말은 나의 반응에 대해 의식적으로 생각할 수 있게 만들어 주었다. 그리고 나도 아침에 그런 식으로 나오고 난 뒤 사실은 아내를 보고 싶어 했다는 사실을 알게 되었다.

'관계' 속에 있는 사람들을 생각하면 나는 양쪽 손가락에 끼는 작고 길쭉한 대나무로 만들어진 중국의 손가락 퍼즐이 떠오른다. 본능적으로는 손가락을 빼기 위해 반대 방향으로 잡아당기면 되지만, 그렇게 하면 다른 한쪽 손의 대나무를 뺄 수 없게 된다.

부부관계에서도 우리는 문제가 있을 때 본능적으로 행동하면 그러한 패턴에서 빠져나올 수가 없고 그렇게 계속 살아가게 된다. 만약 아내가 전화를 걸어 "당신은 내 기분을 망쳐놓고도 혼자서 좋은 시간을 잘 보내고 있겠군요."라고 말했더라면 나는 그 반응에 따라 본능적으로 행동했을 것이고 우리는 그런 식으로 계속 살아가게 되었을 것이다.

퍼즐처럼 두 손가락을 함께 사용하는 것이 자신을 더 자유롭게 만들고 부부를 더 여유롭게 한다. 부부가 '힘겨루기'에서 벗어나는 방법은 원하지 않는 상황에서 자유로워지기 위해 본능에 맞대는 무언가를 시도하는 것이다.

에릭 번(Eric Berne)은 자신의 저서 《사람들이 하는 게임들(*The Games People Play*)》에서, 부부는 서로를 비난하는 끝도 없는 게임을 하는데 배우자에게 반은 양보하지만 반은 비난하는 **끝없는 게임 속에 갇히게 된다**고 말한다. 예를 들어, 한 사람이 다른 사람에게

"내가 껍데기 속에 살고 있다는 것을 알아요. 하지만 그것은 내가 당신과 함께 살고 있기 때문이고, 당신은 그런 나를 계속 비난하잖아요."라고 말하면, 상대방은 "내가 당신을 비난하는 것은 당신이 껍데기 속에 살고 있기 때문이고 나와 절대 말을 하지 않기 때문이에요."라고 대꾸한다. 에릭 번은 이러한 '게임'을 끝내는 유일한 방법은 단순히 그것을 멈추는 방법밖에는 없다고 말한다.

　하지만 부부는 이러한 게임을 언제, 어떻게 멈춰야 하는지를 알지 못한다. 그들은 그 게임을 계속하면서 둘 중 하나가 이겼을 때만 그 다툼이 끝날 것이라고 잘못 생각한다. 하지만 현실적으로 그것을 끝내는 유일한 방법은 그들이 무엇을 하고 있는지를 의식적으로 생각해 보고, 본능에 저항하는 행동에 좀 더 집중하는 것뿐이다. 이러한 방법을 통해 설령 겁이 난다 하더라도 도망가거나 싸우거나 죽은 듯이 행동하는 대신에 또 다른 방법을 찾아 나서는 것이다. 그렇게 하면 역설적으로 그들의 두려움이 감소될 수 있다. 그래서 '새로운 뇌'로 돌아가 그들의 행동을 숙고할 수도 있고, 그것에 고착되지 않도록 의식적이고 의도적으로 행동할 수 있는 것이다.

　내가 위에서도 언급했듯이 방어는 본능적이다. 그리고 이 점은 부부치료사 또한 때때로 실수를 하는 부분이다. 상담을 하는 동안 의견이 맞지 않는 부부에게 치료사는 이렇게 말할 수도 있다. "당신은 지금 무언가를 설명하려 하고 있습니다. 그리고 메리, 당신은 방어를 하고 있군요." 하지만 왜 그녀가 방어적이 되었을까? 그녀는 단지 자신을 보호하기 위해서 위험을 감지하는 심리-신경학적 모습을 오랫동안 지녀 온 것뿐일는지도 모른다.

4. 취약한 부분

부부관계에서 우리가 의도적으로 해야 할 일 중 하나는 **자신을 취약한 상태로 그냥 놔두는 것이다.** 왜냐하면 부부 중 한 사람이 취약한 상태가 될 때, 다른 한 사람이 변화하거나 살아남을 기회가 생기기 때문이다. 아내와 내가 싸웠던 그 다툼으로 되돌아가서 아내가 내게 전화를 했던 바로 그때, 그녀는 자신을 취약한 상태로 그냥 놔두었고(역자 주: 남편에게 화가 나기도 했지만 화를 내기보다는 남편에 대한 그리움을 있는 그대로 표현함으로써 남편에게 자신의 그런 표현이 거절당할지도 모르는 취약한 상태에 자신을 노출시킨 것), 그것이 나에게서 다른 반응을 이끌어 냈다. 결과적으로 우리는 저녁을 먹고 서로 대화를 나누며 즐길 수가 있었는데, 만약 그렇게 하지 않았더라면 며칠 동안 말도 하지 않은 채 지낼 수도 있었을 것이다.

자신을 취약한 상태로 놔두지 않거나 의식적이 되지 않은 결혼생활은 성공할 수 없다. 우리가 문제에 그저 본능적으로만 반응한다면 우리는 '죽은 것이다'.

내가 '죽은 것이다' 혹은 '죽이는 것이다'고 표현하는 것에는 매우 중요한 의미가 있다. 어떤 이들은 그들의 부부관계를 통제하지 못해서 서로(배우자)에게 분명한 해를 끼친다.

안전한 환경이 형성되면 한 사람은 더욱 취약해지고 이것 또한 상대방의 방어를 느슨하게 만들어 결국에는 부부 각자 모두 다 방어에서 자유로워질 수 있다. 이렇게 되면 사람들은 안전하다고 생각되는 장소에서 더욱더 결속력을 느끼게 되고, 진정한 친밀감을 갖게 된다. 하지만 이런 시간은 매우 일시적이다.

역설적이게도 우리는 더 친밀해지고 결속력을 가질 때 더 취약해지기 시작한다. 이러한 상황 속에서 우리는 자칫 서로를 '죽일 수도 있다'는 것을 깨닫게 되고 또다시 방어적인 모습으로 되돌아간다. 대부분의 부부가 취약한 상태에 머무르며 아주 잠시 동안만 친밀감을 느끼고 마는 이유가 바로 이 때문이다. 그들이 서로를 '죽일 수도 있다'는 것을 알게 되면 자신을 차단해 버리고 한 발짝 물러나서 서로 아무 대화도 하지 않는다.

나는 이것이 구약성서에 나오는 인간의 상태라고 생각한다. 창세기에서 하나님이 "네가 어디 있느냐?"라고 아담을 부르실 때 아담은 자신이 벌거벗었기 때문에 숨어 있다고 대답했다. 이 이야기를 높이 평가하는 이유는 이것이 인간의 본질적인 심리 상태를 반영하고 있기 때문이다. 우리는 모두 '벌거벗음(취약함)'을 두려워하여 안전하다고 느끼는 방어 속으로 숨어 버린다. 그런데 이러한 방어적 자세는 우리로 하여금 소외감을 느끼게 만든다.

만약 부부치료사가 결혼관계에서 일어나는 유일한 일이 곧 생존 추구를 위한 것이라는 점을 잘 이해하지 못한다면 그들은 아직 부부를 이해하지 못하는 것이다. 모든 부부가 추구하고 있는 것은 생존하는 것이다. 이것은 서로를 신체적으로 위협하고 있는 그런 상황이라 할지라도 그렇다. 만일 부부치료사가 이 점을 잘 이해하지 못한다면 진정으로 부부를 돕거나 공감하지는 못할 것이다.

부부가 내 상담실에 들어올 때 나는 반응하지 않는다. '저들은 살아남기 위해서 뭔가를 시도하고 있지만 문제에 빠져 있어.' 바로 이점을 내가 깨닫게 되면, 나는 그들을 공감할 수 있게 되고 또 그들의 어떤 행동에도 비난하지 않을 수 있게 된다. 사람들의 방어를 인정해 주면 그들은 이완되는 모습을 보인다.

위험을 받지도 않고 설령 자신이 잘 받아들여진다 하더라도 사람은 역시 **방어적**이 될 수 있다는 사실을 인지하는 것 또한 중요하다. 우리는 만약 누군가가 내게 방어적으로 대한다면 내가 그 사람을 공격했던 어떤 일이나 말을 생각하게 된다. 왜냐하면 그렇지 않고서야 그 사람이 나를 그렇게 방어적으로 대할 리가 없기 때문이다.

하지만 대부분의 부부는 이 점을 잘 깨닫지 못한다. 부부는 상대방이 방어적일 때 그 방어에 대해 비난만 할 뿐 도대체 왜 무슨 이유로 그 상황에서 그 사람이 그렇게 방어적이 되었는지는 생각하지 않는다. 오직 '공감'만이 이 방어를 누그러뜨릴 수 있는데 공감이 진심으로 경험되면 오래된 뇌에 '이 사람은 너를 죽이려 하지 않고 위협하지도 않을 것'이라는 메시지를 보내게 된다.

공감은 방어를 부순다. 하지만 오랜 시간 동안 경험되어야 한다. 부부는 자신들이 안전하든지 위험하든지에 상관없이 항상 자신들의 상황을 비난한다는 사실을 기억하라. 그러므로 서로에게 일관성을 갖는 것이 매우 중요하다. 어느 날 아내가 매우 부드럽고 친절하게 대한다 하더라도 남편은 아내가 전에는 다르게 행동한 적이 있다는 것을 알기 때문에 아내를 따뜻하게 대하지 않는다. 아내가 기분이 좋은 것을 보고 남편은 '왜 저렇게 행동하는 거지? 이번에는 또 얼마나 가려나?' 하고 생각한다. 그래서 그렇게 남편이 아내를 여전히 차갑고 거리감을 두고 대하면 아내 또한 또다시 방어적이 되어 "내가 이렇게 친절하고 상냥하게 대하는데도 당신은 여전히 똑같군요."라고 말하며 서로 다시 반응하며 다투게 되는 것이다.

한 사람의 이미지가 변화하기까지는 아주 오랜 시간이 걸린다. 결과적으로, 어느 날 당신이 집에 들어와서는 평상시와는 다르게 아주 기분이 좋은 상태로 있다면, 당신 배우자의 '오래된 뇌'는 이렇게 말할 것이다. "당신을 믿어야 할지 잘 모르겠어요." 하지만 그 후에도 계속해서 동일한 행동을 한다면 아마도 배우자는 방어를 늦추며 이렇게 말할 것이다. "이 사람이 완전히 딴 사람이 되었네. 뭔가 좋게 변했어. 이제 긴장을 좀 풀어도 되겠다. 난 이제 안전해진 것 같아." 시간이 지나면서 이렇게 새로워지고 안전해진 이미지는 그 사람을 '신뢰'할 수 있게 만든다.

심리여행

우리는 본래 박동하는 에너지다. 우리가 박동하는 에너지의 본 모습을 경험할 때, 우리는 여유롭고 즐거운 경험을 할 수 있게 된다. 그러나 불행하게도 우리 대부분은 인생의 여행에서 이러한 경험을 잃어버린다. 그 이유는 우리가 다른 에너지의 접속점, 즉 우리의 존재를 위협하는 그런 사람을 만나기 때문이다. 이러한 일이 일어나면, 생존을 위해 가지고 있는 본능이 방향을 바꾸어 원초적인 방법으로 우리 자신을 보호하고 방어하게 된다. 그래서 우리가 살아 있음을 충분히 느낄 수 있는 기회를 놓쳐 버리게 되는 것이다.

이것은 뇌의 크기나 복잡성에 의해 증명된 독특한 창조물에게 발전되어 왔다. 인간은 자신이 살아 있음을 충분히 느낄 수 있는 안전한 환경을 판단할 수 있고 조성할 수 있다.

모든 살아 있는 창조물에게 있어서 원초적인 욕망이 생존이라면, 우리는 우리의 자녀들을 계속 살아 있게 하기 위한 또 다른 방법을 갖는다. 부모 본래의 책임은 자녀들의 안전과 생존인 것이다.

자녀들이 살아 있게 하기 위해서 양육자는 자녀의 기본적인 욕구를 충족시키고 양육한다. 대부분의 양육자는 자녀를 위해서라면 뭐든지 한다. 아이가 배고프면 먹을 것을 주고, 추우면 덮어 주고, 무서움에 떨면 아이를 안고 달래 준다. 아이가 위험에 처하면 아이를 보호한다. 대부분의 부모는 최선을 다해서 아이들을 양육하고 돌본다.

그러므로 우리 대부분은 아마도 성장 과정 중에 누군가에 의해 이러한 좋은 것을 제공받았을 것이고 그렇지 않았더라면 우리는 살아남지 못했을 것이다! 부모나 다른 양육자는 그러한 긍정적인 것을 힘써 베풀었지만 그럼에도 우리가 그들에게서 정말로 필요한 모든 것을 다 받은 것은 아니다.

예를 들면, 아이가 태어나 부모의 도움이 절실히 필요했을 때 불행하게도 부모로부터 그런 따뜻함과 필요를 제공받지 못했을 수 있다. 또는 그러한 부모가 있기는 했지만 아이에게 냉담했을 수도 있다. 결과적으로 아이는 필요한 것을 충족하지 못한 것이다.

아이들이 자라나면서 그들의 환경을 탐험해 보고 싶어 할 때 부모가 그것을 충분히 도와주지 못하거나 그 요구를 받아 주지 않는다면 아이는 상처를 받을 수 있다. 또 관심을 받지 못하거나 지지나 격려를 충분히 받지 못할 수도 있다.

그리고 우리는 양육자에게서 상처도 많이 받는다. 예를 들면, 어린아이가 길을 건너려 할 때 부모는 아이의 손을 낚아채면서 "도대체 뭐하는 거냐? 넌 길을 제대로 보고 건너는 거야?"라고 꾸짖는다. 또는 친구 앞에서 아이에게 창피나 모욕을 주기도 했을 것이다.

아이들을 살아 있도록 하고 양육함에 있어서 많은 부모들은 고의

적으로 혹은 비고의적으로 그들의 임무에 태만하다. 부모는 우리에게 어떤 식으로든 불가피하게 상처를 준다.

　이러한 변화와 경험이 일어나면 양육자의 긍정적이고 부정적인 이미지가 아이의 뇌에 각인이 되고, 이것이 우리가 먼저 설명한 이마고를 형성하게 된다. 이마고는 부모의 긍정적이고 부정적인 기질에 대한 아이들의 인식으로 구성된다. 하지만 이것이 단지 아이들 자신의 인식이라는 점을 이해하는 것이 중요한다. 즉, 이것은 부모가 실제로 그런 식으로 했는지와는 아무런 상관이 없다는 것이다. 부모에 대한 '진실'을 형성하는 데 제공된 것은 아이 자신의 인식과 경험인 것이다. 이것은 우리에게 왜 같은 가족 안에 두 아이가 그들의 부모에 대해 서로 다른 이미지를 지니게 되고 또 어떻게 서로 다른 이마고를 형성하는지에 대한 근거를 제공해 준다.

사회여행

　부모는 자녀의 필요한 욕구를 충족시키고 살아 있도록 하는 것 외에도 또 다른 책임이 있는데, 그것은 자녀들이 더 오래 살아 있도록 아이들을 가르치는 것이다. 다시 말해서 부모는 자녀를 교육하고 사회화해야 한다.

　우리가 본질적으로 에너지라는 그 설명으로 다시 한 번 되돌아가 보자. 에너지는 아이들의 발달 과정에서 여러 가지 기능들을 통해서 표현된다. 아이들에게 에너지가 표현되는 한 가지 방법은 감정을 통해서다. 어린아이는 아플 때 운다. 행복하면 깔깔거리고 웃는다. 아주 기쁠 때는 깡충깡충 뛴다. 아이들은 그런 감정을 통해 에너지를 표현한다.

아이가 아주 어릴 때 부모는 아이의 감정에 대한 메시지를 제공해 준다. 어떤 부모는 전체적인 메시지를 준다. "네가 웃으니까 나도 좋아." 또는 "넘어져서 다쳤니? 이리 와, 안아 줄게. 슬퍼해도 괜찮아. 큰 새들도 다치면 운단다." 이러한 말은 아이가 감정을 가지도록 허락하는 메시지다. 부모는 또한 제지하는 메시지를 주기도 한다. 그들은 "그만 울어라. 다 큰 아이는 그렇게 우는 것 아니야."라고 말하거나 "너는 왜 고자질을 하니? 그러는 것 아니야."라든가 "네가 잘못해서 다친 거야. 내가 그렇게 뛰지 말라고 했잖니?"라고 한다.

나는 8세 때 가장 친한 친구가 이사 간 일을 생생하게 기억한다. 나는 그와 헤어지는 것이 무척 슬펐다. 하지만 나의 아버지는 "다 큰 아이는 울지 않는 거야."라고 말씀하셨다. 나는 아버지의 작업대가 있는 지하실로 내려가 망치로 내 손가락을 내려친 후 계단을 오르면서 크게 울었다. 다 큰 아이인 나에게 울 수 있는 이유를 내가 직접 만들어 준 것이다. 아버지에게는 내가 손가락을 다쳐서 우는 것은 괜찮았지만, 가장 친한 친구와 헤어졌다고 울어서는 안 되는 것이었기 때문이다.

또 다른 예를 들자면, 내 아들이 4세였고 내가 아들이 속한 축구팀의 코치였을 때 일어났던 일이다. 그 나이 또래의 아이들은 공 주위에만 한꺼번에 모여들기 때문에 코치였던 나는 아이들과 함께 뛰면서 공이 필드에서 잘 움직일 수 있도록 도와주어야 했다. 한 아이가 욕심을 부리며 골대 앞에서 골을 차려고 했지만 그만 넘어져 버렸다. 아이는 울면서 일어났고 바깥에서 지켜보고 있던 아이의 아빠에게로 달려갔다. 아이의 아빠는 이렇게 말했다. "울지 마! 훅 털어 버려. 다 큰 아이가 울면 안 돼." 아이는 코를 훌쩍거리며 다시 일어나 바로 울음을 그쳤다. 그는 게임으로 다시 돌아갔고 다 큰 아이가 되어야만 했다. 그 아이가 축구장에서 그런 메시지를 들었다면, 집에서도 그런 말을 들을 것이다. 아이는 슬픈 감정이 들 때마다 이 메시지를 기억하게 되며 자신의 감정을 통해 자연스럽게 흐르는 에너지를 어떻게든 억제하고 차단하려 할 것이다. 아이는 어른의 말을 듣는다. 만약 어른이 감정을 표현하는 것이 괜찮다고 말하지 않는다면 아이는 어른의 그 말을 믿어 버린다. 그리고 만약 그들의 양육자가 자신들의 감정을 억제한다면, 그런 메시지는 어린아이를 더욱 강화시키게 된다.

에너지는 또한 사고를 통해서도 표현된다. 아이는 어떤 생각, 의견, 사고를 표현한다. 부모는 그런 표현에 대해서 전체적인 메시지를 보낸다. "아주 좋은 생각이야! 네가 정말 이런 생각을 한 거야?" 아이는 이런 메시지를 받으면, 더욱 신이 나고 그들의 생각을 통해 더 큰 에너지가 흐른다.

어느 날 오후 집에 돌아와 보니 주차장이 엉망이었다. 자전거와 다른 물건이 여기저기 흩어져 있어서 나는 도저히 차를 주차할 수 없었다. 내가 차 밖으로 나오자, 8세짜리 아들이 내게 뛰어와서는 종이 카드를 건네며 자기를 따라오라고 했다. 아들은 나에게 상자에 카드를 집어넣으라고 했고 나는 그렇게 했다. 그러자 6세였던 딸이 나에게 가짜 돈을 주는 것이다. 어른이 자동 현금 인출기를 사용하는 것처럼 딸은 상자에 카드를 넣는 아이들에게 돈을 주고 있었다. 그리고 다른 아이들은 주차한 자전거의 주차비를 지불하기 위해 돈을 사용하고 있었다.

아이들이 무슨 일을 하는지를 안 후 나는 이것이 정말로 창조적인 놀이라는 것을 깨달았다. 그러나 나의 본능은 이렇게 말해 왔다. "이 거 정말 난장판이군. 어서 다 치워라." 그러나 만약 내가 그런 식으 로 반응했더라면, 나는 그들의 창조적인 에너지를 짓눌렀을 것이다.

　부모는 종종 자녀의 창조적인 에너지를 억누르게 되는데, 많은 부 모들은 이것이 아이들에게 얼마나 부정적인 영향을 주게 되는지를 깨 닫지 못한다. "네 의견은 너 혼자만 간직해라." 같은 메시지는 사고를 통한 에너지의 표출을 차단시킨다. 그렇게 되면 아이들은 자신들이 똑똑한지, 좋은 생각을 하고 있는지에 대해 궁금해하기 시작한다.

　에너지가 표현되는 또 다른 방법은 신체의 감각을 통해서다. 인간 은 감각적이고 성적인 존재다. 우리의 몸은 감각을 지니고 있다. 우 리는 자극될 수 있고, 발기가 되며 오르가슴을 느끼고, 몸의 접촉으 로 설렌다.

　어린 시절에 우리는 우리의 몸에 대해서 어떤 전체적인 메시지를 받는다. "넌 참 예쁘구나." "머릿결이 좋네." "몸매가 아주 좋구나." 라는 메시지나 "너는 어릴 때의 젖살이 빠지질 않는구나. 날씬해 보 이려고 노력하지 마라." 등의 제지하는 메시지도 받는다.

　나의 아들이 9세 정도 되었을 때, 샤워를 하고 나와서 입고 있던 목욕가운을 벗어 버렸다. 그러고는 여동생의 오렌지색 머리끈을 그 의 음경에 끼우며 재미있어했다. 나는 내 아들이 살아 있으며 그의 몸에 대해 즐거워하고 있음을 생각하게 되었는데, 이는 "넌 즐겁고 네 몸을 자랑스러워하는구나."라는 메시지를 보내는 것과 같다. 하 지만 많은 부모는 "재미있는 게 아니야. 창피한 줄 알아야지."라는 제지의 메시지를 보낸다.

　에너지는 또한 근육을 통해서 표현된다. 아이들은 매우 활동적이

며 자전거 타기, 노래 부르기, 춤추기, 줄넘기, 그리고 달리기를 좋
아한다. 아이들이 이런 활동을 할 때 듣는 전체적인 메시지는 "넌 노
래를 참 잘하는구나." "넌 정말 빨리 뛰는구나." "자전거 타기가 참
재미있어 보이는구나." 등이다. 그러나 그들은 제지의 메시지를 더
자주 듣는다. '제발 좀 가만히 앉아 있어라." "집 안에서 뛰지 마
라." "너무 시끄럽게 노래 부르지 마라."

　어느 날 저녁을 먹기 위해 식탁에 앉아 있는데, 5세짜리 딸아이가
갑자기 노래를 부르기 시작했다. 나는 딸에게 식탁에서는 노래를 부
르지 말라고 했고, 아내는 왜 노래를 부르면 안 되느냐고 물었다. 나
는 "그냥 안 돼."라고 대답했다. 아내는 왜 그것이 문제가 되느냐고
되물었다. 나는 "그렇게 해서는 안 된다니까."라고 계속 우겼다. 나
는 내가 자랄 때 나의 아버지에게서 받았던 "만약 노래를 부르고 싶
으면 방에 가서 불러라."라는 메시지를 되풀이하고 있었다. 이것이
오늘날까지 내가 노래를 부를 수 없는 이유였다. 나는 자랄 때 집 안
에서 나의 목소리를 즐거워할 수가 없었기 때문에 나의 근육에 에너
지를 묻어 두고 있었다.

　'해야 할 것'과 '하지 말아야 할 것'에 대한 메시지를 계속 주지
시키며 아이를 사회화하려는 부모는 사실 아이의 좋은 계획을 망쳐
버리는 것과 같다. 그것은 마치 "느끼지 마라, 생각하지 마라, 너희
의 몸을 즐거워하지 마라, 움직이지 마라."라는 메시지를 아이에게
주며 마치 아이의 몸을 조각내는 것과도 같다.

　부모는 아이가 이러한 지시를 따르게 되면 오랫동안 살 수 있을
것이라고 믿지만, 결국 이렇게 하는 것은 아이들의 에너지를 묻어
두게 만들기 때문에 아이를 생기 있게 살지 못하도록 만든다. 그리

고 또 다른 일도 일어나게 된다.

　물리학자가 말하듯이 에너지는 결코 없어지지 않는다. 단지 다른 **형태를 지닐 뿐이다.** 예를 들어, 만약 아이가 감정을 통해서 에너지를 표출하지 못한다면 풍선과 같은 상태가 된다. 풍선의 한쪽을 누르면 공기가 다른 쪽으로 움직이는 것처럼 만약 아이가 자신의 에너지를 근육을 통해 표출하지 못한다면, 그는 다른 몸의 감각을 통해서 더 많은 에너지를 표출하게 될 것이다. 만약 그 아이가 감정을 통해서 에너지를 표출하지 못한다면, 아마도 사고(思考)를 통해서 더 많은 에너지를 표출하게 될 것이다.

　그러므로 아이를 사회화하도록 이끌려면 양육자는 삶의 에너지를 부정하거나 억제하지 말아야 한다. 아동기의 이러한 경험은 무의식으로 하여금 **자아의 회복과 치유를 위한 여행을** 하도록 이끈다.

03 THE UNCONSCIOUS MISSION TO HEAL
치유를 위한 무의식의 임무

　　만약 어린아이가 양육자로부터 제대로 보호받지 못했고, 필요한 만큼 양육되지 못했다고 한다면 자신의 충족되지 않은 욕구를 충족하려는 열망을 지니게 된다. 예를 들어, 한 아이가 신뢰할 수 있을 만큼 부모가 옆에 있어 주지 못하고 따뜻함을 제공해 주지 않았다면, 그 아이는 계속해서 이것을 원하게 된다. 그리고 이 아이가 모든 기능(감정, 사고, 신체, 행동)에 자유롭게 흐르는 에너지를 경험하지 못한 채 사회화되었다면, 온전하게 살아 있고자 하는 경험을 깊은 곳에서부터 열망하게 된다. 그리고 자아를 회복하고 치유받으려는 **무의식적 열망**을 지니게 된다.

　인간의 이러한 열망은 다른 자연세계에서도 찾아볼 수 있다. 예를 들어, 폭풍우 속에서 가지가 꺾여 버린 나무는 상처입은 나무껍질 위로 다시 서서히 자라나는 그런 회복 과정을 갖게 된다.

　인간도 이와 비슷한 과정을 거친다. 만약 우리가 어린아이였을 때

원하는 것을 얻지 못했거나, 성장 과정 속에서 어떤 식으로든 억제
되고 방해받은 것이 있다면, 상처를 치유하고 회복하려는 임무를 가
지게 된다.

 ## 1. 이마고의 안내 받기

이러한 자각으로 인해 무의식은 지난 발달 과정 동안 잃어버렸던
부분을 되찾으려는 임무를 지니게 된다. 이 임무가 시작되면 남자든
여자든 그게 누구든 간에 잃어버렸던 자신의 일부분을 가진 누군가
에게 끌리는 것을 발견하게 될 것이다. 정반대의 사람에게 매력을
느끼게 되는 것은 사실이지만, 그들이 서로를 '죽일 수도 있다는
것' 또한 사실이다.

결핍된 양육의 상처와 사회화 과정에서 발생한 상처는 배우자를
선택하는 데 있어서 어떤 영향을 끼친다. 짝을 찾는 과정 동안 무의
식은 이마고(IMAGO)나 양육자의 인식에 의해 안내를 받기 때문에,
우리도 모르게 우리 자신에게 제지되었거나 채워지지 않았던 부분을
가진 사람에게 끌리는 것은 물론 양육자의 긍정적이고 부정적인 특
성을 지닌 사람에게 매력을 느끼게 된다. 이것은 말(馬)이 기수를 원
하는 곳으로 데리고 가는 전형적인 경우다.

사람들에게 배우자로부터 원하는 것이 무엇이냐고 물으면, 의식
적으로 그들은 배우자에게 자신이 기대하는 온갖 긍정적인 특징을
나열한다. 하지만 무의식적으로 우리 모두는 각자 자기 자신만의 임
무를 지니고 배우자 선택, 즉 짝 맞추기를 하고 있는 것이다.

그렇게 자신이 열망하는 특징과 특성을 지닌 이상적인 짝을 찾다가 그런 특별한 누군가를 만나게 되면, 당신은 그 사람에게 매력을 느끼고 접근하게 된다. 하지만 당신은 당신이 무의식적으로 그 특별한 사람에게 이끌리고 있다는 사실은 깨닫지 못한다. 마치 무의식이 '이봐! 여기 그들이 있어. 엄마와 아빠가 바로 여기에 있어.'라고 말하는 것과 같다. 무의식은 재빨리 그 사람을 평가하고 말하기를 '나는 그가 아빠의 긍정적인 특징을 가지고 있기 때문에 아빠란 걸 알 수 있어. 그는 열심히 일하고 아빠처럼 헌신적이고, 게다가 아주 친절하지. 그리고 난 그에게서 엄마의 모습도 발견해. 그는 마치 엄마처럼 날 돌봐 주지. 그는 또한 아버지처럼 약간 머뭇거리고 정서적으로 거리를 두기도 하고, 이건 바로 아빠가 그랬던 것처럼 아주 중요한 것이야. 그리고 그는 꼭 엄마처럼 그렇게 모든 것을 다 아는 듯 똑똑한 척도 하네. 마침내 난 그들을 찾았어!'

하지만 역설적으로 만약 사람들이 자신이 그렇게 자신들의 부모의 긍정적인 특징만이 아닌 부정적인 특징까지도 함께 지니고 있는 누군가와 지금 막 '관계'를 맺기 시작하고 있음을 의식적으로 눈치채고 깨달을 수 있다면, 아마도 그 길을 곧장 뛰쳐나와 걸음아 날 살려라 하고 딴 길로 냅다 도망쳐 버릴 것이다. 그러나 무의식은 대단한 힘을 지니고 있다는 사실을 기억하라.

프로이트는 좀 더 부정적이거나 상반되는 방법으로 무의식에 대해 말하지만 융(Carl G. Jung)은 무의식이 대단히 강한 힘을 가진 것은 사실이지만, 그렇다고 그렇게 나쁜 것만은 아니라고 말한다. 이것은 좀 더 우호적인 안내다. 그는 무의식이 무엇을 하든지 좋은 의도로 하는 것이므로 우리가 무의식을 신뢰해야 한다고 말한다.

이와 같은 점을 생각해 볼 때, 도대체 어떤 방법으로 무의식은 우리로 하여금 만약 우리가 그 사람이 누구인지를 알았더라면 당장 도망쳐 버렸을지도 모를 그런 사람을 확신하도록 만들고 그 사람에게 다가가도록 이끄는 것일까?

이 딜레마에 대한 자연스러운 해답은 '로맨틱한 사랑(romantic love)'이다. '로맨틱한 사랑'은 우리를 일시적으로 콩깍지가 씌도록 만들어 우리가 매력을 느끼는 그 사람에게서 오직 긍정적인 특징만 바라보게 만든다. 부정적인 특징도 가끔씩 보일 수는 있겠지만, 이 '로맨틱한 사랑'이 너무나 강렬하기 때문에 그런 부정적인 모습에 대해서는 적절한 변명거리를 만든다. 아마 결혼하고 안정적이 되면 더 나아질 것이라고 스스로를 설득할 것이다. 하지만 결혼생활이 정착된 후에도 그런 부정적인 기질이 결코 사라지지 않음을 발견하게 된다. 실제로 그러한 모습은 깊은 뿌리를 가지고 더욱더 뚜렷이 나타나게 된다.

'로맨틱한 사랑'은 사람들을 완전히 마취시켜 그들을 오랜 상처의 치유가 필요한 수술대, 즉 **부부관계**로 향하게 한다. '로맨틱한 사랑'은 결코 오래가지 못한다. '로맨틱한 사랑'은 그저 사람들을 속여서 무의식이 원하는 대로 이끌고, 이것이 사라지면 마취가 풀리듯이 부부관계 속에서 이제 그런 부정적인 기질로 인해 아파하기 시작한다.

어느 정도 기간 동안 부부로 살아온 사람들은 '로맨틱한 사랑'은 금방 사라진다고 솔직하게 고백한다. 부부는 사랑의 감정이 사라진 후 서로를 수용하고 견디기 위한 방법을 찾는다. '로맨틱한 사랑'이 사라지면, 대부분의 부부는 무엇을 어떻게 해야 할지를 잘 모르고 실제로는 겁에 질리게 된다. 실제로 많은 이혼이 결혼한 후 거의 2~3년 내에 발생하는데, 그 이유는 부부에게 '로맨틱한 사랑'이 사라지면서 환상이 깨지기 때문이다.

결혼하는 것이 매우 신이 난 두 젊은이가 있었다. 신혼여행을 떠난 지 이틀째 되던 날 신부가 전화로 긴급히 도움을 요청해 왔다. 그 여자는 남편이 데이트할 때와는 완전히 다르게 행동을 한다고 말하면서 마치 지킬 박사와 하이드 같다고 했다. 베일이 벗겨지면서 환상이 깨진 아주 분명한 예다.

환상이 사라지는 것은 결혼한 부부들에게 흔히 나타난다. 결혼을 한 후 우리는 결혼한 사람이 자기가 결혼하려고 생각했던 그런 사람이 아니었다고 결론을 내린다. 나는 종종 누구도 **진정한** 사람과 **결혼하지 못한다**고 말하곤 한다. 우리는 진정한 사람의 환영이나 혹은 그들이 되고자 하는 환영과 결혼하는 것이다.

'로맨틱한 사랑'이 사라지면, 우리는 환상에서 깨어난다. 이런 일이 일어나면, 많은 사람들은 그들이 무엇을 해야 할지를 모르기 때문에 가정이나 직장, 아이들로 바빠지고 집착하게 된다. 그렇게 함으로써 '로맨틱한 사랑'이 없어진 자리를 메우고 그러한 부정적인 기질 또한 더 이상 상처를 주지 않을 것이라고 생각한다.

사람들은 매일의 혼란스러움과 책임감을 통해 정서적 고통에서 완화됨을 느낀다. 그러나 아이들이 성장하고 생활이 나아짐에 따라 해야 할 일이 점점 줄어든다. 그렇게 되면 식탁 반대편에 앉은 사람이 과연 누구인지를 곰곰이 생각하고 있는 자신을 발견하게 되며, 한 집에 사는 이 사람이 마치 낯선 이방인처럼 느껴진다. 하지만 또다시 서로 만들어 놓은 대로 또는 그냥 서로를 견디는 방법을 찾는다. 우리는 그저 그렇게 마치 밤에 그냥 스쳐 지나가는 배처럼 되어가는 것이다.

그런 고통과 환멸감이 몇 달 또는 몇 년 동안 지속되게 되면 부부의 반 이상은 별거를 하거나 이혼을 원하게 된다. 결혼을 유지하는 많은 사람들 또한 그들의 결혼생활이 절망적이고 만족스럽지 않다고 말한다. 그들은 그것에 대응할 방법을 찾아다니기는 하지만, 그러나 자신들에게는 이미 살아 있음과 기쁨, 열정이 사라져 버렸다는 것을 알고 있다. 부부는 수십 년 동안 그런 부부관계를 계속 지속하게 될 수도 있다.

부부가 처음 사랑에 빠지는 것은 공생관계로서의 연합과 같은 것이다. 부부로서 그들은 서로가 존재하는 데 대한 기쁨을 경험하고, 함께하기 위해 양보하는 자신들을 발견한다. 부부는 "나도 당신과 쇼핑 가고 싶어요." 또는 "우리는 같은 영화와 같은 종류의 음식을 좋아하는 것 같아."라고 말함으로써 서로에게 쉽게 동의하고 하나라는 느낌을 갖게 된다.

이 하나라는 느낌이 계속 불을 지피고 서로에게 맞는 짝이라는 확신을 갖게 한다. 이것은 매우 멋진 느낌이고, 이로 인해 종종 젊은 커플이 결혼관계를 맺게 된다. 결국 우리가 많은 것에 동의하고 서로 잘 맞는 것 같으면, 결혼해서 행복하게 여생을 즐기는 것이 당연히 이치에 맞는 듯하다. 하지만 이 하나라는 느낌은 그리 오래 지속되지 않는다.

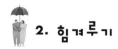

2. 힘겨루기

종종 둘이 하나가 되면 긴장이 더욱 심화된다. 부부는 서로에게 약속을 하면서도 다시 자아를 되찾기 위해 노력하고 있는 자신을 발견하게 된다.

내가 아내와 데이트를 할 당시, 우리는 모든 것에 대해 의견을 같이했다. 우리는 쇼핑몰을 걸으면서 이야기하기도 하고, 물건에 대해 말하면서 우리의 의견을 서로 되풀이해 주었다. 그러면서 언젠가 우리가 함께 살게 될 때를 말하곤 했다. 그러나 결혼을 결정한 순간부터 긴장이 고조되기 시작했다. 한 백화점에서 결혼 준비를 하면서 우리는 어느 것 하나에도 서로 동의할 수가 없었다. 백화점을 나서면서 긴장은 더욱더 고조되었고, 우리가 과연 이 결혼을 해야 하는지조차 의구심이 들기 시작했다. 만일 우리가 간단한 접시 하나를 고르는 것에도 동의하지 못한다면, 장차 자녀문제나 재정문제와 같이 결혼에서 생기는 더 큰 문제는 어떻게 해결해 나갈 수 있을 것인가?

부부가 하나라는 감정은 '우리는 하나' 라는 것에서 '우리는 하나 그리고 내가 그 하나' 라는 감정으로 옮겨 간다. 다시 말해서, 만약 내가 보는 방식대로 우리가 함께 바라본다면, 우리 둘 사이에는 아무 문제가 없을 것이라는 식이다. 그러나 불행하게도 부부 양쪽이 모두 이런 식으로 생각하게 된다는 것이고 이것은 불가피하게 갈등을 초래한다.

부부가 사랑에서 벗어나 환상에서 깨어날 때, 그들은 '힘겨루기(power struggle)' 라는 결혼생활의 다음 단계로 넘어가게 된다. '로맨틱한 사랑'처럼 이 '힘겨루기' 역시 계속 지속되는 것은 아니다. 하지만 어떤 부부는 서로 문제에 빠져 수년 동안 좌절감과 실망을 느끼며 오랫동안 이 '힘겨루기'를 지속하기도 한다.

'힘겨루기'의 첫 번째 징조는 부부가 서로에게 좌절, 고통, 갈등을 느낄 때 시작된다. 이것은 종종 의도적이지 않게 시작된다.

예를 들면, 어느 날 남편이 일하러 갈 준비를 하는 동안 아내가 무언가에 대해 말을 했다고 하자. 아내가 말한 것은 그녀가 생각하기에는 중요한 것이지만, 남편은 거기에 대해 어떤 반응도 보이지 않는다. 아내는 남편의 무반응 때문에 상처를 받고 남편에게 자신의 말을 제대로 들었느냐고 되물으며 또다시 그 말을 되풀이한다. 하지만 남편은 아무 말도 하지 않게 되고 아내는 고통을 느낀다. 아내는 그녀의 손을 부드럽게 잡아 주면서 어떤 이야기든 경청해 주며 자신을 사랑했던 그 사람이 지금은 어디로 갔는지 매우 혼란스럽고 고통스러운 것이다.

남편이 아내를 무시할 때 그것은 그 이상이다. 아내가 어렸을 적에 그녀가 무슨 말을 해도 가족 중 어느 누구도 그녀에게 아무런 관심조차 갖지 않았었던 그녀의 어린 시절의 상처를 다시 자극하게 되는 것이다. 남편의 무관심에 대해서 아내는 아마도 그녀가 어렸을 때 그랬던 것처럼, 만약 그녀가 '확대자(maximizer)'였다면 소리를 지르거나 혹은 '축소자(minimizer)'였다면 말을 멈추는 그런 반응을 보일 것이다.

불행하게도 우리가 어릴 적 고통에 반응하던 방법이나 어릴 적 살아남기 위해 취했던 방식은 결혼관계 속에서는 전혀 효과적이지 못하다. 만약 아내가 남편을 비난한다면 남편 또한 상처를 받을 것이다. 남편 또한 그 순간 바로 그것을 깨닫지는 못하겠지만, 그가 경험하는 것은 자신의 어렸을 때 받았던 상처를 다시 재현하는 것일 수 있다. 자녀가 하는 것에 대해 결코 만족할 수 없었던 그런 부모 밑에서 양육되어 결과적으로 그는 항상 '문제아'였을는지도 모른다. '어린아이로서의 남편'은 벌을 받거나 위축되어 숨어 버렸을 수도 있다. 그러나 어린아이로서 그가 반응했던 그런 방식은 지금 어른으로서의 그에게는 전혀 도움이 되지 않는 것이다.

만약 아내가 남편을 비난할 때 남편이 조용해지면서 위축하게 되면, 아내는 더 큰 상처를 받게 될 것이다. 이것은 마치 불에 기름을 붓는 격이다. 아내는 자신의 상처에 더 큰 반응을 보이게 될 것이고 이러한 반응은 남편으로 하여금 결국 자신을 더욱 차단시켜 버리고 집 밖으로 나돌게 만든다. 그러면 이것이 또다시 아내를 더 자극하게 되고 마침내 그들은 최고조의 '힘겨루기'를 하게 되는 것이다.

'힘겨루기'는 '무의식적인 과정(unconscious process)'이라는 것을 기억하는 것이 매우 중요하다. 어떤 부부도 아침에 일어나 '오늘 내가 어떻게 하면 내 배우자를 망칠 수 있을까?' 하고 생각하지는 않는다. '로맨틱한 사랑'이 사라진다고 해서 사람들이 의식적으로 서로를 절망스럽게 만들려고 일부러 그러는 것은 아니다. 그러나 '로맨틱한 사랑'이 사라지면 그 사람의 본래 모습이 드러나 배우자에게 상처를 주게 되고, 그 배우자 또한 자기가 상처받은 대로 거기에 반응하게 되는 것이다.

그러나 부부 사이가 좌절이 되고 고통이 지속되면서, 점점 서로에게 상처를 주는 것이 꽤 의도적이 된다. 그러나 처음의 상처는 거의 의도적이지 않다. 종종 그것은 자기 자신의 상처를 보호하기 위한 방어지 결코 상대방에게 고통을 더하게 하기 위한 것은 아니다.

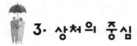

3. 상처의 중심

'힘겨루기'를 완전히 이해하기 위해서 우리는 어린 시절을 이해할 수 있어야만 한다. 우리는 초기 아동발달 분야를 연구하는 학자들에게서 많은 것을 배웠다. 그것은 어린아이가 어린 시절에 어떤 발달 단계를 거치느냐에 따라 성인으로서의 삶에 깊은 영향을 끼친다는 것과, 또 어린 시절의 삶의 경험은 그 사람이 미래에 짝을 선택하는 것에 영향을 준다는 것이다.

그러므로 우리는 어린 시절에 나타난 욕구와 발달 초기 문제가 그 사람이 성인이 되어 배우자를 선택하는 데 어떤 영향을 끼치는지 그리고 그러한 욕구를 해결하고자 하는 것과 어떻게 연관이 되는지를 이해해야 한다.

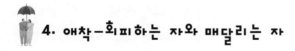

4. 애착 — 회피하는 자와 매달리는 자

출생부터 만 18개월까지의 아이에게는 '애착(attachment)'이라고 불리는 중요한 발달욕구가 나타난다. 아기가 태어나면 분리되려고 애쓰는 것이 아니라 살아남기 위해 부모에게 붙어 있으려 한다. 안전하게 붙어 있기 위해 아이들은 신뢰할 만한 부모를 필요로 한다. 그러므로 부모는 아이가 필요할 때 언제든지 아이들 곁에 있어 주어야 한다.

부모는 아이가 필요로 할 때마다 옆에 있어 줄 뿐만 아니라 의지할 수 있을 만큼 따뜻해야 한다. 〈붉은 털 원숭이 실험 연구〉에서, 어린 원숭이는 우유병을 부착시켜 철사로 만든 가짜 엄마 원숭이에게서 원할 때마다 우유를 먹을 수 있더라도, 거기에 **따뜻함**이 제공되지 않으면 제대로 삶에 적응하지 못한다는 것이 관찰되었다. 연구가들은 그 철사 엄마 원숭이 주위에 가짜 털을 부착시켜 그 실험을 계속하였는데, 필요할 때마다 옆에 있으면서 의지할 수 있을 만큼 따뜻함을 제공받은 어린 원숭이는 전보다 더 나은 적응력을 보였다.

아기에게 필요할 때마다 그 욕구를 채워 주고 따뜻함을 제공해 주는 그런 양육자가 있다면 아기는 이 애착을 통해서 이 세상에 존재하는 것들에 대하여 어느 정도의 안위감과 안전감을 얻을 수 있다. 하지만 불행하게도 어떤 부모는 신뢰할 수 있을 만큼 필요시마다 욕구를 채워 주지 못한다. 그 이유는 부모가 나쁜 사람이기 때문이 아니라 그들 역시 자신들의 삶에서 필요한 다른 사항들이 있기 때문이다. 부모는 아플 수도 있고 여러 개의 직업을 갖고 있을 수도 있으며, 자녀를 돌보는 것과 동시에 자신들의 부모 또한 돌봐야 할 수도 있다. 불행하게도 그러한 부모는 자녀에게 차갑게 대하거나 마지못해 자녀를 돌볼 수도 있다.

아이는 애착을 원하지만 만약 그 애착하려는 노력에 대해 **냉정함**을 경험하게 되면, 그 아이는 상처와 고통 또는 거부감을 경험하게 된다. 우리의 심리-신경학적 시스템은 고통을 피하기 위해 만들어졌기 때문에, 상처를 입은 아이는 상처로부터 자신을 보호하기 위해 노력하게 된다. 아마도 그는 접촉을 피하게 될 것이고 시간이 지남에 따라 **회피하는 자**(avoider)의 모습을 지니게 된다. 회피자는 접촉하려는 경향을 갖지 않고 피하는 것이 더 안전하다고 생각하여 접촉을 시도하거나 만들지 않는다. 다시 말해서 **거부당함**으로 인한 고통을 또다시 경험할 기회를 미리 줄이게 되는 것이다.

반대로 어떤 부모는 필요시마다 모든 욕구를 다 충족해 주진 못하더라도 자녀와 접촉할 때마다 따뜻함을 제공해 줄 수는 있다. 내가 아는 한 부모는 전쟁 중 집단 수용소에 있었다. 그녀의 엄마는 유모였기 때문에 다른 아이들 또한 함께 돌보아야 했고 그로 인해 그 여인은 엄마와 항상 함께 있을 수가 없었다. 하지만 그녀가 엄마와 함께 있는 잠시 동안만이라도 엄마는 자녀에게 따뜻함과 돌봄을 제공했다.

자신이 필요할 때마다 따뜻함을 제공받지 못한 아이는 **버림받음**(abandonment)이라고 부르는 상처를 갖는다. 아이는 좋은 감정과 안위감을 주는 무언가를 가지기는 했지만 그것이 다시 경험될 수 있을는지, 아니면 다시 채워질 수 있을는지를 전혀 예측할 수 없는 상태가 된다. 그러므로 아이는 다시는 버림받지 않기 위해 더욱 매달리게 되고 또 버림받았다는 느낌을 떨쳐 버리기 위해 더 달라붙는 경향을 가지게 된다. 그리고 이런 아이는 시간이 지나면서 **매달리는 사람**(clinger)이 된다. 매달리는 사람은 자기가 사랑하는 사람이 항상 눈앞에 있지 않으면 자신이 버림받았다고 느끼고 매달리는 경향이 있다.

성인이 된 '회피하는 자'와 '매달리는 자'는 서로를 발견하는 자신들만의 방법을 갖고 있다. 부부로서 그들은 애착을 사이에 두고

고통스러운 춤을 추게 되는데, '매달리는 자' 는 "당신은 결코 나를
위해 거기에 있어 주지 않았어요." 라고 불평하며, '회피하는 자' 는
집을 나설 때마다 어떤 공포나 혼돈 없이는 떠나가지 못한다. '회피
하는 자' 의 삶은 겉으로는 부부가 함께하는 듯이 보이기는 하지만,
사실 그의 배우자의 삶은 완전히 붕괴된 것과 마찬가지다. 예를 들
어, 그가 출장을 갈 때마다 배우자에게서 이런 불평을 듣게 된다.
"당신은 출장 가서 내게 한 번도 전화를 한 적이 없어요. 당신은 내
게 전화를 하겠다고 말은 하지만 정말 그렇게 한 적은 단 한 번도 없
었다고요."

'매달리는 자' 는 종종 미성숙하다는 결과로 치료를 권고받는다.
그러나 실제로는 부부 양쪽 다 도움이 필요하다. 그들은 다르게 적
응해 왔고, 그래서 한 사람은 성숙해 보이고 다른 한 사람은 그렇게
보이지 않을 뿐이다. 하지만 그들 모두 '애착' 과 관련된 문제를 지니
고 있다.

어린 시절의 상처를 가지고 있는 부부는 치료사의 더욱더 많은 관
심이 요구되고 필요할 때마다 욕구가 채워지고 신뢰하고 의지할 만
한 따뜻함을 지속적으로 제공받는 것이 필요하다. 나아가 어릴 때
상처를 받은 부부일수록 치료사가 그들을 돕는 데 더 많은 시간이
요구된다.

이마고 부부관계치료사는 어떤 판단을 벗어던지고, 부부 중 누가
더 건강한지 그리고 누가 그렇지 않은지를 진단하는 일을 멈추어야
한다. 치료사는 단지 '부부관계' 에만 초점을 두고 두 부부의 심리적
상처를 지속하게 만드는 요소가 무엇인지를 파악하는 데 집중해야
한다.

개개인과 그들의 역동을 관찰하는 동안 초점은 여전히 '관계'에 머물러 있어야 한다. 그리고 부부 두 사람 모두에게 필요할 때마다 욕구가 채워지고 신뢰할 만한 따뜻함을 경험할 수 있는 치유적 환경을 제공해 주어야 한다. 이러한 모습이 그들의 '관계' 가운데 경험되지 않는 한, 이러한 패턴은 계속 반복될 것이다. 그리고 내담자는 어떻게든 이 고통을 경감시킬 수 있는 여러 방법들을 찾아낼 것이다.

많은 부부 치료사들이 가장 빈번하게 저지르는 실수는 부부 중 한 명이 상대방 배우자를 바라보는 시각에 치료사가 동의하게 됨으로써 발생한다. 이런 특별한 경우에는 종종 '매달리는 자'가 치료를 원한다. '회피하는 자'는 그 누구의 도움도 필요로 하지 않는다. 치료사가 아무리 정기적인 상담을 통해서 '매달리는 자'가 원할 때마다 도움을 주고 그에게 필요한 신뢰할 만한 따뜻함을 제공해 준다고 할지라도 그것만으로는 결코 충분하지가 않다. 왜냐하면 '매달리는 자'는 결국 집에 돌아가야만 할 것이고 거기에서 또다시 상처가 재발될 것이기 때문이다.

 5. 탐험─도망가는 자와 쫓아가는 자

애착이 형성된 후의 발달 욕구는 '탐험(exploration)'이다. 탐험의 욕구는 생후 만 18~24개월의 아이들에게서 나타난다. 이 단계의 아이는 양육자와 애착이 형성되고, 이제 기어 다니며 그들의 세계를 탐험하기 시작한다. 또 다리 근육이 발달되고 호기심이 이끄는 대로 걸어 다닐 수 있게 된다.

아장아장 걷는 아이는 의욕적이고 빠르게 양육자에게서 벗어나 조심스럽게 그들의 세계를 탐험한다. 하지만 그들의 양육자가 시야에서 벗어나게 되면 불안을 느낀다. 안전한 장소에서 너무 멀리 왔다고 느끼면 겁에 질리고 이를 알리기 위해 울음을 터뜨리며 재빨리 되돌아간다.

나와 아내는 우리 자녀들을 통해 이러한 모습을 보았다. 2세짜리 딸이 혼자 복도를 따라 걸어가며 "엄마, 엄마."라고 말한다. 이것은 자신이 아직 안전한지를 확인하는 아이만의 방법인데, 이때 엄마가 "엄마 여기 있어, 엄마 부엌에 있어."라고 말하면 딸은 확인하기 위해 부엌으로 돌아온다. 그리고 부모가 부엌에 있음을 확인하면 아이는 안심하게 되고 또다시 자신의 탐험세계로 돌아갈 수 있게 된다.

만약 이러한 탐험의 욕구가 충족되면, 아이는 자기가 돌아갈 안전한 사람이 있다는 것을 알게 되면서 독립심과 세상을 향한 건전한 호기심을 가지고 성장하게 된다. 그리고 다른 사람에 대해 긴장감을 풀게 되고 사람들과 연결되어 있음을 느끼게 된다.

이 발달단계에 충족되어야 할 탐험의 욕구를 위해 어린아이에게는 그들만의 방식대로 세계를 바라볼 수 있도록 자유를 허락해 줄 수 있는 부모가 필요하다. 그 아이가 불안해서 겁에 질려 돌아가고 싶어 할 때 부모가 그곳에 있어 주어야 한다. 만약 부모가 자녀를 지지하면서 계속 나아갈 수 있도록 돕는다면, 자녀는 **안전감과 연결감**을 가지고 세상으로 나아갈 수 있는 힘이 생긴다.

불행하게도 어떤 부모는 자녀를 내보내는 것을 힘들어하여 아이들을 꽉 쥐고 **과잉보호**를 하려 든다. 아이가 탐험을 원할 때 과잉보호를 하게 되면 아이는 숨이 막힌다. 만약 어떤 생명이 계속해서 숨이 막힌다면 죽어 버리게 될 것이다.

모든 살아 있는 인간의 목표가 생존하고자 하는 것이라면, 숨이 막힐 때 그 사람은 어떻게 해야 할까? 그 위험에서 도망가려 할 것이다. 만약 이것이 지속되면 그 사람은 **도망가는 자**(distancer)가 되어 자신을 숨 막히게 하는 것이나 사람들에게서 멀어지려 할 것이다.

'회피하는 자'와는 달리 '도망가는 자'는 애착을 좋아한다. 그는 단지 숨 막히는 것을 싫어할 뿐이다. '도망가는 자'는 손을 뻗어 그의 배우자에게 "영화 보러 가지 않을래요? 요즈음에 별로 나간 적이 없잖아요."라고 말할 수도 있다. '도망가는 자'는 많은 것을 시도하진 않지만 '회피하는 자'보다는 더 많은 시도를 한다.

자녀를 내보내는 것을 두려워하는 부모와는 정반대로 아이가 안전과 격려를 위해서 뒤를 돌아보았을 때 아이 곁에 지속적으로 있지 않는 부모도 있다. 이런 부모는 그들의 아이를 보호하지 않기 때문에 자녀는 **소홀함**(neglect)을 경험하게 된다. 이것은 버림받음보다는 조금 높은 발달적 단계며, 버림받음만큼 그렇게 심하게 고통스럽지는 않지만 이 소홀함 역시 상처가 되는 건 마찬가지다.

아이가 자기를 위해 있어 주는 사람이 아무도 없다는 것을 느끼면, 자신을 돌보아 줄 사람을 계속 찾아다니게 된다. 그러다가 결국 그는 **쫓아가는 자**(pursuer)의 기질적 특징을 발전시키게 된다.

'도망가는 자'와 '쫓아가는 자'는 서로에게 매력을 느끼고 결혼하고자 한다. 이러한 종류의 관계 속에서는 한 사람은 공간과 자유를 위한 욕구를 가지고 있고, 다른 사람은 관심을 얻으려는 욕구를 갖고 있다. '도망가는 자'는 종종 "나는 나만의 공간이 필요해요. 더 많은 자유를 원해요. 당신은 나에게 너무 많은 것을 요구한다고요."

라고 불평한다. 반대로 '쫓아가는 자'는 "우리는 결혼했고 당신은 더 많은 시간을 나와 함께 보내야 한다고 생각해요. 당신은 내가 당신을 필요로 할 때 같이 있어 주지 않아요. 당신은 내게 충분한 관심을 주지 않아요."라고 불평한다.

　한 사람은 상대방과 더 많은 시간을 갖고 싶어 하고, 또 한 사람은 자신만의 시간을 좀 더 원하게 되면서 두 사람이 '힘겨루기' 상황으로 들어가게 되는 것이다.

　이런 부부는 서로가 상대방에게 고통을 주고 있다는 사실을 깨닫는 것이 일반적으로 매우 어렵다. 왜냐하면 그들은 단지 자신의 상처를 보호하려고만 하기 때문이다. 불행하게도 우리가 어릴 때 하던 것이 성인의 관계에서는 더 이상 통하지 않는다. '도망가는 자'는 숨막힘을 느끼기 때문에 도망을 가는 것뿐이고, '쫓아가는 자' 또한 소홀함을 느끼기 때문에 더욱 쫓아가는 것뿐이다.

　마침내는 그것으로 인한 고통 때문에 누군가가 "이제 충분해요. 더 이상은 하지 못하겠어요. 당신은 너무나 많은 것을 내게 요구하고 난 숨이 막혀요. 난 이제 여기를 떠나겠어요."라고 말하게 되거나, 혹은 그의 배우자가 "당신은 결코 나를 위해 있지 않아요. 난 더 이상 견딜 수가 없어요. 안녕."이라고 말하는 소리를 듣게 될 것이다.

　헤어지기 전에 그들은 전문적인 도움을 구할 수도 있다. 다음의 예는 치료사가 자주 실수하게 되는 부분이다. 그것은 외로움이나 소홀함으로 인해서 '쫓아가는 자'가 치료사를 찾게 되면, 치료사는 그 사람과 개인적인 상담 약속을 하게 되는 것이다. 그렇게 되면 그 내담자는 누군가가 자기에게 그렇게 관심을 보이는 것으로 인해서 안심을 하게 되고 안위감을 얻으며, 또 자신의 배우자는 결코 자신이 필요로 할 때 함께 있어 주지 않을 것이라는 확신을 갖게 된다. 그래서 그 사람은 결국 결혼생활을 끝내게 되거나 아니면 상담치료를 계속 받거나 그것도 아니면 외로움을 견딜 또 다른 방법을 찾아다니게 될 것이다.

만약 이 부부가 그들의 관계 속에서 이러한 역동을 개선하지 않은 채로 그냥 관계를 끝내고 이혼을 하게 되면, 얼마 가지 않아 또 다른 관계 속에서 또다시 비슷한 문제를 겪게 되고 그리고 결국엔 그 관계 또한 끝을 내게 될 것이 너무나 분명하다는 것을 분명히 예측할 수 있다. '도망가는 자'는 자신에게 그다지 많은 것을 요구하지 않는 사람에게 처음에는 빠져들게 될 것이다. 하지만 그들이 결혼하기로 결정하게 되면, 그는 그의 관심을 더 많이 요구하는 그런 딴 사람과의 또 다른 관계에 속해 있는 자신을 발견하게 될 것이다. 한편, '쫓아가는 자'는 자기에게 많은 관심을 주고 자기와 많은 시간을 함께 보내는 사람에게 빠진다. 하지만 결혼을 결심하게 되면 곧 그녀는 그녀가 생각했던 것처럼 그 사람이 그렇게 항상 곁에 있어 주고 관심을 주지 않는다는 사실을 깨닫게 된다.

 ## 6. 정체성—엄격한 자와 흩어진 자

만 2~4세까지의 아이는 '정체성(identity)'을 확립하는 데 집중한다. 안전하게 애착이 형성되고 탐험하는 데 자유로움을 느끼게 되면, 이제 그들은 자신이 누구인지를 발견하기 원한다.

아이는 변장을 통해서 자신을 발견한다. 아이는 어른의 옷을 입고 다른 사람, 주로 부모 중 한 명을 흉내 낸다. 또 아이는 만화영화를 보면서 그들이 좋아하는 만화영화 주인공을 흉내 내기도 한다.

만 4세가 된 내 딸은 〈라이온 킹(The Lion King)〉을 무척 좋아했다. 딸이 좋아하는 놀이는 자신은 어린 사자인 심바(Simba)가 되고, 나는 아버지인 무파사(Mufasah)가 되는 것이었다. 일을 마치고 집에 돌아와 나는 엎드려 네 발로 기며 아이와 놀곤 했다. 거실을 바라보며 깊고 허스키한 목소리로 "심바, 언젠가 이 모든 것이 네 것이 될 것이다."라고 말하면, 딸은 으르렁거리는 소리를 냈다. 그리고 나는 "하지만 저기 보이는 저 안으로는 들어가지 마라. 그곳은 네 오빠의 방이다."라고 말했다. 딸은 이 놀이를 무척 좋아했다.

이 또래의 아이는 자신의 정체성을 형성하기 위해 노력하며 자신을 '바라보고' 거울처럼 반사해 주는 부모를 통해 정체성의 욕구를 충족시킨다.

댄스 의상을 입은 여자아이에게 "와, 너는 발레리나구나."라고 말해 주는 부모가 있다면 아이는 용기를 얻을 것이다. 또는 아빠의 신발을 신고 서류가방을 든 아이에게 "너는 아빠구나. 아빠 신발을 신고 서류가방을 들었네."라고 지지해 줄 수 있다. 부모는 아이의 역할 놀이를 인정해 주고, 아이는 그로 인해 밝아진다.

불행하게도 어떤 부모는 자녀의 거울이 되어 주지도 않고, 부모가 원하는 것만 보고 마음에 드는 것만 비춰 주는 **선택적 거울의 역할**을 한다. 만약 남자아이가 어깨에 타월을 두르고 "아빠, 나는 슈퍼맨이에요."라고 할 때 아빠가 "와, 그렇구나. 넌 아주 크고 강하구나. 넌 슈퍼맨이야."라고 반응해 준다면, 그 아이는 기분이 아주 좋아질 것이다. 하지만 그가 방에서 여동생의 수영복을 입고 나올 때(남자아이나 여자아이는 때때로 반대 성의 역할놀이를 하기도 한다), 부모는 그에게 창피를 줄 수도 있다. 아이가 그런 수치감으로 인해 상처를 입게 되면 자신을 보호하려는 반응을 보이게 된다. 만약 어떤 **역할놀이**에서 비웃음을 받았다면 아이는 다시는 그것을 시도하려 들지 않을 것이고, 그리고 또 다른 것까지도 시도하지 않으려 할 것이다. 결과적으로 아이는 그러한 수치스러움을 경험함으로써 자신을 보호하기 위해 꽤 엄격한 자아를 형성하게 된다. 이런 아이는 자기가 무언가를 반드시 어떻게 하지 않으면 안 된다는 매우 엄격한 생각을 가지고 삶을 살아간다.

어떤 아이는 양육자에게 선택적인 반사조차도 받지 못하고 **굴절**(deflection)이라는 것을 경험하게 된다. 이것은 아이가 전혀 보이지 않는다는 것을 의미한다. 발레리나 옷을 입은 여자아이가 요리를 하는 엄마 곁이나 신문을 읽는 아빠 곁으로 다가가 보지만 아무도 아이에게 말을 걸거나 쳐다봐 주지 않는다면 아이는 자신이 '보이지 않는 존재'라는 느낌을 받게 된다. 성장하면서 어떤 반응(feedback)이나 반사(mirroring)를 받지 못한 아이들은 '내가 누구지?'라고 생각하게 되면서 불확실하고 불명확한 자아를 지니게 된다.

굴절은 또 다른 방법으로도 나타나는데 아이가 자신이 무엇을 원한다고 말하는 것을 부모가 무시하거나 그것이 아니라고 말하는 경우이다. 예를 들어, 아이가 "엄마, 쿠키가 먹고 싶어요."라고 말할 때 엄마가 "아니야, 그렇지 않아. 넌 배가 안 고프잖니."라고 말하는 것이다. 만약 당신이 쿠키를 먹고 싶어 하는 아이라고 가정했을 때 커다란 어른이 "네가 정말로 원하는 것은 그것이 아니야."라고 말한다면 정작 자신이 무엇을 원하는지 무척 불분명하고 혼란스러워질 것이다.

혹은 아이가 "나가서 놀고 싶어요."라고 말할 때 엄마가 "아니야, 지금 밖은 너무 추워. 넌 집 안에 그냥 있고 싶잖아."라고 말할 수도 있다. 이 아이는 다른 친구들이 밖에서 노는 것을 보고 '와, 저 아이들은 무척 재미있어 보이네. 나도 나가서 놀고 싶은데, 그런데 엄마는 아니라고 했어. 그렇다면 내가 원하는 건 뭐지?'라고 생각할 수 있다.

부모가 자녀를 '보지 못하는' 또 다른 방법은 아이의 **경계**(boundary)를 침범했을 때다. 이것은 부적절한 성적 접촉이나 성적 학대를 포함한다. 어떤 사람이 그 선을 넘으면, 그들은 아이를 아이로서 보지 않고 하나의 **대상**(object)으로 보는 것이다. 이 선을 넘는 것은 아이가 정말로 보이지 않기 때문이다. 어느 누군가가 이 경계를 침범하여 아이의 존재는 생각하지 않고 대상으로만 볼 때, 아이는 '나는 더 이상 존재하지 않아야 해. 나는 아마도 단지 물건일 거야. 내가 누구지? 나는 무엇이지?'라고 생각하게 된다. 성적으로 학대받은 아이는 이렇게 '흩어진(diffuse) 자아'를 지닌 채 성장한다.

'엄격한 사람'과 '흩어진 자아를 지닌 사람'은 성인이 되어 서로에게 매력을 느끼게 된다. 자기 자신에 대해 불확실하고 자신이 누구인지, 무엇을 원하는지 불명확한 경우라면 명확한 방향을 지시해 주고 자신이 무엇을 원하는지를 분명히 아는 사람이 매우 매력적으로 보일 것이다. 동시에 명확한 정체감을 가진 사람은 자신의 도움을 원하는 사람에게 도움을 베푸는 데 자신을 사용한다. 그들은 쉽게 제안하고 모든 것에 대답을 가진다. 그들은 그렇게 서로를 존경하는 사람이 있다는 것을 즐긴다. 그리고 서로에게 자신이 쓸모 있고 가치 있다고 느끼게 된다.

그러나 이러한 서로의 매력과 찬사가 사라지게 되면 이제 부부는 '힘겨루기'에 들어간다. '엄격한 사람'은 자신이 어떻게 해야 하는지에 대해서 명확한 감각을 갖고 있을 뿐만 아니라 자신의 배우자가 어떠해야 하는지에 대해서도 아주 확고한 신념을 가지고 있다. 그리고 자신의 배우자가 무엇을 어떻게 해야 하는지를 여러 가지 방법으로 말한다. "돈 관리를 더 잘하면 간단해지지 않겠어요?" "당신의 삶을 이런 식으로 함께할 수는 없는 건가요." "왜 그렇게 즐거워하지 않죠?" "왜 이렇게밖에 안 되나요? 당신이 하는 건 다 엉망이에요."라는 식으로 이들은 말한다.

'흩어진 자아를 가진 사람'의 보이지 않는 감정은 이러한 충돌을 통해 더욱 악화된다. 그들의 욕구나 의견은 문제가 되지 않는다. 오직 엄격한 사람의 방식만 있을 뿐이다. 그래서 '흩어진 자아를 가진 사람'은 '내가 이 사람과 같이 있으려면 아무런 문제도 일으키지 말자. 하지만 그렇게 한다면 내가 원하는 것을 가질 희망은 아예 없구나.'라고 생각한다. 이들은 배우자에게서 "당신이 정말로 원하는 것은 그게 아니에요." 혹은 "그건 당신의 생각이 아니에요."라는 말을 듣는 것에 익숙해진다. 그리고 이런 말을 들을 때마다 무의식적으로 (의식적일 때도 있다), "네가 이 과자를 정말로 원하는 건 아니잖니."라는 엄마의 말도 듣게 된다.

'흩어진 자아를 가진 사람'이 자신이 원하는 것을 표현할 때마다 누군가가 "네가 원하는 것은 그것이 아니다."라고 말하게 되면 그들은 혼란스러워하며 표현하던 것을 잠시 멈추게 된다. 그들은 입을 다물고 어디론가로 숨어 버릴는지도 모른다. 그러나 보이지 않는 상처가 어느 정도 아물게 되면 또다시 자신을 내보인다. 불행하게도 그들이 하는 이러한 방식은 상대방에게 상처가 되고 둘 사이에 '힘겨루기'를 지속하게 만든다.

그들은 절망적인 마음으로 "당신은 당신 생각밖에 하지 못해요. 당신은 당신이 원하는 것을 무엇이든지 갖지만 나는 아니예요. 당신은 당신이 원하는 것밖에 몰라요. 나는 상관없다는 거지요. 당신은 당신 외에는 아무도 상관 안 해요."라고 소리친다.

이 반응은 '엄격한 사람'에게 수치심을 주고 그 상처가 자극되면 '엄격한 사람'은 더욱더 엄격해진다. "당신이 좀 진정되면 그때 이야기합시다. 당신은 지금 과민반응하고 있어요. 내가 하려는 것은 다 우리 가족을 위한 거예요. 당신은 우리 가정을 꾸려 나가는 데 아무 개념이 없잖아."라고 엄격한 사람들은 말한다. 이것은 '흩어진 자아를 가진 사람'에게 마치 "난 더 이상 당신을 안 볼 거요."라고 말하는 것과 같다. 이렇게 두 사람은 더욱 보이지 않는 모습을 하게 되고 머지않아 엄청난 '힘겨루기'에 돌입하게 된다.

 ## 7. 힘과 능력-경쟁자와 타협자

만 4~6세인 아이의 새로운 발달과업은 그들이 얼마나 '힘과 능력(power and competence)'이 있는지를 시험하는 것이다.

내 딸은 만 6세 때 실내체조를 열심히 했었는데 어느 날 연습에서 돌아와 내게 재주넘기를 보고 싶으냐고 물었다. 나는 열광하며 보고 싶다고 했고 아이는 매우 신이 나서 배운 것을 보여 주었다. "와, 체조를 시작한 지 얼마 되지도 않았는데 네가 벌써 재주넘기를 할 수 있구나."라고 나는 감탄해 주었고 이러한 우리의 반응은 이 또래 아이의 능력을 확인시켜 주게 된다.

부모는 이 시기의 자녀에게 정보와 교육을 통해서 어떻게 다양한 과업을 성취하는지를 가르쳐 주고 자녀의 능력에 대하여 **인정해 주**는 것이 필요하다. 예를 들어, 내가 딸에게 "와, 넌 재주넘기를 정말 잘하는구나."라고 말하면 아이는 신이 나서 그다음 단계의 재주를 배우게 되는 것이다.

내 아들이 어느 날 유치원에서 돌아와 "2 더하기 2가 뭔지 알아요. 그건 4예요."라고 말했다. 내가 대단하다고 말했더니 아이는 자기에게 좀 더 어려운 문제를 내 보라고 내게 말했다. 내가 조금 더 어려운 문제를 냈고 그리고 아이가 정답을 맞혔을 때 "와, 혼자 그 문제를 풀다니 정말 대단한 걸."이라고 말해 주자 아이의 얼굴이 환히 빛이 나는 듯 보였다.

부모에게 인정을 받고 교육과 정보를 얻게 되면 아이는 마치 자신이 이 세상에 어떤 영향을 주는 것처럼 느끼면서 자라게 된다. 아이는 존재감과 목표의식을 가진다. 하지만 불행하게도 어떤 부모는 자녀를 인정해 주거나 정보를 제공해 주지도 않으면서 **탁월함을** 요구하곤 한다. 그래서 그들은 "잘했다, 재주넘기가 꽤 괜찮구나. 하지만 네가 정말로 올림픽에 출전하기를 원한다면 팔을 좀 더 곧게 펴고 연습에 최선을 다하렴."이라고 말할는지 모른다.

어떤 아이는 실패의 고통을 경험하고 싶지 않기 때문에 탁월해야 함에 주위를 기울이게 된다. 그들은 매우 열심히 노력하고 좀 더 경쟁적이 되어서 결국은 **경쟁자**(competitor)가 된다.

　　다른 한편으로, 어떤 부모는 자녀의 성취에는 아무 관심도 없고 탁월함을 요구하지도 않으며 아이의 활동에도 개입하지 않고 **방치**한다. 그들은 아이를 위한 모임이나 아이가 참가하는 게임에도 전혀 참석하지 않으며 아이의 능력을 개발하기 위한 어떤 기회를 제공하거나 아이들의 욕구를 지지해 주지도 않는다. 만약 아이가 어떤 것에 대한 능력을 발전시키고 싶어 하지만 그러나 부모에게서 자신들이 원하는 반응을 얻지 못한다면 아이는 **무기력함**(helplessness)을 느끼게 된다. 그리고 아이는 더 수동적이 되어서 **수동적인 타협자**(passive compromiser)로 자라나게 된다.

　　'경쟁자'와 '타협자'는 서로 끌리게 되어 있다. 이들의 특징적 기질은 첫 만남에서부터 나타난다. 예를 들어, '경쟁자'인 남자와 '타협자'인 여자가 있다고 하자. 경쟁자가 무엇을 하고 싶으냐고 물을 때 여자는 무엇이든지 당신이 좋은 것이면 다 괜찮다고 대답한다. 경쟁자는 함께 테니스를 치자고 했고 먼저 여자가 공을 반대편 남자에게 쳐서 넘겼다. 남자는 잘했다고 하면서 하지만 "만약에 당신이 좀 더 잘 치고 싶으면, 팔을 좀 더 뻗으세요."라고 덧붙인다. 여자는 남자가 말한 대로 시도해 보지만 남자는 "정말로 잘하고 싶다면 온 몸을 던져야 할 필요가 있어요."라고 말한다. 남자의 계속되는 충고 대로 여자는 갖은 노력을 해 보았지만 결국에는 흥미를 잃게 되고, 결국 라켓을 집어 던지며 화를 내게 된다. 그녀는 단지 좋은 시간을 함께 가지고 싶었던 것뿐이었는데, 남자의 계속적인 요구에 좌절감을 느끼게 되었다. 하지만 한편으로 경쟁자인 남자는 누군가에게 완벽함을 요구하고 그 목표를 달성할 때까지 결코 쉬지 않는다. 그가 원하는 것은 이기는 것이었다.

관계 속에서의 이러한 역동은 그들의 말다툼을 통해서도 계속 나타난다. 여자는 먼저 항복할 것이고 남자는 논쟁에서 이길 때까지 계속할 것이다. 그들은 때때로 무엇을 말하려는지도 모른 채 그저 논쟁을 위한 논쟁을 벌이게 되는 것이다.

양육과정 가운데 애착과 탐구, 정체성 확립의 욕구와 능력을 발전시키려는 욕구는 성취되어야만 한다. 아이에게는 성장과정에서 이러한 욕구가 자연스럽게 나타나게 되는데 우리는 이것을 통제할 수 없다. 그리고 어떻게 한 사람의 욕구가 나타나고 충족되는가 하는 것은 그 사람의 적응력뿐만 아니라 성격 형성에까지도 영향을 끼치게 된다. 성장 과정 가운데 좋은 양육을 받지 못한다면 생존을 위해서뿐만 아니라 성장하기 위해서 그러한 욕구가 계속해서 나타난다. 필요가 채워지든 채워지지 않았든지 간에 성인이 되면서 이 모든 것은 계속 진행되고 거기에서 비롯된 상처는 그들의 삶 가운데 다시 나타나게 될 것이다.

만약 적절한 양육을 받고 사회화 과정이 지지되었다면 안전감을 느끼고 충분히 살아 있음을 경험하는 총체적인 한 인간으로 자라날 것이다. 그러한 핵심적인 에너지는 변하지 않고 안전감과 온전함을 느끼게 할 것이다. 그러나 이러한 일은 거의 잘 이뤄지지 않는다. 왜냐하면 대부분의 사람은 적절한 양육을 받거나 지지적인 사회화 과정을 거치지 못하기 때문이다.

상처가 생기는 이유는 양육이 불완전하기 때문이다. 이것은 부모가 나쁘기 때문이 아니라 그 부모 또한 상처를 받았었고 그들은 그러한 상처를 지닌 채로 그나마 최선을 다해서 자녀들을 키웠다. 하지만 아이는 그런 불충분한 양육을 불완전하다고 느끼지 않는다. 대신에 그들은 자신들의 애착과 탐구, 정체성 확립과 능력의 욕구 자체의 어떤 부분이 잘못되었다고 생각한다.

여러 가지 기능을 통해 에너지가 표현되는 것은 분명한데 아동기 때 다양한 양육자에게서 받은 메시지가 이것을 방해한다. 아이는 다양한 양육자에게서 받은 메시지가 잘못된 것으로 인식하기보다는 대신에 자기 자신의 생각과 감정, 몸을 움직이고 즐기는 **욕구** 자체가 잘못된 것으로 믿게 된다.

어린아이는 살아남기 위해서 부모의 말을 잘 듣는다. 따라서 이들은 자신의 일부분을 억제하거나 잃어버리기 시작하고 어떤 기질적 구조를 발달시키게 된다. 예를 들어, 버림받지 않기 위해 매달리는 기질을 발달시키면서, 아이는 자신이 '매달리는 자'라는 사실을 부인하고 자신은 그저 관계를 즐기는 것뿐이라고 말할 수도 있다. 이 아이는 또한 자신의 그런 노력이 아니면 인간관계 자체가 형성되지 않을 것이라고 변명할지도 모른다.

표현하려는 감정이 억제되거나 욕구가 충분하게 채워지지 않을 때 고통이 생겨나게 되고 이에 대한 반응으로서 자기 자신과 자신의 감정을 **부정**하게 된다. 만약 당신이 당신의 배우자가 엄격하고 지배적이라고 비난한다면 당신의 배우자는 이것을 부정하고 자신이 누군가 때문에 이렇게 되었노라고 자신을 방어하려 들 것이다.

사람들은 자신들이 지금까지 살아오면서 자신의 욕구에 대해 스스로를 방어해 왔다는 사실을 잘 깨닫지 못한다. 그들은 종종 자신이 얻지 못했던 것이 무엇인지를 잘 알지 못하고, 그것이 자신의 관심을 끌게 되면 그것을 부정하거나 자신을 방어하게 된다. 많은 사람들은 그들의 부모에게서 지지를 받았든지 아니든지 간에 자신들의 아동기가 정상적이었다고 믿는다. 그들이 자라날 때의 이야기를 통해서 그것이 부모의 돌봄의 부족이라는 것이 명백해질 때조차도 성인이 된 그들은 자신들의 부모를 **방어**하게 된다.

　그들은 "나는 나의 아내(또는 남편)가 별로 필요 없어요. 그(그녀)는 너무 요구가 많고 불안해요. 그렇지만 저의 부모님은 참 괜찮았어요. 내가 어떻게 그런 부모님을 비난할 수가 있겠어요. 그분들로서는 그만큼 하신 것도 정말 잘하신 거예요."라고 말할 수도 있다. 또 자신이 간절히 원하는 것을 부정하려고 그것이 자신에게 필요 없다고 말하고, 그리고 심지어는 그것이 필요하다고 말하는 사람이 진짜 문제가 있는 것이라고 주장할는지도 모른다.

　만약 이것을 논리적으로 말한다면 **욕구**는 적이 된다. 그리고 만약 욕구가 우리의 적이고 우리가 생존을 위해 살아간다면 우리는 '적을 죽여야만 한다.' 이 말은 우리가 우리의 욕구를 제거해야만 하는 것이다.

　여기에 문제가 있다. 만약 애착의 욕구가 나의 일부라면, 그리고 그것을 적으로 봐야 한다면 나는 그것을 없앨 방법을 찾아야만 하는 것이다. 아니면 적어도 그런 욕구를 증오해야 한다. 내가 나 자신을 제거할 수도 없고 증오할 수도 없으니 우리는 이 딜레마에서 **빠져나**올 어떤 다른 방법을 찾아야만 한다.

　이제, 우리는 어떻게 해야 하나? 이 문제를 해결하기 위한 수많은 치료사들의 지배적인 생각은 사람들로 하여금 자기 자신을 사랑하도록 돕는 것이다. 수많은 책이 이를 위해 쓰였다. '자신을 사랑하는 법'을 배우는 것이다. 치료사는 만약 한 사람이 자신을 사랑한다면 그 사람은 다른 사람도 사랑할 준비가 되었다고 믿는다.

치료를 하면서 우리는 자신을 사랑하고 용서하라고 장려했다. 그러나 우리가 그들에게 어떻게 말하든지 그리고 그들이 그것을 자기 자신에게 어떻게 적용하든지에 상관없이 그것이 그리 오래 지속되지 않는다는 것을 발견하게 되었다.

만약 자신을 증오할 수도 없고 사랑할 수도 없다면, 다른 어떤 것이 가능할까? 자신을 증오하지 않고 자기의 생존을 위해서 자기증오를 다른 사람, 즉 일반적으로는 배우자에게 그 증오를 투사하게 된다. 결과적으로 우리는 우리가 가질 수 없는 것을 상대방이 가져야만 한다고 요구하게 되고, 우리가 우리 자신의 일부로서 받아들이기 힘든 점을 지니고 있는 배우자를 증오하게 된다.

다시 말해서 다른 누군가를 증오하는 그것이 무엇이든지 간에 그것은 내가 보거나 받아들일 수 없는 내 모습의 일부다. 이것을 확인하는 가장 간단한 방법은 상대방의 싫은 점을 적어 보는 것이다. 그 목록은 수용하거나 포용할 수 없는 자신의 일부분을 반영한 것이다.

나는 내가 다른 사람의 교만함을 어떻게 반박해 왔는지를 기억한다. 만약 내가 잘난 척하는 사람을 관찰하는 것이 투사가 아니라면, 내가 그토록 많은 에너지를 거기에 쏟는 이유는 그들 안에서 나 자신이 스스로를 수용할 수 없는 어떤 부분을 보기 때문이다. 그리고 다른 사람이 만약 나의 교만함을 지적하면 나는 "이건 교만함이 아니라 자신감이에요."라고 말한다.

배우자가 자신에게 관심을 가져 주지 않는다고 불평할 때 관심을 가져 주는 것은 당연히 필요한 것이다. 하지만 그는 자신이 관심을 받지 못했다는 사실을 받아들이기가 어렵다. 그는 그 욕구를 증오하거나 부정해야만 하는 것이다.

이 딜레마에서 어떻게 빠져나올 수 있을까? 그것은 자기 자신을 사랑하는 것을 배우는 것 외에 다른 사람을 사랑하는 법을 배움으로써 가능하다. 만약 다른 사람을 사랑하는 법을 배울 의지가 있다면 우리는 파트너를 더욱 이해하고 공감할 수 있을 뿐만 아니라 우리 자신에 대해서도 더 공감할 수 있을 것이다.

이마고 부부관계치료에서는 「이마고 부부대화법」을 통해 배우자의 상처를 알 수 있고 자신을 보호할 수 있는 방법을 배우며 서로에 대해 더 공감할 수 있다. 이해와 공감대가 형성되면 서로를 지지할 수 있는 새로운 방법을 배우게 되고 치유와 성장이 일어난다.

치료 과정에서 치유는 자기 자신을 사랑하도록 설득하는 데 있는 것이 아니라, 배우자를 증오하던 것에서 벗어나 도리어 사랑하고 존중할 수 있도록 하여 결국에는 자신 또한 진정으로 사랑하는 길로 이끄는 것이다.

이마고 치료 과정은 배우자에게서 도저히 참을 수가 없었던 그 점을 오히려 존중하고 인정할 수 있도록 이끈다. 상대방을 인정할 수 있게 되면 더욱 공감할 수 있게 되고, 배우자에 대해 공감할 수 있게 되면, 자기 자신에 대해서도 더 공감할 수 있게 된다. 하지만 부부는 반드시 의도적으로 이렇게 해야만 한다. 부부는 안전감을 만들기 위해서 의도적인 과정을 통해 대화를 해야만 한다.

내가 간단하게 제시한 생의 첫 6년 동안 발생하는 욕구와 발달과제를 살펴보게 되면, 우리가 성장하면서 불가피하게 따라오는 그 욕구들과 함께 살아가야만 한다는 것이 분명해졌다. 이러한 욕구는 지지되고 양육되어야만 하는데 그렇지 않으면 아이는 상처를 경험하게 되고 앞으로의 상처에 대비하여 자신을 보호하기 위한 기질적 구조를 개발하기 시작한다.

부부치료를 받기 위해 찾아오는 부부는 일반적으로 이러한 초기 단계와 관련된 문제와 역동을 가지고 실랑이를 한다. 양육의 결핍으로 인한 상처에서 생긴 패턴과 함께 사회화 과정의 결과로 인해 생긴 상처가 더해져 부부간의 '힘겨루기'는 그 양상이 더욱 복잡해진다.

아이가 사회화하는 과정 동안 부모가 종종 아이의 여러 가지 기능의 에너지 표출을 제지한다는 것을 다시 생각해 보면, 그러한 메시지는 자연적 에너지의 흐름을 붙들거나 제지시킨다. 결국 사회화과정의 결과로서 아이는 이 기능에서 에너지를 가질 수 없게 된다.

'울지 말라'는 이야기를 들은 아이는 감정 기능에서 에너지 표현을 차단하게 된다. 그리고 이렇게 제지된 에너지는 사고 기능으로 들어가 생각하는 것에 더 많은 시간을 소비하게 한다. 만약 에너지가 근육에 잡혀 있고 움직임을 통해 그 에너지를 표출하지 못하게 되면 많은 에너지가 신체의 감각으로만 흐르게 되는 경향을 보일 가능성이 있다. 이 예에서 이렇게 성인으로 성장하게 된 사람은 자신의 감정을 잘 나누지 못하며, 논리적이고 합리적인 것에만 더욱 편안함을 느끼는 '문제 해결사'로서 적합한 기질적 구조를 가지게 될 것이다. 동시에 그는 무엇을 하거나 어디를 가기보다는 포옹하거나 사랑을 나누는 신체적 접촉을 더 즐길 것이 분명하다. 이것이 그의 기질적 구조의 일부가 되는 것이다. 그는 자신의 일부, 즉 감정과 활동 기능을 잃어버렸지만 다른 실용적인 목적을 가지게 된다.

무의식은 치유와 회복의 여행을 하며 이 사람으로 하여금 '자유롭게 에너지를 표현하는 사람'을 찾아 떠나게 한다. 아마도 이 남자의 경우는 감정 기능이 살아 있고 감정을 자유롭게 표현하는 경향이 있는 그런 배우자를 찾아 나설 것이다. 배우자는 활발하여 어디를 가거나 활동적인 것을 좋아하는 사람일 것이다. 하지만 그녀는 사고나 신체적인 면에서 에너지를 많이 표현하지는 않을 것이다.

상반되는 사람에게 매력을 느낀다는 것은 사실이다. 논리적이고, 확고하고, 침착하고, 안정적인 남자는 친절하고, 자상하고, 부드럽고, 민감한 여자에게 끌리게 된다. 남자는 자상하고 부드럽게 자신을 표현하는 그런 여자의 능력을 사랑한다. 그리고 여자는 침착하고 합리적인 남자를 사랑한다.

그러나 한때 매력적이었던 그러한 모습을 놓고 '힘겨루기'를 통해 싸우게 된다는 사실을 아는가? 이제 남자는 여자가 너무 감정적이고 민감하다고 불평하게 되며 여자는 남자가 너무 차갑다고 불평한다.

이 모든 것은 양육의 결핍으로 만들어진 기질적 구조다. 어린아이였을 적에 감정을 숨기며 살아온 남자는 폭넓은 감정을 갖지 못하고, 무시를 느끼며 살아온 여자는 다른 사람의 관심을 끌기 위해 노력한다. 그리하여 남편에게서 거리감을 느낄 때마다 아내는 무시받는 느낌을 갖게 되고, 그러면 아내는 남편을 계속 찾아다니게 되고 이것이 남편을 숨 막히게 만드는 것이다.

이러한 계속적인 '힘겨루기'를 통해 고통을 경험하게 되며 결국 부부는 자신들이 서로 맞지 않는다고 결론을 내릴 수 있다. 그들의 불평을 들은 상담사조차도 그들이 서로 맞지 않는다고 결론 내릴 수 있다.

우리 모두는 화목한 결혼생활을 갈망하지만 사실은 결국 그렇게 잘되지는 않는 것 같다. 소중한 가치와 즐거움을 함께 나눌 수 있는 배우자를 찾아다니지만, 그리고 가장 신중하게 선택을 하고 그렇게 최선의 노력을 다했음에도 서로가 맞지 않는다고 느끼게 되어 결국 관계를 끝내 버리게 되는 것이다.

도대체 왜 그럴까? 왜냐하면 무의식은 잘 어울리는 사람에게는 잘 끌리지 않기 때문이다. 무의식은 치유와 회복이 일어나야 할 상황을 활성화시키려 한다. 그러므로 무의식은 처음에는 잘 맞는다고 느끼지만 결국 서로 맞지 않음을 경험할 그 누군가에게로 우리를 끌고 가는 것이다.

그러므로 부부는 그들이 서로 잘 맞지 않는다고 생각될 때가 도리어 기뻐해야 할 순간이 되어야 한다. 왜냐하면 이 모든 마찰과 불협화음은 사실은 우리를 성장하게 하기 위하여 생기는 것이기 때문이다. 우리는 우리에 대해 실망하고 우리를 변화시키려고 하는 사람과 관계를 끝내야만 하게끔 결정되어 있다. 당신을 있는 모습 그대로 인정해 주는 그런 사람을 찾는다는 것은 미신일 뿐이다. 누구도 당신을 있는 모습 그대로 받아 줄 수는 없다! 무의식은 그런 결혼을 허락하지 않는다. 무의식은 자신을 치유하고 회복해야 할 임무를 가지고 있으며 그러한 치유는 '힘겨루기'의 마찰을 통해서 일어나게 되는 것이다.

일반적으로 부부가 서로 맞지 않는다고 좌절하는 그 시점에 부부 치료사를 찾게 된다.

04 THE UNCONSCIOUS IMPULSE TO FLEE
도망치려는 무의식적 충동

　　만약 부부 사이가 안전하고 열정적이라면 부부는 서로를 돌보고 즐긴다. 그리고 함께 있고 싶은 자연스러운 욕구와 경향을 보인다. 하지만 부부 사이에 부정적인 모습과 좌절감, 갈등이 일어나면 이전과는 매우 다른 모습을 보이게 되는데, 부부는 서로의 관계에서 탈출하기 위한 여러 가지 방법을 모색하게 된다.

　인간은 본질적으로 에너지이기 때문에 부부간의 '관계' 역시 본질적으로 에너지다. 사람들은 긍정적이고 즐겁고 안정감 있는 에너지를 가지고 있으면 편안함을 느끼며 함께 있고 싶어 하지만, 부정적이고 냉담하고 불만족스러운 에너지가 경험되고 욕구가 채워지지 않으면 불편함과 좌절감을 느끼게 된다. 이 시점에서 많은 사람은 **부부관계에서 탈출을 시도한다.**

1. 비극적인 탈출구

부부는 관계에서 탈출하기 위해 다양한 방법을 찾게 되는데, 어떤 부부는 매우 극적이고 파괴적인 방법을 택한다. 배우자를 떠나는 이러한 파괴적인 방법을 우리는 비극적인 탈출구(catastrophic exits)라고 부른다. 만약 부부관계 속에서 에너지가 매우 부정적이고 폭력적이면 사람들이 취하는 가장 극도의 방법은 살인이다. 매우 부정적인 관계 속에서 어떤 사람들은 자신의 배우자를 죽이는 것으로 자신의 에너지를 사용한다. 그냥 헤어지는 것만으로는 충분치 않기 때문이다.

'자신을 죽이는 것' 역시 부정적인 에너지를 다루는 또 하나의 극단의 방법이다. 어떤 사람은 파괴적인 관계에서 탈출하는 유일한 방법으로 자살을 택한다.

내가 정신병원에서 치료사로 일할 당시 자살을 시도하거나 생각하는 사람들의 이야기 속에서 이런 말을 들을 수 있었다. "남편은 떠났고 난 이제 더 이상 살아야 할 이유가 없어요." "아내는 바람이 났고 난 더 이상 견디지 못하겠어요." 난 이러한 말들을 통해서 문제가 표면화된다는 것을 알 수 있었다.

부정적이고 공격적인 부부관계 속에서 선택되는 또 다른 비극적인 탈출구는 정신질환이다. 정신분열증이나 조울증과 같은 정신질환은 생화학적 구성요소를 가진다. 부부관계 때문에 고통을 받아 결국 정신질환을 나타내는 사람은 배우자에게 "당신은 날 미치게 만들어요." 또는 "당신이 계속 그렇게 하면 난 신경쇠약에 걸리고 말 거예요."라고 말한다. 그들은 실제로 신경쇠약에 걸리거나 정신이 혼란스러워져 우울증으로 병원을 찾게 되거나 아니면 불안으로 인해 더 이상 자기의 본래 기능을 할 수 없게 된다.

살인이나 자살, 그리고 정신질환은 모두 비극적 탈출구라고 말할 수 있는데, 왜냐하면 살인이나 자살은 돌이킬 수 없고 정신질환 역시 치료에 매우 긴 시간을 요구하기 때문이다.

한 사람 또는 부부 모두가 이러한 비극적 탈출을 고려하고 있는 것으로 판단되는 경우에, 나는 적어도 6개월 동안은 이 탈출구를 막기 위해 그 부부와 함께 시간을 보낸다. 상담의 대부분은 탐색하는 것으로 상담회기를 보내게 되는데, 이때 부부는 자신들의 문제와 생각을 토로하는 「이마고 부부대화법」 과정 속에 머물기를 권장받는다.

다른 상담사와 달리 나는 부부가 무엇을 해야 하고 하지 말아야 하는지를 명시한 문서 계약 같은 것을 요구하지 않으며, 그저 부부를 이마고 부부대화 과정으로 초청한다.

한 번은 별거 후 헤어져 사는 한 부부가 나를 찾아온 적이 있었다. 이혼에 대한 그들의 생각을 함께 나누고 결혼을 유지할 것인지 말 것인지에 대해 함께 탐구하던 중 그들은 다시 합치기로 결정했다며 갑자기 나를 놀라게 했다. 내가 어떻게 된 일이냐고 묻자 아내는 "끔찍해요. 내가 집에 있는지조차 알아채지도 못하는 그런 남편이 있는 가정으로 또다시 돌아간다는 것이 어떤지 알기나 하세요? 제가 선생님과 따로 말할 수 있게 도와주세요. 우리가 다시 함께 살게 되다니 정말 믿을 수가 없어요."라고 말했다. 그녀는 그렇게 매우 어려운 결정을 한 후에도 그 결정으로 인해 아주 힘들어했다.

부부가 다시 함께 살게 되고 탈출구를 막는 것만으로 충분한 것은

아니다. 왜냐하면 그들이 다시 함께 살기로 한 집(가정)에는 더 많은
에너지가 존재하고 그 에너지가 부정적으로 경험되기 때문이다. 그
에너지를 안전감이 경험되는 과정 속으로 가져오고 그래서 치유가
일어나도록 해야만 한다.

중요한 사실은 에너지가 두 사람 사이에 존재하도록 부부는 반드
시 함께 있어야만 한다는 것이다. 그러나 비극적인 탈출을 생각해
온 사람과의 관계 속에서는 그 에너지가 부정적이라는 것을 기억해
야 한다. 그래서 단순히 탈출구를 닫는 것만으로는 충분하지가 않고
부부관계 또한 그 이전보다 더 나아지기 힘들다. 그들 부부 사이에
는 그런 부정적인 에너지가 존재하고 있기 때문에 대부분의 경우에
있어서 더 강력해지고 위험해질 수 있다.

이마고 치료사는 부정적인 에너지를 과정 속으로 가져와야만 한
다. 이 말은 이마고 부부관계치료사에게 있어서 부부를 이마고 부부
대화 과정 속으로 참여하도록 이끌고 또 치유가 일어날 수 있는 그
런 안전한 환경을 조성해야 한다는 것을 의미한다.

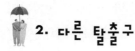 **2. 다른 탈출구**

비극적인 탈출구까지 가진 않았지만 배우자로부터 벗어나기 위한
또 다른 탈출방법이 있다. 약물과 음주가 바로 그것인데, 이것 역시
아주 파괴적인 결과를 가져온다.

불행한 관계에 있는 부부는 약물이나 음주, 또는 이 두 가지 모두
에 중독되기도 한다. 부부는 보통 부정적인 그들의 관계를 무감각하

게 하고자 이런 것들을 사용한다. 배우자로부터 떨어져 있는 시간이 길어질수록 중독이 서서히 시작된다. 어떤 남자는 늦게까지 일하고 집에 들어가기 전에 술을 마시기도 한다. 혹은 집에 들어가자마자 술을 마시기 시작할 수도 있다. 사람들은 술에 취해 무감각해진 기분을 갖고자 마리화나나 다른 약물을 사용하기도 한다. 하지만 그들이 고통을 없애기 위해 무엇을 선택하든지에 상관없이 **부부관계 속에서 에너지가 새어 나오게 된다.**

부부 중 한 사람 또는 부부 둘 다가 약물이나 음주를 한다면 탈출구를 막기 위해 알코올 중독자 모임(AA)이나 약물치료 프로그램과 같은 상담전문가의 도움을 받아야 한다. 그리고 에너지가 없어지면 치유가 일어나지 않기 때문에 새어 나오는 에너지를 막는 것을 그 목표로 삼아야만 한다. 탈출구를 인식하고 그것을 막는 방향으로 가지 않는다면 부부관계에서의 치유과정은 일어나지 않을 것이다.

많은 사람에 의해 사용되는 또 하나의 주요한 탈출구는 불륜이다. 어떤 방법으로든 불륜을 저지르는 것은 부정적이고 불행한 결혼생활에서 사람을 무감각하게 만든다. 부부 사이가 안정적이고 열정적인 에너지가 경험되는 한 불륜은 일어나지 않는다. 불륜은 부부 사이에 에너지가 안전하지 않고, 위험하고, 만족스럽지 않을 때 그 결과로서 나타나는 것이다.

3· 불륜

불륜은 관계를 해친다. 부부 중 한 사람 또는 둘 다가 불륜을 하는 경우 65%의 치사율을 가지기 때문에 불륜은 부부관계에서 매우 치명적이라고 말할 수 있다.

불륜으로 인해 결혼한 사람은 이전 결혼생활보다 훨씬 더 높은 이혼율을 보인다. 이렇게 치사율이 높은 이유는 그들이 떠났다고 생각했던 예전의 그 모습 그대로 또다시 결혼을 하기 때문이다.

사람들은 배우자와는 상관없이 단지 '로맨틱한 사랑'에 눈이 멀었기 때문에 불륜을 저지른다고 주장한다. 만약 그들이 새로운 관계를 지속하고 결혼하기로 결정한다면 대부분은 머지않아 그들이 떠났던 예전 모습과 아주 흡사한 관계에 처해 있는 자기 자신을 발견하게 될 것이다. 그리고 결국 또 비슷한 불평을 하게 되고 그리고 비슷한 고통이 뒤따른다.

그들은 또한 "나는 아내를 사랑해요. 그 일은 어쩌다 보니 일어났던 거예요." 또는 "나는 나의 결혼생활에 만족하고 있어요. 하지만 그것은 단지…"라는 말을 하면서 불륜을 방어하고 변명을 늘어놓는다. 그러나 배가 부른데 동시에 배가 고프다는 말이 이론적으로 불가능하듯이, 불륜은 채워져야 할 곳에 채워지지 않은 욕구가 있기 때문에 일어나는 것이다. 불륜은 안전하고 열정적인 부부 관계 가운데서는 일어나지 않는다.

나는 종종 사람들이 처음으로 불륜을 저지르는 이유는 자기 말을 들어줄 사람을 찾기 때문이라고 생각해 왔다. **불륜의 시작**을 곰곰이 생각해 보면 직장동료나 친구 또는 알고 지내던 사람이 "너 요즘 우울해 보이는데 괜찮은 거야?"라고 무슨 일이 일어났음을 알아채기 시작하면서부터 시작되는 것을 알 수 있다.

다음번의 만남에서 그녀는 또다시 안부를 묻게 되고 그 시점에서 남자는 자신이 사실은 부부관계가 별로 좋지 않음을 솔직히 고백하게 될지도 모른다. 그리고 그녀는 "그 말을 들으니 참 마음이 아프다. 함께 점심을 먹거나 술이나 한잔하면서 이야기할래?"라는 반응을 보일 것이다.

점심을 먹거나 맥주를 마시면서 일어나는 일은 종종 상담실에서 일어나는 것과 같다. 여자는 걱정스럽게 무엇이 남자를 불행하게 만드는지를 묻게 되고 그는 "사실은 오랫동안 불행했었어. 이제는 내 겉모습을 통해서도 그런 게 나타나는가 봐. 정말 무엇을 어떻게 해야 할지 모르겠어."라고 말한다. 여자는 남자를 따뜻하게 바라보며 "이제 네가 그동안 왜 그렇게 우울해 보였는지 알겠어. 정말 힘들었겠구나."라고 말한다. 이것은 남자의 불행하고 우울하고 혼란스러운 감정을 확인해 주고 공감해 주는 상담사의 반응과도 비슷하다. 여자는 "네가 힘들다니 정말 안됐다. 내가 뭔가 도와줄 것이 없겠니?"라고 말하면서 공감을 표현한다.

힘든 상황에 있는 사람은 그러한 접촉을 통해서 기분이 한결 나아진다. 하지만 불행하게도 그가 발견한 것은 상담사가 아니라 자신의 욕구와 욕망 또는 상처를 지닌 또 다른 한 사람인 것이다. 그 사람은 "나는 네가 잘 이겨 낼 수 있을 것이라고 생각해. 나도 비슷한 걸 극복했거든. 사실은 남편과 나도 사이가 그렇게 좋지 않았어."라고 말한다.

그 순간 두 사람은 성적인 관계로 발전할 수도 있다. 그렇게 되면 문제가 해결되거나 결혼생활이 회복되는 것이 아니라 일이 더 복잡해진다.

이런 상황 속에 있는 사람들은 자신의 결혼생활에서 연결되지 못한 느낌과 외로움을 발견한다. 그리고 누군가가 자신을 걱정해 주고 따뜻함을 제공해 주면 그들의 외로움이 일시적으로 사라지고 그러한 접촉을 통해서 자신이 아직 살아 있음을 더 느낄 수 있게 된다.

한 사람이 불륜에 빠지면 배우자 또한 그렇게 된다. 사실 이 배우자는 다른 사람과 불륜에 빠질 필요가 없었는데도 말이다. 예를 들어, 남편이 다른 여자를 만나고 있다면 아내 역시 자녀든, 일이든 그녀의 관심과 헌신을 요구하는 다른 어떤 것에 푹 빠져 있음을 발견할 수 있다. 내가 기억하는 어떤 부부는 남편이 젊은 동료 여자와 불륜으로 만났는데, 아내는 남편의 불륜에 대한 고통에 반응하여 그녀역시 박사 과정 공부에 푹 빠져 **정서적 불륜**을 하고 있음을 알 수 있었다.

이 경우에 부부 모두가 결혼생활의 에너지를 다른 곳에 쏟고, 그렇게 함으로써 그것을 불쾌하고 만족스럽지 못한 것으로 만든 동등한 책임이 있다. 우리 사회는 한 사람을 비난하고 또 다른 사람은 동정하지만 그러나 무의식은 그런 것을 구별하지 않는다. **불륜은 에너지에 관한 것이다.** 에너지가 새어 나가는 것의 표현인 것이다. 만약 에너지가 부부 사이에 긍정적인 방향으로 흐르지 못하면 그것은 다른 곳으로 흐를 수밖에 없다. 에너지는 결코 없어지지 않고 단지 방향을 바꾸는 것이다.

많은 부부와 함께 상담하는 동안 놀라웠던 사실 중 하나는, **첫 자녀의 출생을 둘러싸고 일어나는 불륜**이었다. 어떤 부부든 결코 자신들에게 그렇게도 중요한 일인 자녀를 갖는 경험을 망치고 싶어 하지는 않는다. 하지만 임신 기간 동안 만약에 아내가 자기 자신과 태어날 아이에 대해서만 집중하게 된다면, 그녀의 에너지는 남편에게 향하는 것이 아니라 다른 방향으로 흐르고 있는 것이 분명하다.

　이러한 상황 아래서 무의식은 좋고 나쁨이나 옳고 그름을 따지지 않는다. 두 사람 사이에 에너지가 흐르지 않으면 다른 곳으로 흐르게 되는 것이다. 남자는 오로지 그가 원하는 곳에 에너지를 쏟을 것이다. 아마 동료나 직장에 더 깊이 관여하게 될는지도 모른다.

　이마고 치료사는 옳고 그름에 대해서 판단하려 들지 말아야 하고, 다만 어떤 일이 부부에게 일어났는지, 그리고 **에너지가 흐르는 방향**에 대해서 질문을 가져야 한다. 불륜은 에너지에 관한 것이고 그리고 열정에 관한 것이다. 만약 두 사람 사이에 열정이 없다면 쌓인 에너지를 배출할 구실을 찾고 있는 것이다.

　불륜은 첫 번째 욕구인 '살아 있음'과 두 번째 욕구인 '살아 있음을 즐거워하는 것' 모두를 제기한다. 자살을 포함한 대부분의 비극적 탈출구들을 통해서 사람들은 자신의 살아 있음을 위해 뭔가를 시도한다. 죽은 것 같다는 생각 속에서조차 살고자 하는 욕구는 매우 크기 때문에 사람들은 안정감을 느끼지 못하는 곳에서 삶을 느끼는 곳으로 움직이게 되고 그리고 살아 있으려 한다. 이들은 "내 결혼생활은 마치 죽은 것 같아."라고 말한다.

　불륜 또한 충분히 살아 있으려는 시도다. 불륜에 빠져 있는 사람은 그렇게 좋고, 그렇게 사랑하고, 그렇게 살아 있는 느낌을 전에는 가져 본 적이 없었다고 말한다. 그냥 살아 있는 것뿐만 아니라 충분히 살아 있고자 하는 욕망으로 인해 설령 결혼생활이 죽음에 이른다 할지라도 당장 그 순간 삶에서 보이는 것에 빠져들게 되는 것이다.

　불륜을 하는 사람에게 이 세상은 더 나아 보이는 듯하다. 이들은 불륜을 열려 있는 탈출구라고 생각하기 때문에 이들을 상담하는 것

은 매우 어렵고 6개월 동안 그 탈출구를 닫도록 요청하는 것 또한 쉽
지 않다. 왜냐하면 이것은 이마고 치료사가 그들로 하여금 살아 있
음을 포기하고 죽을 것 같은 곳으로 다시 되돌아오라고 요청하는 것
이나 마찬가지이기 때문이다. 이마고 치료사는 불륜이 생존을 위한
반응이며, 이차적인 방향이라는 사실을 명심해야만 한다. 불륜을 통
해 내담자는 살아 있음을 느낄 뿐만 아니라 그 이전보다 더욱 생생
히 살아 있음을 느낀다.

　불륜은 또한 자아의 심리사회적 여행에서 일어난 상처에 대한 하
나의 반응이다. 불륜의 여러 유형이 이 점을 설명한다.

4. 발달단계에 따른 불륜의 여러 유형

애착적-불륜관계 유형

　이마고 부부관계치료에서는 네 가지 기본적인 불륜 유형을 설명
하는데, 이 유형들은 발달 단계와 연관되어 되풀이되는 양상을 보인
다. 그 첫 번째 단계는 애착적 불륜관계 유형이다.

　서로에게 매력을 느끼는 유형에 대해 생각해 볼 때, 불륜관계에서
회피하는 자(avoiders)는 어떤 유형의 사람에게서 매력을 느끼게 될
까? '회피하는 자'는 자신들의 삶에서 다른 사람과 어떤 국면에서든
엮이지 않으려고 회피하듯이 관계를 맺는 일에서도 역시 어떻게든
다른 사람과 접촉하지 않고 피하려 한다. 하지만 애착의 욕구는 인
간에게 처음부터 항상 존재해 왔던 것이며, '회피하는 자'에게 있어
서 애착의 욕구는 종종 고통스러운 것이었다. '회피하는 자'는 자신

에게 거절의 고통을 경험시키지 않을 것 같은 사람이나 혹은 그런 무언가와 엮이게 된다.

전형적으로 '회피하는 자'는 인터넷이나 취미활동 혹은 일과 관계된 생명이 없는 사물과 애착을 형성할 가능성이 높다. 왜냐하면 이런 것은 고통을 야기할 수 있는 인간적 관계없이도 애착 형성이 가능하기 때문이다. 이들은 또한 어느 정도의 접촉을 제공하지만 보답을 예상하지 않아도 되는 매춘부와 관계를 맺을 가능성도 있다.

같은 질문을 매달리는 자(clingers)에게 해 본다면, '매달리는 자'는 종종 '회피하는 자'의 초연함에 애착을 보인다. 그들은 어떤 접촉을 갈망하고 만약 회피자에게서 충분한 관심을 얻지 못한다면 계속 매달린다. 이런 유형의 사람은 항상 만날 수 있고 따뜻함을 제공하는 거의 모든 사람에게 빠져든다.

'매달리는 자'의 불륜관계 또한 접촉이다. 물론 그들은 성적인 접촉을 원하지만 그것만이 전부는 아니다. 그들은 안기고, 누군가와 가까이 있고, 함께 있기를 원한다. 하지만 그들은 매우 깊은 상처를 가지고 있고 그 상처로 인해 이 관계에서 어떤 일이 일어날지를 통찰하거나 자각하는 능력이 제한되어 있다. 그러므로 그들은 늘 함께 있을 수 없는 사람과의 불륜 관계를 통해서만 재빨리 애착을 형성하고 매달리게 된다.

'매달리는 자'는 종종 '버림'을 받는다. 그래서 그들은 계속해서 많은 애인을 갖는 경향이 있다. 그들은 또한 빨리 싫증을 내는 사람이나 또는 가족이 있어서 거의 제한된 만남만이 가능한 사람에게 관심을 갖는다. '매달리는 자'는 자신을 떠나는 다양한 형태의 회피자와 계속 만나게 되고 종종 배반당한 느낌을 받으면서 그들을 비난하고 또 그것에 반응하며 살아간다.

탐험적-불륜관계 유형

도망가는 자(distancers)와 쫓아가는 자(pursuers)는 탐험적-불륜관계 유형에 속한다. '도망가는 자'는 숨 막히는 것을 두려워하면서도 그들의 관계에서 압도적인 존재로 인식되는 사람과 불륜에 빠진다. 이 숨 막히는 느낌은 '도망가는 자'가 자신의 욕구보다는 배우자의 욕구를 채우는 것에 더욱 많은 시간을 소비한다고 느낄 때 나타난다.

'도망가는 자'는 숨을 쉬고 싶어 한다. 그들은 자신의 공간과 자유를 원한다. 그러나 애착욕구가 그들 안에 여전히 존재하기 때문에 그들은 독립적이면서 안정적인 직업을 가지고 있으며 아무것도 요구하지 않는 사람과 불륜관계에 빠진다. 예를 들어, '도망가는 자'는 책임을 요구하지 않고 미래를 함께하는 것에 기대를 걸지 않는 여자와 짧은 만남을 갖는 것에 만족한다.

'도망가는 자'는 골프를 치기도 하고, 늦게까지 일하기도 하며, 만나고 싶을 때 아무 때나 여자를 만날 수 있고, 말다툼, 불평, 관계의 책임을 지려 하지 않는다. 그러나 만약 여자가 그들의 관계를 심각하게 받아들이기 시작하고 주말을 함께 보내자고 하거나 부인을 떠나라고 하는 등 더 많은 시간을 함께 지낼 것을 요구하면 그 관계를 정리하고 또 다른 사람을 찾게 된다.

내가 상담했던 애리조나에 사는 남자와 시카고에서 일하는 여자의 경우를 보면, 두 사람은 남자가 시카고로 출장 올 때마다 한 호텔에서 만났다. 여자는 그에게 많은 것을 요구하지 않는 듯했고 서로 즐기면서 잘 지내는 것 같았다. 남자는 여자가 자기 아내와는 매

우 다른 사람이라고 말했다. 그녀가 얼마나 독립적이고 그녀의 직업
에 대해 확신을 갖고 있는지를 이야기했다. 그는 그런 자유로운 느
낌을 좋아했으며 아무것도 요구하지 않고 함께 즐길 수 있는 그녀와
의 관계를 즐거워했다.

　하지만 만난 지 9개월이 지난 후, 아내에게 자신들의 관계에 대해
서 언제 말할 것인지를 그 애인이 묻게 되면서 그동안 즐거웠던 불
륜관계는 더 이상 지속되지 않았다. "계속 우리 관계를 지속할 수 있
을지 잘 모르겠어요. 우리의 관계에 대해 어떤 결정을 내려야만 해
요."라고 여자는 말했다. 이 시점에서부터 남자는 숨이 막히는 느낌
을 갖기 시작했다. 그녀는 그다음 주에도 남자가 머무르기를 바랐지
만 그는 아들의 야구게임에 참석해야 하기 때문에 그럴 수 없다고
대답했다. 하지만 그녀는 자신의 미팅이 취소되었다며 그와 함께할
변명거리를 찾고 있었다. 그는 그 숨 막히는 느낌을 억제할 수 없었
고 결국 관계를 청산해야만 했다. 그는 자신에게 아무것도 요구하지
않는 그런 여자를 찾고 있었고 그런 여자를 만났다고 생각했지만,
사실은 그녀가 바로 자신을 숨 막히게 하고 도망치고 싶게 만드는
그런 여자였던 것이다.

　'쫓아가는 자'는 자신에게 관심을 가져 주고 알아주는 사람과의
관계에 취약하다. 그녀와 함께 있어 주는 사람은 그녀의 과거의 상
처인 무관심을 일시적이긴 하지만 치유해 준다.

　'쫓아가는 자'는 '도망가는 자'와의 관계에서 경험된 **무관심**이
원인이 되어 불륜에 **빠진다**. 예를 들어, 남편이 늘 부재중인 것에 대
해 화가 난 여자는 누군가 자신에게 관심을 가져 주는 사람에게 취
약해진다. 이 관심은 매우 유혹적인데, 이 이론이 맞다면 사실 그녀

는 자신에게 관심을 주는 사람에게 빠져드는 것이 아니라 그녀를 떠
날 남자의 다른 유형을 만나는 것이다. '쫓아가는 자'는 그 애인에
게서 충분한 관심을 받지 못하면 결국 무시당함을 느끼게 되고 또다
시 그 상처를 반복 경험하게 된다.

'매달리는 자'와 '쫓아가는 자'의 차이는 충동과 강박의 정도다.
'매달리는 자'는 버림받았던 상처를 말로 표현하는 능력이 충분하
지 못하기 때문에 단지 불평하거나 공격적이 된다. 또한 그들은 버
림받음의 공포에 대한 방어로 인한 분노로 다른 사람이 그들과 함께
진정으로 원하는 것이 무엇인지를 잘 알지 못한다. 그러나 '쫓아가
는 자'는 자신이 무시받고 외롭다는 것을 말할 수 있고 애착이 필요
하다는 것을 인식한다.

정체성-불륜관계 유형

흩어진 자(diffuse)와 엄격한 자(rigid)는 정체성-불륜관계 유형에 속
한다. 합의를 할 줄 모르는 '엄격한 자'는 자신이 아내를 통제하지
못하거나 아내에게 시시한 존재라는 느낌에 반응하여 불륜을 갖는
다. 예를 들어, 만약 아내가 그를 덜 필요로 하고 자신에 대한 의존
이 약해지면 그는 다른 누군가에게 자신이 가치 있는 존재라는 느낌
을 가지고 싶어진다. 결과적으로 그의 책임감을 즐거워하고 그의 도
움과 충고를 필요로 하는 직장의 누군가에게 관심을 가질 수 있다.
그는 자신을 부끄러워하지 않는 사람을 찾겠지만 사실 그가 옳다고
찬사를 보내고 아첨하는 사람을 찾게 될 것이다. 자신이 도움이 되
고 무언가 가르쳐 줄 수 있는 여자에게 관심을 갖게 되고 그의 도움
이 멋지다고 생각하는 누군가와 함께 있는 것을 즐긴다. 하지만 시

간이 지나면서 항상 그가 옳고 그의 뜻대로만 해야 하는 그의 욕구
는 만족되지 못하고 상처를 받게 된다.

'흩어진 자'는 결혼생활이나 부부관계에서 자신이 '보이지 않는
사람'이라는 느낌 때문에 불륜관계에 빠진다고 할 수 있다. 배우자
가 자신의 존재를 알아주지 않고 이야기를 들어주지 않는 것에 진력
이 난 여자는 자신을 '보아 주는' 누군가에게 취약해진다. 그녀에게
아름답다, 지혜롭다, 강하다고 말해 주는 소리를 들으며 눈에 보이
는 것을 경험할 때 성적으로 연관이 되기도 한다. 하지만 성적인 욕
망 때문에 불륜에 이르는 것이 아니라 '보이고 싶은 욕구' 때문에
불륜관계 속으로 빠진다.

내가 기억하는 한 모델은 일생 동안 자신의 신체적 아름다움에 대
한 찬사를 들으며 그렇게 그녀를 바라봐 주는 사람과 결혼을 했다.
그녀는 자신의 신체적 아름다움이 드러나는 것을 즐기기는 했지만
사실 마음속 깊은 곳이 보이기를 갈망했었다. 그런 그녀는 그녀의 지
식과 재치를 좋아하는 사람과 불륜에 빠질 가능성이 높다.

능력-불륜관계 유형

경쟁자(competitors)와 수동적 타협자(passive compromisers)는
능력-불륜관계 유형에 속한다. '경쟁자'는 더욱 경쟁적인 느낌을 위
해서 그리고 결혼생활이 안전하지 않거나 실패했다는 느낌을 보상
받고자 불륜에 빠진다. 한 사람은 친밀감과 성적인 발달적 단계를
갖지만 다른 한 사람은 육체적인 관계로만 볼 뿐 친밀감은 갖지 않
을 수 있다. 성관계는 경쟁적인 모습을 갖고, '경쟁자'는 다른 사람
의 아내처럼 정복할 수 있는 누군가에게 끌리게 된다.

예를 들어, 남자가 자신의 조건, 재산 또는 외모로 인해 부족함을 느끼면 스스로가 여전히 승리자라는 것을 증명하기 위해 "그녀는 그녀의 남편보다 나를 더 특별하게 여긴다."라고 자랑할 수 있는 그런 누군가를 유혹한다.

'수동적 타협자'는 결혼생활에서의 무기력함과 무능함에 대한 반응으로써 불륜을 하는 경향이 있다. 그녀는 자신을 도와주는 사람이나 자신감과 교훈을 주는 사람에게 취약하다. 그녀는 옆에 있어 주고, 단호하고 지지적인 방법으로 가르쳐 주는 누군가와 함께 있기를 원한다.

나는 자녀를 양육하면서 주로 가정에서 시간을 보냈던 한 중년 주부를 기억한다. 이제 아이들이 성장하게 되면서 그녀의 도움이 점차 필요 없어지자 그녀는 한 사무실에서 다시 일을 시작하게 되었다. 그녀는 많은 기술을 가지고 있지는 않았지만 고용자는 걱정하지 않아도 된다고 했고 그와 많은 시간을 보내며 빨리 일을 배울 수 있었다. 고용자와 그녀는 점점 더 많은 시간을 함께 보내며 결국 불륜에 빠지게 되었다.

 5. 작은 탈출구

지금까지 살펴본 주요 탈출구 외에도 불행한 부부관계에서 벗어나고자 부부가 사용하는 수많은 작은 탈출구가 있다. 어떤 사람은 직장에서 더 많은 에너지를 쏟기도 하고, 자녀에게 혹은 스포츠나 종교적 활동, 그리고 텔레비전이나 일상적인 일에 더 빠진다.

삶의 다양한 모습은 추가적인 에너지와 관심을 요구한다. 그러므로 정상적으로 증가된 요구와 탈출구를 구별하는 것이 매우 중요하다.

탈출을 시도하려는 사람을 구별하는 두 가지 방법이 있다. 첫 번째로 만약 어떤 사람이 하루에 14~16시간 동안이나 직장에서 일을 한다면, 이 사람이 정말로 일이 많아서 그런 건지 아니면 배우자와 집에 있는 것보다 직장에 있는 것이 더 나아서인지를 질문해 봐야 한다. 직장에서 큰 희열과 보상을 받기 때문일까? 아니면 집에 있는 것이 덜 만족스럽거나 충족되지 않아서일까? 프로그램이 재미있어서 텔레비전을 보는 것일까, 아니면 배우자와 할 일이 없기 때문일까?

일반적으로 우리는 언제 배우자를 회피하는지, 언제 부부관계에서 탈출구를 찾고 있는지를 알아챌 수 있다. 하지만 만약 탈출구가 있는지 아닌지를 확신할 수 없다면, 당신의 배우자에게 탈출구를 찾아보도록 도움을 줄 수 있다. 당신의 배우자는 언젠가 어떤 불평을 했을 것이다. 예를 들어, 당신의 배우자가 당신이 자기와 함께 시간을 보내지 않고 다른 것에 너무 많은 시간을 쏟는다고 불평을 한다. 혹은 일을 너무 많이 한다고, 텔레비전을 너무 오래 본다고, 운동을 너무 오래한다고, 술을 너무 많이 마신다고 불평하기도 한다.

놀랍게도 주요한 탈출구를 닫는 약속은 쉽게 하지만 이런 작은 탈출구를 닫는 것은 의외로 힘들어한다. 왜냐하면 이러한 작은 탈출구는 이미 매일매일의 일상에서 일어나는 아주 깨트리기 힘든 습관이 되어 버렸기 때문이다.

임상적 이론을 알려 주는 '메타 이론' 은 다음 장에서 다루게 될 '치료적 이론' 으로 연결된다. 무의식은 자신을 치유하고 회복하는 임무를 갖는다. 만약 우리가 성공적인 부부관계치료사라면 우리 앞에는 부부가 서로를 치유하고 아동기를 완성시키는 무의식의 목표를 이룰 수 있도록 도와주어야 하는 과제가 놓여 있다. 만약 부부가 이미 그런 과정 가운데 있다면 그들은 더욱 안전하고 열정적인 관계를 경험하기 시작할 것이다. 그러나 만약 그들이 무의식의 목표를 이루기 위해 노력하지 않는다면 영원히 고통스러운 '힘겨루기' 속에 갇히게 될 것이다.

PART 2

이마고 치료

05 THE COUPLE'S DIALOGUE
이마고 부부대화법

 1. 부부 상호작용의 현상학

심리학 영역에서 현상학은 변하지 않고 끊임없이 지속되는 인간 경험의 본질에 대한 연구로서 이해되어 왔다. 삶은 정지된 것이 아니며 우리는 계속해서 변화한다.

그런데도 치료사는 이 현상을 이해하기 위해 그것을 분류하고, 언어화하고, 구분하고, 의미와 목적을 부여하려 한다. 결과적으로 우리는 종종 경직된 의미체계에 현상을 가두고 우리가 보는 것이 '진실'이라고 믿는다. 현상을 가두게 되면, 존재하는 다른 요소를 보고 경험하는 것이 어려워진다.

치료사는 한 개인을 여러 번 관찰한 후에 그 사람에 대해 결론을 내리고 진단한다. 불행하게도 진단이 내려지면 우리는 그 사람을 진단

과 관련시키고 그 사람이 어떤 특정한 방식으로 행동해 줄 것을 기대
하게 된다.

새로운 내담자가 나에게 보내지면 나는 그의 정신적 상태와 사회
적 이력을 요구하곤 했다. 다른 전문가의 관찰과 의견을 읽고 나면
나는 그 내담자를 아직 만나 보기도 전에 어떤 기준의 틀 속에 이미
그 사람을 가두었다. 결과적으로 나는 그 내담자가 어떤 식으로 행
동할지를 미리 예측하고 만약 그것이 맞지 않는다면 그때서야 의문
을 갖기 시작한 것이다.

표현된 그대로의 감각적 정보를 확인해 보면 우리의 사고와 평가,
판단과 염려를 포함한 모든 정신적인 활동은 우리의 실생활이나 실
제적인 현상의 정확한 묘사가 될 것이다. 그렇지 않으면 우리는 고
정된 구조에 현상을 가두고 실제로 존재하는 것을 보는 것에는 실패
하게 된다.

내담자와 만나는 순간 치료사는 내담자를 해석할 수 있는 모든 세
부적인 모습에 노출된다. 만약 내담자가 붉은 옷을 입은 여자라면
전통적인 치료사는 '이 사람은 자신이 돋보이기를 원하는 사람이로
군.' 하고 생각할 것이며, 즉시 이 이미지를 해석적인 틀에 끼워 넣
을 것이다.

부부가 치료사의 상담실에 오면 그는 이런 방법으로 해석하기 시
작할 것이다. '남자는 화가 났군.' 잠시 후 치료사는 이렇게 덧붙인
다. '이 남자는 심각하게 부정적인 아동기를 지냈겠군.' 상담이 끝
날 때쯤에 치료사는 이런 종류의 사람으로 인식되는 현상을 설명하
기 위해서 경계선 성격장애와 같은 특정한 진단에 다다를 것이다.
치료사가 그 현상을 진단한다면 그는 **바라보기**를 멈춘 것이다.

그러므로 우리는 계속되는 다른 사람의 경험 속으로 들어가는 방법을 찾고 새로운 정보와 경험을 위해 열려 있어야만 한다. 그래야만 그 사람과 그들의 행동 또는 감정을 더욱 잘 이해할 수 있게 된다.

이마고 부부관계치료에서 우리는 기준의 틀과 선입견에서 벗어날 수 있도록 부부치료사를 가르치고 반영하기(mirroring)를 통해서 그 사람을 있는 그대로 받아들이는 훈련을 한다. 거울처럼 반영을 하는 일에는 해석적인 틀이 전혀 존재하지 않는다. 자신을 드러낸 모습과 대화를 통해서 그들이 표현한 것 그대로—그 의미에 대한 치료사나 배우자의 어떤 해석 없이—다시 돌려주게 된다.

이마고 부부관계치료에서 우리는 부부가 한 가지 기술만은 반드시 배워야만 한다고 말한다. 그것이 바로 「이마고 부부대화법」이다. 서로에게 이야기하는 이 독특한 대화법은 부부에게 반응적인 대화보다는 의도적인 대화를 할 수 있는 능력을 제공해 준다. 어려움을 가진 부부의 문제를 해결하는 데에 이 특별한 의사소통기술이 필수적으로 요청된다. 이 「이마고 부부대화법」은 부부간의 의사소통 흐름에 따라 다양한 형태와 틀을 갖는다. 그리고 다른 기술처럼 이 기술을 사용하는 데 능숙해져야 한다.

좋은 부부관계에서 효과적인 의사소통은 아주 중요하다. 좋은 의사소통 기술 없이 부부 사이의 어려움을 해결하려는 것은 무익하다. 부부관계가 안전하고 열정적이기 위해서는 이 기술이 꼭 필요하다.

내가 처음으로 스키를 타러 갔을 때 나는 어린아이조차 멋진 솜씨와 속도를 내어 내려오는 별로 가파르지 않은 한 비탈에 올라갔다. 그러고는 나 자신에게 이렇게 말했다. '내가 하고 싶은 게 바로 저런 거야. 저들이 타는 것처럼 나도 잘 타고 싶어.' 나는 스키와 폴을 꼭 잡고 리프트에 올라타고 산의 정상으로 향했다. 하지만 만약 내가 그곳에서 정말 스키를 탔더라면 아마 난 살아남지 못했을지도 모른다. 왜냐하면 나는 그런 욕망은 가지고 있었지만 그런 산을 탈만한 스키 기술은 아직 가지지 못했기 때문이다.

나는 그러한 상황에서 현명한 사람들이 하는 일을 했다. 레슨을 받은 것이다. 스키 강사는 나를 초보자용 비탈로 데려갔고 어떻게 타는지를 가르쳐 주었다. 스키를 신어 본 적도 없었던 나에게 그것은 쉬운 일이 아니었다. 하지만 몇 시간 동안의 연습 후 나는 리프트에 올라탈 자신감을 얻었고 처음으로 산에 오를 수 있었다.

그리고 나는 매우 천천히 산을 내려오기 시작했다. 이리저리 움직이며 산을 내려오는데 근육이 아파 오고 불안해지기 시작했다. 내 모습이 바보스럽고 어색했지만 안전하게 도착할 수 있었다. 그리고 이 경험을 통해서 다시 시도하고 싶어졌고 더 높은 경사에 올라갈 수 있었다.

부부가 '힘겨루기'를 하면서 나의 사무실을 찾아올 때 그들은 그런 고통스러운 상황에서 빠져나오고자 하는 욕망이 없는 것이 아니라 단지 그런 기술을 가지지 못한 것이다. 그렇기 때문에 아무리 좋은 의도라 할지라도 무의식적으로 서로에게 계속해서 상처를 주고 있는 것이다.

무의식이 치유와 회복의 임무를 가졌다는 것을 아는 이마고 부부 관계치료사는 그 순간을 포착하고 끊어진 공감적 유대감을 안전하게 재건하는 과정으로 그들을 이끈다. 공감적 유대감이 회복되면 부부는 치유와 성장을 위한 더 좋은 위치에 서게 된다. 그러나 이는 그리

쉽지가 않다. 스키를 배우는 것처럼 「이마고 부부대화법」을 배우는 것 또한 능숙해지기까지는 시간과 연습이 필요하고 그러면서 부부생활의 더욱 어려운 경사도 내려올 수 있게 된다.

「이마고 부부대화법」은 논리적 순서에 따라 3단계로 구성된다. 그것은 「반영하기(mirroring)」, 「인정하기(validation)」, 그리고 「공감하기(empathy)」다. 「반영하기」의 과정을 통해서 보내진 메시지를 어떻게 정확하게 듣는지를 배우게 된다. 정확한 메시지를 듣고 논리적 감각을 키우는 확인 작업을 한 후 잠재되어 있는 공감을 표현할 때 그 의미가 전달된다.

젊은 레지던트 시절 정신병원에서의 나의 임상경험을 회상해 보면 이러한 순서는 나에게 매우 확실하다. 내담자의 어려움을 직접 공감하고, 그들의 세계를 충분히 이해하고 경험할 수 있기 전까지는 나는 그들의 깊은 문제를 들으면서 매우 고통스러웠다. 나는 그들을 돌보고 염려하기는 했지만 「공감하기」까지는 할 수 없었던 것이다.

2. 반영하기

「반영하기」는 배우자의 메시지 내용을 정확하게 비추어 되돌려주는 과정이다. 가장 흔한 형태의 「반영하기」는 상대방이 한 이야기를 그대로 자신의 말로 말하는 것이다. 「반영하기」를 통해서 한 사람은 메시지를 보내고, 다른 한 사람은 그 말을 충분히 듣고 이해할 수 있기 위해 반응적인 '오래된 뇌'를 침묵시켜야 한다. 그렇게 함으로써 메시지를 받는 사람(듣는 사람)은 보낸 사람(말하는 사람)을 반영할 수 있다.

거울은 판단, 교정 또는 해석 없이 보내는 사람의 메시지를 그대로 반영한다. 받는 사람은 상대방이 한 말을 좋아하거나 이해할 필요가 없다.

「반영하기」를 하려면 받는 사람은 기꺼이 자신의 생각과 감정을 내려놓고 잠깐이더라도 보내는 사람의 메시지를 들어야 한다. 「반영하기」 외의 다른 반응은 종종 해석이나 오해를 수반할 수 있다. 보내는 사람은 자신의 메시지를 계속해서 보내고, 그 메시지를 받는 사람은 그 내용을 정확하게 반영하고 그리고 자신의 말로 그 메시지를 반복할 수 있을 때까지 말을 하는 것이 바로 「반영하기」인 것이다.

「이마고 부부대화법」의 다른 부분처럼 「반영하기」 또한 실제적인 기술이다. 처음에는 훈련이 요구되고 어색하지만 그러나 시간이 지나면서 차츰 쉬워진다. 하지만 부부는 이 기술이 습득되고 목적이 이루어질 때까지는 종종 서로에게 말한 것을 축소하거나 과장하기 일쑤다. 그들은 때로 오목 렌즈가 되어서 말한 것을 축소시키고, 자르고, 생략하거나 때로는 볼록 렌즈가 되어서 말한 것을 과장하곤 한다. 그런데 이러한 거울은 효과적인 대화를 위해 요구되는 정확성과 안전감을 제공해 주지 못한다.

안전한 거울은 평평(납작)하다. 그리고 배우자가 말한 것을 정확하게 되돌려 준다. 예를 들어, 한 여자가 남편에게 "당신은 제시간에 맞춰서 집에 들어온 적이 없어요."라고 말했다면 남편은 간단하게 다음과 같이 반영한다. "만약에 내가 당신의 말을 제대로 이해했다면, 당신은 내가 제시간에 맞춰서 집에 들어온 적이 없다는 것이지요."

만약 받는 사람이 반영하는 말이 만족스럽지 않다면 보내는 사람은 자신이 보낸 말을 또다시 정확하게 반복해 줄 수 있다. 그러면 받는 사람은 다시 반영할 수 있는 기회를 갖는다. 예를 들어, 아내가 남편에게 "지난번에 당신은 집에 6시까지 들어온다고 하고서는 7시까지도 들어오지 않았어요."라고 했을 때 납작 거울이라면 "당신 말은 지난번에 내가 6시까지 집에 들어간다고 하고서는 7시까지도 들어가지 않았다는 거지요."라고 말한다. 하지만 "당신이 말하려고 하는 것은 결국 나를 결코 믿을 수 없다는 거군요." 또는 "당신의 말은 내가 항상 늦는다는 거죠."라고 말한다면 이것은 배우자가 했던 말이 아닌 것이다.

이렇게 반복할 수도 있다. "당신 말은 내가 6시까지 집에 간다고 했지만 제시간에 가지 않고 7시가 되어서야 들어갔다는 말이군요." 보내는 사람이 이 말을 인정할 수 있다면 이 경우 "그래요, 그게 내가 말하려고 하는 것이에요."라고 말할 수 있다.

상담 첫 회기에서 아내가 한 말을 남편이 정확히 반영하는 데만 45분이나 걸렸던 한 부부가 있었다. 상담을 시작하면서 아내는 "이 결혼생활로 나는 무척 **좌절감**을 느꼈기 때문에 여기에 왔어요. 이제 더 이상 나아질 것 같지도 않고 어떤 확신도 없어요."라고 말했다. 첫 시도에서 남편은 "좋아, 당신은 이혼을 원한다고 말하는 거지!"라고 반영했다. 그것은 아내가 말한 것이 아니었다.

나는 아내에게 그녀의 메시지를 다시 보내 줄 것을 요청했고 그녀는 "나는 내가 이 결혼으로 무척 **좌절감**을 느끼기 때문에 여기에 왔어요. 이 결혼이 더 이상 나아질 것 같지도 않고 확신도 없어요."라고 말했다. 두 번째의 시도에서 남편은 "그래, 그래서 당신의 말은 앞으로 이 상담이 도움이 되지 않을 거라는 거잖아."라고 말했다. 그러나 그것 역시 아내가 말한 것이 아니었다.

남편이 했던 이 행동은 우리 모두에게도 일어난다. 우리는 어떤 이야기를 들으면서 특히 그것이 우리에게 부담스러운 말이라면 그것에 **반응**하기 시작한다. 우리의 '오래된 뇌'가 작용을 하여 그 메시지에 반응하는(반발하는) 자신을 보게 된다. 이렇게 되면 우리는 반박하려는 생각에만 너무 바쁘기 때문에 듣는 감각기관을 차단시켜 버린다.

부부는 부부치료사의 도움을 받아 어떻게 '오래된 뇌'를 침묵시키고 정확하게 「반영하기」를 통해 말을 되돌려 줄 수 있는지를 배워야 한다. 받는 사람(듣는 사람)은 자신이 들은 이야기를 좋아할 필요가 없다. 단지 그것을 듣고 반영만 하면 된다.

「반영하기」를 하는 사람은 일반적으로 "그러니까 당신 말은…" 또는 "만약 내가 잘 들었다면, 당신 말은…" 같은 말로 시작한다. 보내는 사람은 「반영하기」를 들은 후에 필요하다고 생각하는 내용을 다시 교정하거나 덧붙인다. 그리고 추가적인 정보를 통해서 보내진 메시지를 정확하게 마무리한다.

만약 보내는 사람이 "네, 그거예요. 그것이 바로 내가 말하려던 것이에요."라고 말하며 「반영하기」에 응답을 하면, 받는 사람은 "거기에 대해서 더 하고 싶은 말은 없나요?"라고 보내는 사람으로 하여금 거기에 대해 더 추가적인 말을 할 수 있도록 초청한다. 이 말은 보내는 사람으로 하여금 그것에 대해 더 많은 이야기를 끌어내도록 이끌어 주는데, 마침내 "아니요, 그것이 이것에 대해 내가 말하고 싶은 전부예요."라고 말할 때까지 「반영하기」를 계속한다.

받는 사람은 이제 부부치료사에게서 「요약반영하기(summary mirroring)」를 요청받게 된다. 「요약반영하기」는 지금까지 들은 모든 메시지를 하나의 온전한 메시지나 생각으로 엮는 시도인데, 받는 사람은 이 「요약반영하기」를 통해서 '지금까지 들은 것을 내가 잘 이해했다면…'이라고 전체적으로 말하게 되는데, 이는 부부 두 사람과 부부치료사 모두가 다 같은 내용을 들었음을 확인하는 데 도움을 준다.

「요약반영하기」를 할 때 받는 사람의 말이 잘 맞지 않는다면, 보내는 사람은 다시 정확한 요약이 될 때까지 그 메시지를 반복해서 말해 주어야 한다.

만약 받는 사람이 성공적으로 「반영하기」를 하게 되면, 보내는 사람의 메시지를 해석하지 않게 되고 그리고 반응하려는 모습 또한 억제할 수 있게 된다. 이렇게 되면 두 부부 사이에는 **안전감**이 형성되기 시작한다.

3. 인정하기

메시지를 듣고 정확하게 요약하여 전달하게 되면, 받는 사람(듣는 사람)은 「이마고 부부대화법」의 다음 단계로 움직이게 되는데, 이것이 「인정하기」다. 「인정하기」는 보내진 정보와 반영된 내용이 논리적으로 이치에 맞는다는 것을 보내는 사람과 의사소통하는 방법이다. 「인정하기」를 통해서 배우자의 논리를 들을 수 있고 배우자의 생각이 잘못되거나 착각이 아니라는 것을 확인할 수 있게 된다.

「인정하기」는 받는 사람이 그가 들은 내용을 좋아하지 않을 수 있기 때문에 더 어려울 수도 있다. 그리고 또 받는 사람은 그 상황을 다르게 보기 때문에 보내는 사람의 의견에 동의하지 않을 수 있다. 「인정하기」를 통해서 부부치료사는 "당신의 배우자가 왜 그렇게 말하는지를 이해할 수 있나요? 그게 말이 되나요?"라고 물을 수 있다.

배우자의 메시지를 인정한다는 것은 보내는 사람의 관점에 동의하거나 받는 사람의 주관적 경험을 반영하는 것을 의미하지 않는다. 그것은 단지 두 사람 사이의 의사소통에는 항상 두 가지의 다른 관점이 존재할 수 있고 또한 어떤 경험이라도 해석될 수가 있으며, 이는 각 사람에게는 이 다름이 각각 진실이라는 것을 의미한다. 또한 그것은 객관적 관점이 가능하지 않다는 것을 뜻한다.

본질적으로 「인정하기」는 자신의 주관적 관점의 일시적 정지 또는 초월 경험을 통해서 배우자의 경험을 마치 자신의 경험처럼 실재적으로 경험하는 것을 의미한다. 전형적인 인정하기는 "나는 …을 볼 수 있다." "당신이 …하기 때문에 그렇다는 것이 말이 된다." "… 때문에 이해할 수 있다." 같은 말을 사용한다. 이런 문장은 그렇게 자신만의 논리를 세우게 된 주관적 경험과 그 주제나 관점을 바라보게 된 타당성에 대하여 배우자가 이해할 수 있게끔 전달하게 한다.

보내는 사람(말하는 사람)을 인정하는 방법으로서, 받는 사람은 "내가 전화 했을 때 바로 사무실을 떠나니까 6시까지는 집에 간다고 했는데, 내가 전화도 없이 7시까지도 집에 들어가지 않았으니 그렇게 말하는 당신 말이 일리가 있네요."라고 말할 수 있다.

받는 사람이 보내는 사람의 메시지를 인정할 수 없다고 느껴지면 배우자에게 거기에 대해서 좀 더 말해 달라고 요청해야 한다. "내가 당신의 말을 좀 더 잘 이해할 수 있도록 도와줄 수 있겠어요?"라고 말한다. 그러면 보내는 사람은 더 많은 정보를 주게 되고 받는 사람은「인정하기」가 될 때까지「반영하기」를 계속한다. 만약 우리가 누군가의 이야기를 충분히 듣고자 한다면 결국엔 그 사람을 인정할 수 있게 되는 것이다.

　대화가 여기까지 오게 되면 이런 상황이 만들어질 수도 있다. 한 사람이 "아주 좋은 날이네요?"라고 말하면 배우자는「반영하기」를 하면서 "내가 당신의 말을 맞게 들었다면, 당신은 오늘이 아주 좋은 날이라는 거지요."라고 말한다. 하지만 받는 사람이 밖을 내다보았을 때 하늘에 구름이 끼고 비가 올 것 같았다면, 보내는 사람의 말을 이해할 수 없게 된다.

　보통은 "아니요, 당신이 틀렸어요. 좋은 날이 아니잖아요."라고 말할 수도 있겠지만, 그러나「이마고 부부대화법」에서는 "어째서 당신이 좋은 날이라고 말하는 건지 내가 이해할 수 있도록 좀 더 설명해 주지 않겠어요?"라고 하게 된다. 배우자는 "글쎄, 구름이 끼고 비가 올 것 같기는 하네요. 하지만 만약 비가 온다면 난 침대에 좀 더 오래 누워서 내가 그동안 읽고 싶었던 책을 맘대로 읽을 수 있으니까 나에겐 이런 날이 좋은 날이에요."라고 말할 수 있다. 그러면 받는 사람은 "아! 이제야 이해가 돼요. 왜 당신이 이렇게 구름이 끼고 비가 올 것 같은데도 좋은 날이라고 말하는지를 이제 알겠어요. 왜냐하면 당신은 비가 오면 침대에 누워서 책을 읽는 것을 좋아하기 때문이군요."라고 그 말을 **인정**할 수 있게 된다.

　여기에서 받는 사람은 자신의 현실을 충분히 보류하고 보내는 사람의 현실에 대해 호기심을 가져야 한다. 그렇게 함으로써 그는 결국 그 메시지를 진심으로 **인정**할 수 있게 된다. 사실 그의 눈에는 좋은 날이 아닐 수 있다. 밖에서 운동을 하려고 했던 그의 계획을 망치게 한 날일 수도 있다. 그러나 추가된 정보에 의해서 그 사람을 이해할 수 있게 되는 것이다. 만약에 받는 사람이 충분히 오래 들어준다면 그 말이 이치에 맞는다는 것을 알 수 있게 되고 받는 사람은 보내는 사람의 메시지를 인정할 수 있게 되는 것이다.

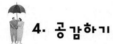

4. 공감하기

「이마고 부부대화법」의 세 번째 단계는 「공감하기」다. 공감은 상대방이 느낀 경험세계에 참여하고 들어가려는 노력이다. 그리고 공감은 배우자(보내는 사람)가 경험하는 그 사건, 그 상황 또는 그가 염려하는 것과 감정을 반영하고, 또 상상하고 참여하는 과정이다.

의사소통의 이 깊은 단계는 배우자(보내는 사람)의 감정을 인정하고, 손을 내밀고, 경험하려는 시도다. 받는 사람은 보내는 사람의 입장이 되어 보고 그가 어떻게 생각하고, 어떻게 느끼고 경험했는지를 상상해 보는 것이 「이마고 부부대화법」의 핵심이다.

「공감하기」는 부부로 하여금 분리되는 것을 뛰어넘어 짧은 순간이라 할지라도 감정의 단계에서 진정한 만남을 경험할 수 있도록 이끈다. 그리고 이러한 경험은 굉장한 치유의 힘을 가진다.

어떤 사람에게는 공감이 어렵게 느껴져 주저하게 될 수도 있다. 그러나 배우자가 느끼는 것(어떤 일이나 염려하는 것에 대해)에 대하여 공감적이 된다는 것은 매우 중요하다. 공감적인 의사소통을 하기 위한 전형적인 표현은 다음과 같다. "내가 그렇게 했을 때 당신이 그렇게 느꼈을 것이라고 생각해요." "당신 기분이 …했을 거라고 생각해요."

보내는 사람의 감정이 받는 사람(듣는 사람)의 한두 마디 말로 표현되어 다시 전달된다. 예를 들어, "내가 전화도 없이 늦게 들어왔을 때 당신이 상처받고 무의미한 존재라고 느꼈을 것이라고 생각이 돼요."

보내는 사람이 실제로 경험한 감정을 받는 사람이 그대로 말할 수 있는 것이 깊은 수준의 공감이다. 어떤 사람은 이 단계의 공감하기를 「참여적 공감(participatory empathy)」이라고 부르기도 한다. 이러한 깊은 수준의 공감에 이르게 될 때 부부는 매우 극적인 변화를 보이게 되는데, 그 이유는 이 대화를 통해서 어떤 특별한 문제에 대해 서로의 감정을 이해하는 단계에까지 이르게 되었기 때문이다.

받는 사람이 배우자의 감정을 잘못 추측했다 하더라도 그것이 잘못은 아니다. 보내는 사람은 간단하게 "실망했다고 해서 그렇게 많이 상처받은 건 아니에요."라고 말하면서 다시 바로잡아 줄 수 있다. 그러면 받는 사람은 "그래요, 그러니까 당신 말은 당신이 실망을 하긴 했지만 그렇다고 해서 그렇게 많이 상처를 받지는 않았다는 거군요. 그 말이 이해가 돼요."라고 「반영하기」를 한다.

「이마고 부부대화법」의 3단계를 거치면서 받는 사람은 "이것에 대해 더 나누고 싶은 것이 있나요?"라고 물으면서 다루어 왔던 주제에 대해 더 말할 것이 있는지를 질문한다. 만약 있다면, 보내는 사람은 더 이상 할 말이 없을 때까지 계속해서 메시지를 보내고, 받는 사람은 거기에 대해 「반영하기」와 「인정하기」, 「공감하기」를 계속하면 된다.

여기에서 이마고 부부관계치료사는 보내는 사람과 받는 사람이 서로의 역할을 바꾸도록 권할 수 있다. 이러한 상호적인 교환의 과정이 바로 「이마고 부부대화법」이다. "당신 말을 들으면서 나는 … 라고 느꼈고 생각했어요."와 같은 말을 통해서 받는 사람에게 자연스럽게 주제를 돌리게 되고 두 사람 사이의 **공감적 연결**이 깊어질 때까지 주고받게 된다. 이제 받는 사람이 역할을 바꾸어 보내는 사람이 되어 자신의 경험을 나누기 시작하고, 보내는 사람이 받는 사람이 되어 「반영하기」와 「인정하기」, 「공감하기」를 제공하게 된다.

부부치료사는 이 「이마고 부부대화법」에 매우 주의를 기울여야 한다. 만일 받는 사람이 어떤 부분을 놓치거나 혼돈하다면, 부부치료사는 그가 다시 궤도에 들어갈 수 있도록 도와주어야 한다. 그러나 부부치료사는 그를 분석하거나 어떤 종류의 간섭도 하지 않는다. 단지 받는 사람이 해야 할 역할―즉, 자신의 생각과 감정, 반응을 비우고 보내는 사람의 말을 충분히 들어 「인정하기」 단계까지 나아가는 것―을 요청할 뿐이다. 마치 카누의 뒤에서 갈 길을 제시하는 전문가처럼 치료사는 그 과정을 안내하고 촉진시킨다.

부부치료사는 부부가 안전감을 경험하고 이마고 부부대화 과정 속에 머무를 수 있도록 이끌어야 한다. 그리고 메시지를 받는 사람이 부드러운 눈길을 보이거나, 눈물이 고이거나, 입술이 떨리는 것 같은 부부 사이에 공감이 형성되는 표시를 알아차릴 수 있어야 한다.

안전감이 형성되면 부부는 **공감**을 표현하는 능력을 보이게 될 것이고, 부부치료사는 부부로 하여금 더 심화된 과정 속으로 깊이 들어갈 수 있는 문을 찾아야 한다. 다음 장에서 우리는 어떻게 부부치료사가 부부를 부부대화 과정 안에 좀 더 머무를 수 있게 하고, 무의식적 단계에서 치료가 시작되는 과정으로 나아갈 수 있게 할 수 있는지에 대해 자세히 알아보게 될 것이다.

대화는 기술을 익히는 데서 시작해서 이제 궁극적으로는 하나의 **삶의 방식**이 되는 데까지 이르도록 이끈다. 사실 우리는 이런 방법으로 자연스럽게 말하거나 행동하지 못한다. 하지만 많은 부부와 부부치료사는 이 여행의 결실이 채 맺기도 전에 이 과정을 중단하려는 경향이 있다.

이 과정이 성숙되기까지 부부는 3단계를 경험한다. 첫 번째는 **기계공 단계**(mechanical stage)다. 그들은 이 여행이나 흐름을 즐거워하지 못하고 자신을 단지 기계공처럼 생각할 수도 있다. 다른 사람의 말을 반영한다는 것이 자연스럽지 않고 딱딱하거나 뻣뻣하게 느껴질 수 있고 그래서 우리가 다른 새로운 기술을 배울 때처럼 우리의 몸이 쉽게 움직여 주지 않는 것이다.

만약 부부치료사와 부부가 그런 부자연스러운 것을 헤치고 대화의 과정 가운데 계속 머무르고자 하면, 그들은 다음 단계인 **장인(匠人)단계**(craftsman's stage)로 들어갈 수 있다. 이들은 조금 더 능숙하고 자연스럽다. 그리고 이것은 대화 과정 속에 계속 머무를 때만 가능하다.

그리고 마침내 그들은 마지막 **예술가 단계**(artist's stage)에 이르게 되는데, 이들은 창조적이고 자유롭다. 다른 훌륭한 예술가처럼 그들은 자신의 작품을 기본적인 것으로부터 좀 더 창조적이고 세련되고 진실하게 이루어 간다.

대화는 실제적이고 훈련되어야 하는 과정이다. 속으로는 소리를 지르고 싶은 반응을 원한다 하더라도 부부는 이 과정 안에 머물러 있어야 한다. 이것이 처음에는 쉽지 않지만 과정에 머무르기만 한다면 점차 쉬워지고 자연스러워질 것이다. 이것은 그 사람이 내담자든, 배우자든, 자녀든 아무런 상관이 없다. 이것은 부부치료사에게도 마찬가지다.

이제 부부치료사가 어떠한 방법으로 부부에게 「이마고 부부대화법」 과정을 소개하는지 알아보도록 하자.

06
STARTING IMAGO THERAPY
이마고치료 시작하기

이마고 부부관계치료의 이론과 개념은 부부와 이마고 치료사의 첫 접촉의 순간부터 부부에게 소개된다. 많은 이마고 치료사는 이메일이나 자동 응답기, 혹은 비서로부터 전달을 받거나 다른 상담사의 요청 등을 통해서 내담자와의 첫 접촉을 갖게 된다. 이마고 치료사가 이 요청에 응답하면서부터 치료사의 의도적인 대화의 과정이 시작된다.

이마고 치료사는 먼저 내담자의 메시지에 대해 「반영하기」를 시작한다. 이마고 치료사는 많이 말하지도, 적게 말하지도 않는다. 예를 들어, "저는 메리 존스라고 합니다. 슈워츠 박사님이 선생님을 소개해 주셨습니다."라는 메시지가 남겨져 있다면, 이마고 치료사는 "저는 브라운 박사입니다. 전화하셔서 메시지를 남기셨네요. 슈워츠 박사님이 소개시켜 주셨다고요."라고 말한다. 그 사람은 아마도 "슈워츠 박사님이 선생님을 알려 주셨어요. 지금 약간의 문제가 있어서 상담을 받고 싶습니다."라고 말할 것이다.

이마고 치료사는 내담자에게 「반영하기」와 「인정하기」, 「공감하기」를 하면서 "약간의 문제가 있으셔서 상담을 원하신다는 말씀이 이해가 되네요. 어떤 방법을 찾게 되면 안전감과 편안함을 좀 느끼실 수 있을 거예요."라고 말한다.

자아의 성장은 관계 속에서 일어나고, 자아의 상처 또한 관계 속에서 발생하며, 자아의 치료도 관계 속에서 가능하다는 사실을 치료사인 당신은 알고 있기 때문에, 내담자에게 "지금 어느 특정한 누군가와 어떤 관계를 맺고 있습니까?"라고 묻는다.

이 물음에는 몇 가지 대답이 나올 수 있다. 그녀는 아직 결혼하지는 않았지만 누군가와 함께 동거하고 있을 수도 있고 결혼은 했지만 헤어져 살고 있을 수도 있다. 또는 "네, 저는 결혼했습니다. 제 결혼생활에 도움이 필요해서 선생님께 전화를 드린 것입니다."라고 대답할 수도 있을 것이다. 그러면 당신은 여기에 대해 「반영하기」와 「공감하기」를 표현하면 된다.

우선 간단히 예약을 잡는다. 이때 그 부부가 왜 당신을 만나려 하는지 그 이유를 알지 못해도 상관이 없다. "저는 처음부터 당신과 배우자 두 분이 함께 오셔서 우리 세 사람이 함께 상담을 했으면 좋겠습니다. 지금 걱정하고 염려하는 부분은 우리가 다 모였을 때까지 잠시 접어두시고요. 제가 부부치료사로서 경험해 본 결과 모두가 함께 모여 시작하는 것이 더 안전하다는 것을 알았습니다." 이렇게 하면 대부분의 내담자는 이를 이해한다.

내담자와 배우자가 함께 올 때까지 치료사는 그들의 관계에 대해서 아예 모르거나 알려고 하지 않는 것이 좋다. 만일 당신이 이 경계를 긋지 못한다면, 내담자로 하여금 "결혼생활이 좋지 않아요. 결혼생활을 그만하려고 생각 중입니다. 사실 저는 다른 남자가 있어요." 와 같은 말을 할 기회를 주게 된다. 이런 일이 발생하게 되면 내담자의 남편은 아직 그런 사실을 전혀 모르고 있는 상황인데, 치료사인 당신이 먼저 알게 된다. 이렇게 되면 부부가 상담실에 왔을 때, 부부치료사인 당신은 남편도 아직 알지 못하는 아내의 불륜에 대해 이미 알고 있는 채로 그 두 사람을 대면하게 된다. 아내가 남편과 그것을 이야기하고 싶어 하지 않고 당신은 이미 그 비밀을 알고 있다면, 당신은 그 남편에게 충분히 관심을 쏟을 수 없을 것이다. 남편이 만약 부부치료사인 당신이 이 사실을 먼저 알고 있었다는 것을 뒤늦게 알게 된다면 아마도 큰 상처를 받게 될 것이고, 당신 또한 이러한 상황을 원치 않을 것이다.

부부치료사인 당신은 또한 부부와 실제로 만나기 전에 다른 사람에게서 들은 그 사람들에 대한 어떤 이야기의 선입견으로부터 자유로워져야 한다. 나는 과거의 개인상담 경험을 통해서 부부 중 한 사람과 오랫동안 상담을 하게 되면 다른 한 배우자에 대한 어떤 이미지가 만들어져서 그것이 나의 사고에 각인이 된다는 사실을 알게 되었다. 이 모든 일은 또 다른 배우자를 만나 보기도 전에 일어난다.

그러나 '첫 만남 전에 정보를 갖지 말라'는 말의 더욱 근본적인 이유는 정말로 그 일이 연관이 있는지를 확신할 수가 없기 때문이다. 부부치료사는 그 부부의 문제가 불륜이 원인이 된 것인지, 아니면 배우자가 집안일을 도와주지 않아서인지를 상관할 필요가 없다. 왜냐하면 당신의 초점은 이들을 사무실로 오게 하여 대화의 과정 가운데 머무를 수 있게 하고, 그들의 부부관계가 변화할 수 있도록 이끄는 것이기 때문이다.

가장 쉬운 시나리오는 내담자가 "네, 저는 결혼했고 그래서 전화했습니다. 우리 부부는 함께 가려고 하고, 그곳에 가기 전에 어떤 것도 말하지 않는 게 맞는 것 같네요."라고 말하는 것이다.

하지만 "네, 하지만 저는 저 혼자 가고 싶어요."라는 또 다른 반응을 받을 수 있다. 그렇다면 나는 "당신이 혼자 오고 싶어 하는 것은 이해하지만, 부부치료사인 내 경험으로는 당신이 힘들어하는 부분은 당신이 처해 있는 관계의 영향을 받은 것이니, 따라서 당신의 배우자가 함께 올 수 있다면 이 치료과정이 더욱 빨리 진전될 것입니다."라고 대답한다.

부부치료사는 반드시 전문가다워야 한다. 어떤 사람이 의사에게 전화해서 "가슴에 혹이 있어요. 누군가가 선생님께 전화를 해 보라고 해서 전화를 드렸어요."라고 말할 때, "그래서 어떻게 하시겠습니까?"라고 말하는 의사를 원하지는 않을 것이다. 그 사람은 의사가 이 문제를 어떻게 치료할지에 대한 기대를 가지고 전화를 건다. 그는 "당신의 가슴에 혹이 있다는 거군요. 우리는 이렇게 할 겁니다. 우선 다음 주 초에 와서 몇 가지 검사를 먼저 받고 치료를 시작해 봅시다."라고 말하는 의사를 원할 것이다.

부부치료사는 이런 전문가의 역할을 수행해야 한다. 누군가가 전화를 했을 때 당신이 어떤 일을 해야 하는지를 정확히 알고 있어야 한다. 이것은 '통제'에 관한 이야기가 아니다. 앞의 장에서 언급한 대로 전문적인 이론의 안내를 받는 것과 **명확성**을 말하는 것이다. 부부치료사로서 당신이 정확히 알고 시작해야 할 것은 **모든 문제는 개인의 문제가 아니라 관계에 의해 만들어지는 것이며, 이 관계의 어떤**

상황 속에서 상처가 발생한다는 것이다. 그러므로 당신은 언제든지 부부 양쪽을 동시에 봐야만 한다.

부부 중 한 사람이 부부치료사인 날 찾아와 자기 혼자서만 부부 문제에 대해 이야기하기를 원한다면, 나는 부부치료사의 입장을 설명한 후 "당신의 배우자를 초대하기로 결심하지 않겠습니까?"라고 말한다.

이 질문에 대해서는 다양한 응답이 나올 수 있다. 물론 가장 좋은 것은 "좋아요, 선생님이 그렇게 하기를 원하신다면 제가 약속을 잡아 볼게요."라고 말하는 것이다. 그러고는 그녀의 태도에 대해 더 이상 걱정할 필요 없이 다음 상담시간을 결정하는 것이다.

그러나 그녀가 "물어는 보겠는데 남편은 상담을 믿지도 않고 선생님을 만나는 것도 싫어할 거예요."라고 말할 수도 있다. 그러면 나는 "당신은 나보다 당신의 남편을 더 잘 압니다. 내가 당신에게 원하는 것은 당신의 남편이 나의 상담실에 올 수 있도록 당신이 할 수 있는 모든 말과 행동을 다 해 보라는 거예요. 그리고 당신 남편의 태도에 대해서는 걱정하지 마세요. 거기에 대해서는 내가 걱정할게요." 그래서 그녀는 남편에게 "상담사 선생님과 통화를 했는데요. 우리 둘이 함께 왔으면 좋겠대요. 당신, 나와 함께 갈 수 있겠어요?"라고 묻는다. 남편은 어쩌면 "상담은 시간낭비고, 그들은 모두 사기꾼이야."라고 말할는지도 모른다. 그러나 부부치료사인 내가 알려 준 대로 그녀는 "당신이 그렇게 생각한다는 것을 나도 알아요. 하지만 그래도 나와 함께 가 주지 않을래요?"라고 말한다. 남편이 마지못해 동의하면, 그녀는 고맙다고 말하고 그의 행동이나 태도에 대해서는 걱정하지 않아도 된다.

그러나 만약 계획대로 되지 않고 남편이 계속 아내와 동반하지 않겠다고 주장한다면, 아내는 나에게 다시 전화를 걸어 차선책을 찾아보게 된다. 만약 아내가 남편을 상담에 참여하도록 권유를 했지만 남편이 거절했다고 내게 얘기하면 나는 그것에 대해 반영하고 공감한다. 그리고 그녀에게 "그래서 당신은 많이 낙담했겠군요."라고 말한다.

그리고는 "이제 두 번째 계획을 시도해 보는 게 어때요. 그냥 사실대로 남편에게 말해 보세요. 당신이 내게 전화를 했다고 하고, 당신이 혼자 오게 되면 당신들의 사이가 더 멀어질지도 모른다고 말하면서 내가 그렇게 되는 것을 원하지 않았다고 말해 보세요."라고 말한다. 나는 덧붙여 만약 **부부 중 한 사람이 치료에 참가한다면 부부관계가 성공적으로 유지되기 어렵다는** 한 조사결과를 이야기한다. 사실 개인치료를 통해서는 부부 사이가 더 멀어진다. 그냥 평범한 부부치료가 개인치료보다 훨씬 낫다.

그리고 만약 이 방법도 효과가 없다면 또 다른 세 번째 방법이 있다고 말하지만 그녀가 또다시 전화를 걸어오지 않는 한 그 계획에 대해서는 미리 말하지 않는다. 이상적인 것은 아내가 이 두 번째 방법을 통해서 남편과 함께 오는 것이다.

하지만 이 두 번째 방법조차 효과가 없다면 우리는 다음의 세 번째 계획으로 넘어간다. 아내는 내게 다시 전화를 걸어 남편에게 말을 해 보았지만 여전히 오지 않으려 한다고 말한다. 나는 대답하길 "그러면 정직하게 다시 말하세요. 당신이 내게 또다시 전화를 했고 나는 부부치료사로서 당신이 그런 남편과는 함께 살기가 정말 힘들겠다고 결론을 내렸다고 하십시오. 그리고 내가 아내인 당신을 앞으로 좀 더 안전하게 살도록 돕는 일에 당신 남편의 도움이 필요하다고 하십시오. 사실 나보다야 남편이 당신을 더 잘 알지 않습니까? 그러면 아내인 당신을 돕기 위해서 남편이 치료사인 나를 도우러 오지 않겠습니까?”

이 말은 정말 사실이다. 내가 언급했듯이 **부부 두 사람이 서로 잘 지내지 못하는 이유는 부부 중 한 사람이 상대방 배우자를 안전하다고 경험하지 못하기 때문이다.** 만일 부부 중 아내가 너무나 힘든 고통 가운데 소리를 지르고 있고 전문적인 상담이 필요한 상태라면, 이것은 아내 한 사람의 문제가 아니라 남편의 삶에도 영향을 미치기 때문에, 사실은 부부 두 사람 모두가 현재 고통 가운데 있고 행복하지도 않다는 말이다. 이론적으로 결혼생활에서 한 사람이 불행하면 반대로 상대방 배우자 또한 분명히 그것에 영향을 받는다.

세 번째 계획까지 오게 되면 대개는 부부 두 사람 모두 상담에 나오게 된다. 하지만 이것마저 성공적이지 못하다면 나는 이 부부에게 다른 상담사를 추천한다. 왜냐하면 나는 **부부를 상담할 때는 오직 부부가 함께 올 때만 상담을 하기 때문이다.**

나는 전화하면서 통화하는 사람에게 그가 들은 말을 내게 다시 반영해 줄 것을 부탁한다. 이렇게 함으로써 그 사람이 정확하게 들었는지를 확인할 수가 있고 또 이것이 이마고 부부대화 과정을 소개하는 한 방법이기도 하기 때문이다.

그들이 나의 말을 반영하려고 하면 보통은 정확하지가 않다. 예를 들어, 아내는 “내가 문제가 있다고 말하라는 건가요?”라고 반영한다. 그러면 나는 아니라고 하면서 다시 한 번 내가 했던 말을 반복해 주고 그녀는 나에게 다시 「반영하기」를 하게 된다.

기혼의 한 여성이 내게 전화를 한 적이 있었다. 그녀는 자기 부부에게 문제가 있다는 것을 남편이 모르길 원한다면서 혼자서 나를 만나고 싶다고 했다. 나는 「반영하기」를 통해서 이렇게 말했다. "문제가 있다는 것을 남편이 알지 못했으면 좋겠다는 말이 이해가 됩니다. 하지만 만약 당신이 고통을 받고 있다면 남편 역시 그만의 방식대로 고통을 받고 있을 거라고 생각이 되는군요."

그녀는 남편이 요즘 술을 더 많이 마시고 잠도 더 많이 잔다고 말했다. 나는 이런 문제가 결코 개인적인 문제일 수가 없다는 사실을 다시 한 번 강조해서 말하고 싶다. 사람들은 자존감과 우울 문제에 대해 물어오지만, 그런 문제 또한 **관계의 배경**(relational context) 안에서 발생하는 것이다. 이마고 부부관계치료사는 처음부터 부부에게 나타나는 모든 문제를 이 '관계'의 상황 안에서 함께 다루어야 한다.

지금까지 내가 내담자와 어떤 방법으로 해 왔는지를 위에서 설명했던 것처럼, 이마고 치료사는 부부상담에 대해서 무엇을 어떻게 할 것인지에 대해 분명하고 핵심적인 메시지를 전달해야만 한다. 이러한 방법은 매우 효과적이다. 만약 당신이 정확하고 직접적인 메시지를 보낸다면 내담자는 거기에 대해 반응할 것이다. 나는 내 고향에서 매우 성공한 한 이마고 부부관계치료사를 알고 있다. 그녀가 이마고 부부관계치료 전문가 과정을 공부할 때 그녀는 **치유는 '관계' 속에서 일어난다**는 것을 깨달았다. 그녀는 그전에 매우 바빴던 다른 상담 일을 그만두고 오직 부부상담만을 실시하기 시작했다. 그것은 그녀에게 큰 용기와 신념이 필요한 일이었지만 결과는 매우 성공적이었다.

1. 첫 번째 만남

　첫 만남은 대기실에서부터 시작된다. 이마고 부부관계치료사는 부부를 동시에 만나기 때문에 두 사람 모두 도착할 때까지 기다려야 한다. 하지만 약속한 시간이 되면 대기실에 가서 그들을 만나는 것이 중요하다. 만약 아내는 약속한 9시에 도착했지만 남편이 아직 오지 않았다 하더라도 9시에는 아내를 만나기 위해 대기실로 간다. 그 순간에도 부부치료사는 경계선을 가지고 대화를 나누어야 한다.

　"반갑습니다. 나는 릭 브라운입니다. 당신은 메리 씨죠?"라고 말하면, 그녀는 "네, 남편이 좀 늦는 것 같아요."라고 말한다. 그러면 나는 "남편이 조금 늦는 것 같군요. 그럴 수도 있지요. 남편이 도착하면 시작하도록 합시다. 그러는 동안 긴장을 풀고 커피라도 드세요."라고 말하면서 「반영하기」를 한다.

　그녀는 세 가지로 반응할 수 있다. 간단하게 "남편이 올 때까지 그냥 여기서 기다릴게요."라고 할 수도 있고, 또는 "선생님하고 몇 가지 이야기를 나누고 싶어서 좀 일찍 왔어요."라고 말할 수도 있다. 그러면 나는 이 말에 「반영하기」를 하면서 경계선을 지킨다. "당신이 그렇게 하고 싶은 것은 이해가 됩니다. 하지만 저는 우리 모두가 모일 때까지 당신이 그 내용을 계속 가지고 있길 원해요. 그렇게 하는 것이 우리 모두를 더욱 안전하게 한다고 믿어요." 당신이 부부치료사라는 것을 기억하며 경계선을 지속적으로 분명하게 유지해야 한다.

　만약 아내가 세 번째 반응으로 "만약 남편이 늦게 되면 본인이 없더라도 그냥 시작해도 된다고 했어요."라고 말한다면, 나는 "남편이 당신에게 먼저 시작할 수 있도록 허락을 했군요. 하지만 나는 남편을 기다리고 싶습니다."라고 말한다. 다시 한 번 부부치료사는 다른 배우자가 얼마나 늦는지와는 상관없이, 남편이 아직 나타나지 않았다 하더라도 경계를 계속 유지해야 한다.

만약 남편이 도착하면 사무실로 함께 걸어가면서 "늦게 도착하셨네요. 차가 많이 막히지요. 조급하고 당황하셨을 거라는 생각이 듭니다."라고 말하면서 「반영하기」와 공감을 표현한다.

이것은 대화의 과정을 계속 이어 가게 한다. 내 상담실에 들어왔던 남자를 떠올려 보면 그는 아내가 앉아 있는 가까이에 가지 않으려 하고, 내 책상 근처에 앉아 내 면허증과 졸업장을 둘러보았다. 나는 그를 반영하며 이렇게 말했다. "벽에 걸린 것을 보고 있군요." 그러자 그는 "신중해야 돼요. 돌팔이가 많거든요."라고 말했다.

그는 분명히 정서적으로 긴장했는데 나는 그가 겁에 질렸다고 생각하며 "확인하시는 것을 보니 매우 신중하신 분이군요. 세상에는 위험한 사람도 많이 있지요."라고 반영한다. 그는 "네, 맞아요."라고 말했고 나는 "이해가 돼요. 세상에는 많은 사기꾼이 있기 때문에 당신의 삶에 관여할 사람에 대해 주의를 기울이는 것이 이해가 됩니다."라고 진심으로 말했다. 부부치료사가 내담자의 방어에 대해 진심으로 인정하고 존중해 주면 그는 좀 더 이완되고 당신에게 협조적이 될 것이다.

그는 마침내 의자에 앉았다. 왜냐하면 짧은 순간에 그는 자신을 방어하거나 공격하거나 도전하기보다는 안전감을 제공하는 치료사와 조우했기 때문이다.

모두 사무실에 모였을 때 이마고 부부관계치료사는 이렇게 시작한다. "두 분 모두를 환영합니다. 대기실에서 인사를 나누면서 두 분에 대해 제가 알고 있는 것을 떠올려 보려고 했습니다만 제가 알고 있는 것이 얼마 없다는 것을 깨달았습니다." 당신이 이렇게 말하고 나면 부부는 안전감을 느낀다. 나는 또한 "메리, 당신이 전화를 했고 슈워츠 박사님이 소개하셨다고 하셨지요? 그리고 내가 물었을 때 당신은 결혼을 했다고 대답했고, 나는 당신의 남편 존을 초청하자고 부탁했지요. 이제 존이 이곳에 왔으니 당신은 그렇게 하셨고, 그리고 이것이 내가 알고 있는 전부인 것 같네요. 그렇죠?" 아내 메리는 나의 말을 확인하며 이렇게 말한다. "네, 맞아요. 왜냐하면 선생님이 그 외에 다른 것은 알고 싶어 하지 않으셔서요."

나는 남편에게 "내가 다른 것에 대해 알고 싶어 하지 않았던 것은 문제와 염려를 우리 세 사람 모두가 함께 모일 때까지 그대로 가지고 있기를 원했기 때문입니다. 내가 부인이나 당신들의 이전 상담사인 슈워츠 박사님과 긴 대화를 나눈 적이 없다는 것에 대해 당신이 안심할 수 있을 겁니다."라고 말하면, 그는 이것에 감사하면서 부부치료사가 아무 비밀 없이 정직하게 시작하고 있음을 느끼게 된다.

그러고는 부부에게 이렇게 말한다. "제가 두 분에 대해 아는 것이 아무것도 없지만 뭔가 중요한 어떤 일이 두 분 사이에 일어나고 있다고 생각합니다. 만약 내가 틀렸다면 고쳐 주세요. 그렇지 않으면 바쁜 생활 가운데 이렇게 시간을 내어 돈을 쓰면서 여기까지 오지는 않았을 것 같군요."

내 생각이 맞는지 물으면 그들은 보통 머리만을 끄떡인다. "제가 어떻게 도움을 줄 수 있을지 어디 좀 봅시다. 부부를 만나면서 내가 배운 것 중 한 가지는 우리가 하는 말의 내용은 사실 그리 중요하지 않다는 것입니다. 정말로 중요한 것은 우리가 어떻게 말하는가입니다. 다시 말하면 두 분이 가져온 문제와 걱정거리에 대해 서로 안전하게 말할 수 있는 방법을 찾는 것입니다. 만약 우리가 그 방법을 찾지 못한다면 두 분은 아마 서로에게 방어적이 되고 반응적이 될 것입니다. 그리고 그것이 어떤 것인지는 이미 잘 알고 계실 거예요." 그러면 부부는 대개 웃음을 짓는다.

이것은 내용보다 과정이 중요하다는 이마고의 이론적 입장을 어떻게 부부치료사가 사용하는지를 보여 주는 예다. 이마고 부부관계치료사는 두 사람의 문제가 무엇이든지 간에 대화의 과정 속에 있게 되면 그들은 접촉을 하게 되고 연결감을 갖기 시작하리라는 것을 잘 알고 있다. 그리고 그런 연결된 공간 속에서 바라던 치유가 일어나기 시작하는 것이다. 두 사람 사이의 문제가 무엇이든 그것은 아무 상관이 없다.

나는 우리 세 사람이 이러한 안전한 과정 속으로 나아가길 원한다고 말한다. "이제 나는 두 분이 가지고 있는 문제에 대해 서로에게 말하도록 권유합니다. 이렇게 하면 어떨까요. 메리, 우선 남편이 먼저 시작하면 어떨까요?" 일반적으로는 먼저 부부치료사에게 접촉을 하지 않은 사람부터 시작한다.

"존, 잠시 동안 당신의 걱정거리를 내려놓고 아내에게 집중할 수 있겠습니까? 그리고 부인이 왜 이곳에 오고자 했는지 최선을 다해 한 번 짐작해 보십시오. 부인에게 어떤 문제가 있고 무엇을 걱정하고 있는 것 같습니까?"

"그리고 메리, 지금 내가 당신에게 원하는 것은 당신이 평상시에

하던 것과는 조금 다른 것입니다. 이제 존은 당신에게 그가 짐작하고 있는 당신의 걱정거리에 대해 이야기를 할 텐데, 아마 당신은 그 말에 어떤 감정을 가지고 반박하고 싶어질 겁니다. 하지만 그것을 내려놓고 남편의 거울이 되는 겁니다. 거울이 뭔지 아시죠? 거울처럼 남편이 하는 말을 그대로 반복하면서 그저 반영만 해 주는 겁니다."

부부치료사는 이렇게 하면서 「이마고 부부대화법」을 소개한다. 부부는 사무실에 들어오는 순간부터 나가는 순간까지 「이마고 부부대화법」으로 대화를 계속하기 때문에 안전감을 경험할 수 있고 만약 그들을 대화 과정 속에 계속 있게 하려면 이 안전감을 직감적으로 느낄 수 있게 해야 한다.

이마고 치료사인 내가 그 과정 속에 함께 있기 때문에 부부는 상담실에서는 조절을 잘하는 편이다. 그러나 만약 「반영하기」를 잘하지 못하거나, 거부하거나, 조절력을 잃을 때, 그때 이마고 치료사는 바로 그 점을 바로잡아야 한다. 두려워하는 사람에게 이마고 치료사가 할 수 있는 가장 좋은 방법은 「반영하기」다.

부정적인 반응은 두려움으로부터 나타나기 때문에 이마고 치료사는 사람을 반응적이거나 방어적, 혹은 적대적이거나 저항적인 사람으로 보기보다는 두려워하는 사람으로 보아야 한다. 이마고 치료사는 그 사람의 공포에 맞서지 않는다. 단지 공감적인 「반영하기」를 지속하면서 그 사람이 하는 말을 인정해 준다. 예를 들어, "당신은 지금 남편의 거울 역할을 하기가 힘든 거군요." 라고 반영해 주면, 그 내담자는 "네, 나는 지금 너무나 화가 나요." 라고 말할 수 있다.

그때 치료사는 "네, 당신의 말을 이해할 수 있어요. 기분이 좋지 않을 때 거울 역할을 통해서 「반영하기」를 한다는 것은 매우 어려울 거예요."라고 말해 줄 수 있다. 치료사가 내담자로 하여금 과정 가운데 있도록 이끄는 것은 그들을 진정시키는 데 효과가 있다. 여기에서 목표는 개인치료를 제공하는 것이 아니라 부부가 서로 주고받을 수 있고 그 과정 안에 머무를 수 있도록 이끄는 것이다.

이마고 치료사는 부부가 이 과정을 시작할 수 있을 것이라고 가정해야 한다. "내 짐작으로는 당신이 여기에 온 이유는 당신이 우리의 결혼생활이 행복하지 않기 때문이야." 남편이 아내가 아닌 치료사인 나를 향해서 말을 할 때도 있지만, 나는 그것을 곧바로 다시 배우자에게 되돌려 준다. 아내는 「반영하기」를 하거나 그 말에 반응하거나 그냥 "네."라고 말하기도 한다. 그럴 때 이마고 치료사는 그 배우자에게 「반영하기」를 부탁한다. 그렇게 다시 한 번 경계선을 만들고 부부로 하여금 그 경계 안에 머물러 있도록 이끄는 것이다.

아내는 남편에게 "혹시 거기에 대해 더할 말이 있어요?"라고 물어야 한다. 그러자 남편이 "나는 당신이 내가 당신을 더 이상 사랑하지 않는다고 생각하고 있기 때문에 그래서 여기에 왔다고 생각해."라고 말한다. 아내는 "당신 말은 내가 당신이 나를 더 이상 사랑하지 않는다고 생각하고 있기 때문에 그래서 여기에 온 것이라고 생각한다는 것이지요?"라고 「반영하기」를 한다.

남편이 이제는 "더 이상 거기에 대해 할 말이 없어."라고 할 때까지 아내는 계속해서 물어야만 한다. 그 후 부부치료사는 아내에게 전체 내용의 「요약반영하기」를 해 줄 것을 요청하고 그녀는 남편이 한 말을 모두 하나로 엮는다. 그녀는 "당신 말은 내가 여기에 온 이유는 내가 우리의 결혼생활이 행복하지 못하고 당신이 나를 더 이상 사랑하지 않는다고 생각하기 때문이라는 말이지요?"라고 말하고 그녀가 제대로 다 요약해서 반영을 했는지 남편에게 확인을 부탁한다.

그러면 남편은 거기에 어떤 말을 더 추가할 수도 있고 아내가 자신이 말한 내용 모두를 잘 요약해서 말했다고 할 수도 있다.

나는 이것을 나에게 전화해서 상담을 요청했던 쪽이 아닌 전화를 하지 않았던 사람에게 먼저 묻는다. 왜냐하면 전화를 한 사람은 도움을 청하는 데 좀 더 동기가 부여되어 있을 것이고 요청하는 대로 좀 더 잘 따라 줄 것이라고 가정하기 때문이다. 그리고 전화를 하지 않았던 사람이 나의 사무실로 끌려온 것 같은 느낌을 갖지 않도록 하기 위해서다. 만약 남편이 아내가 자신의 말을 잘 반영하는 것을 경험하고 자신이 '내뱉은 생각'에 대해 반응적이 되지 않는 것을 경험하면 좀 더 **안전감**을 느낄 것이다. 이로 인해 이제 자신의 차례가 되면 아내에게 「반영하기」를 좀 더 잘할 수 있을 것이다.

나는 또한 상대방 배우자에게 어떤 일이 일어나고 있는지를 추측해 보도록 한다. 왜냐하면 상대방에 대해 잘 인지하게 되면 상대방에 대한 자신의 선입견에서 벗어날 수 있기 때문이다. 다른 사람의 삶에 어떤 일이 일어났는지를 생각하도록 요청받으면 자기 자신을 향한 초점이 좀 느슨해진다. 이 작업은 자기 자신밖에 생각하지 않는 그런 '힘겨루기' 속에 갇혀 있는 부부의 감정적인 공생을 깨는 출발이 된다.

남편이 아내의 말을 요약하고 나면 나는 아내에게 남편이 요약한 내용의 정확성에 대해 1~10점 척도로 측정을 해 보도록 요청한다. 10점은 완벽하게 정확한 것을 의미한다. 그녀는 "내가 여기에 온 정확한 이유를 당신은 알고 있어요."라고 말하거나 "당신은 전혀 알지 못해요."라고 말할 수 있다. 아내가 남편에게 6점을 주면 나는 "당신이 60퍼센트는 맞추었군요. 당신이 알지 못하는 다른 이유가 더 있겠네요."라고 말한다.

그리고 나서 나는 아내에게 남편이 10점을 받으려면 어떤 정보가 더 있어야 하는지 남편에게 전달해 줄 것을 요청한다. 아내는 남편의 음주로 인해 도움이 필요하다고 말하고 남편은 이 추가적인 말에 「반영하기」를 계속하면서 더 이상 아내의 추가적인 말이 없을 때까지 반영했던 전체 내용을 요약하게 된다.

그들은 서로에게 「반영하기」를 하면서 서로에게 보낸 메시지를 충분히 들으면서 '오래된 뇌'의 반응을 잠잠하게 한다. 만약 소리를 지르거나 반박하려는 '오래된 뇌'를 잠잠하게 하지 못한다면, 아마도 그들은 서로의 메시지를 분명하게 듣지 못할 것이고 그로 인해 왜곡된 메시지에 반응만 하게 될 것이다. 그리고 이 같은 반응은 또 다른 반응을 이끌어 내고 그들은 안전함을 느낄 수 없게 된다.

「반영하기」는 본질적으로 '오래된 뇌'를 잠잠하게 하는 연습이다. 우리의 뇌는 동시에 주고받게끔 되어 있지 않다. '반응적인 뇌(reactive brain)'를 잠잠하게 하려면 안전감을 증가시켜야만 하고, 더 정확히 듣기 위해서는 감각을 열어 놓아야 한다. 그들이 어떤 말을 듣는지 간에, 거기에 대해 동의하는지 아닌지는 사실 그다지 중요하지 않다. 다만 우리가 원하는 것은 그들이 '듣는다' 는 것이다.

아내가 왜 도움을 필요로 하는지에 대해 남편이 10점을 얻었다면 순서를 바꿔서 이제는 아내에게 "이제 왜 당신이 여기에 왔는지에 대해서는 분명히 알게 되었습니다. 그렇다면 이번에는 아내께서 남편에 대해 생각해 보면서 왜 남편이 여기에 왔는지를 최선을 다해

추측해 보세요. 어째서 남편이 여기에 오게 되었을까요?"라고 묻는다. 그러고 나서 나는 남편에게 아내가 맞든지 틀리든지 간에 그것에 대해서는 걱정하지 말고, 단지「반영하기」만을 계속해 주도록 요청한다. 이 대화 과정은 부부치료사의 어떤 해석이나 평가와 같은 방해 없이 계속해서 흘러갈 수 있도록 해야 한다.

　아내는 남편에게 "당신이 여기에 온 이유는 내가 오라고 부탁했기 때문이라고 생각해요."라고 말한다. 남편은「반영하기」를 하면서 거기에 대해서 더 할 말이 있는지를 물었고 아내는 그 이유밖에 없는 것 같다고 말한다. 더 할 말이 없다는 것이 확인되면 남편은「반영하기」를 요약하게 된다. 남편 또한 이곳에 온 이유에 대한 아내의 추측에 1～10점 척도 중 10점을 줄 수 있다. 여기에서 남편이 상담을 받으러 온 이유를 아내가 알아맞히는가의 여부는 그리 중요하지 않다. 중요한 것은「반영하기」를 얼마나 정확하게 했는가다.

　전형적인 이마고 부부치료 상담은 한 회기가 90분 정도로 진행된다. 첫 번째 상담은 보통 지금까지 내가 설명한 대로 이루어진다.

　이마고 부부치료를 시작할 때 이마고 치료사가 해야 할 유일한 일이 바로 이 대화 과정을 촉진하는 것이라는 점을 나는 깨달았다. 그것은 마치 카누의 뒤에 앉아 있는 전문가의 역할과도 같다. 전문가는 카누의 뒤에 서서 파도의 흐름에 따라 노의 방향을 약간씩 바꾸지만 아마추어는 배를 조종하는 데 금방 지쳐 버린다.

　이마고 부부관계치료사는 전문가가 되어 물살의 흐름과 같은 대화 과정을 안내하는 사람이 되어야 한다. 그렇게 하면 부부로 하여금 지치지 않게 할 수 있다. 부부 사이에 지금까지 어떤 일이 일어났고, 그들이 무슨 일을 어떻게 했는지를 명확하게 아는 것은 마치 한 카누에서 또 다른 카누로 옮겨 타는 것과도 같다. 하루 일과를 마치고 집에 돌아오는 것은 마치 그 물살을 타고 있는 듯한 기분이다. 행동을 교정하거나, 계약을 확고히 하거나, 진단을 내리는 것이 아니라 과정 가운데 머물면서 동시에 무의식을 대하는 것은 마치 정신적으로 물살을 거슬러 수영하는 것과 같다.

이마고 부부관계치료는 이마고 치료사가 부부와 어떤 작업을 하는 것이라기보다는 어떤 '존재의 방식(a way of being)'이 되는 것이라고 할 수 있다. 이마고 치료사인 당신 자신이 진실한 **대화적 존재**(dialogical being)가 되어 갈 때, 당신 삶의 모든 면이 더 조화로운 상태에 있다는 것을 느끼게 될 것이다. 그리고 이마고 치료사로서 상담실에서 당신이 내담자 부부를 만나는 일은 당신의 집에서 당신이 자녀를 만나는 것과도 결코 무관하지 않다는 사실 또한 알게 될 것이다. 나는 일하듯이 아이를 대하지 않으며, 일하듯이 부부를 만나지도 않는다.

훈련 중인 예비 이마고 치료사에게 이마고 치료사인 내가 부부상담을 하는 동안 하는 일이란 도움을 청한 부부에게 그저 조용히 반영을 하는 것뿐이라고 설득하기란 그리 쉽지가 않다. 사실 나는 나 자신을 잠잠하게 하고 모든 판단의 틀에서 나를 비우고 부부들에게 내가 요청하는 그것을 나 자신 스스로 정확하게 실행한다. 이것은 진단적으로 생각하거나 감정전이와 같은 문제를 중심으로 훈련을 받은 사람들에게는 결코 쉬운 일이 아니다. 자신을 비우고 나타나는 현상 그대로를 표현하는 일은 다른 상담기법에 의해 훈련되고 숙련된 대부분의 치료사들에게 있어 매우 도전적인 일이다.

이마고 부부관계치료사가 자신의 삶에서 스스로 「반영하기」를 직접 연습해 보는 것은 매우 효과적이며 긍정적이다. 부부와 함께 일을 한다기보다는 그들의 존재 그대로를 바라보려고 애쓰는 이마고 치료사는 스스로의 삶 속에서 또한 이것을 직접 실행하는 도전을 시도할 수 있다. 그리고 그러한 노력은 도움을 청하는 부부와 더 효과적으로 일을 할 수 있게 하는 바탕이 될 것이다.

부부상담을 하면서 반응적인 모습을 잠재우게 되면 부부와 더욱 연결되는 듯한 느낌을 갖곤 한다. 내가 강가에 있고, 그 물살에 나를 맡기는 것과 같은 그런 느낌은 내담자 부부를 더욱 효과적으로 도울 수 있도록 이끌어 준다. 이 말은 그날그날 내가 어떤 종류의 사람을 만날 것인지를 미리 예견하지 않는다는 것을 의미한다. 내가 연결되어 있는 한, 그들은 단지 에너지의 **접촉점**인 것이다. 한 사람이 다른 사람보다 좀 더 강화되어 있다 하더라도 그 **접촉점**이 안전한 위치에 있는 한, 에너지는 시간이 지나면 또 다른 방법으로 움직이게 된다는 사실을 나는 알고 있다.

 2. 첫 상담의 목표: 안전감 형성하기

첫 번째 부부상담을 통해서 부부가 성취해야 할 목표는 안전감을 경험하는 것이다. 부부가 상담실에 와서 싸우는 것은 그리 좋지 않다. 부부는 나의 상담실에서 말다툼을 하지 않는다. 그들은 상처를 받기 위해 상담사를 찾아오는 것이 아니라 치유를 위해 오는 것이며, 치유는 안전한 환경에서만 일어난다.

먼저 그들은 「반영하기」를 통해서 왜 상담실에 오게 됐는지 서로의 생각을 교환한다. 나는 그들에게 강을 따라 조금 더 내려가 보자고 요청을 하는데, 이것은 매우 적절한 은유다. 나는 그들에게 물살을 따라 카누를 타 본 적이 있는지를 묻는다.

만약 그들이 타 보았다고 대답하면 나는 그들에게 해변에서 카누를 띄웠던 기억을 잠시 떠올려 보라고 요청한다. 그리고 더 기억할 수 있다면 처음으로 물살에 흔들려 노를 저었던 당시를 떠올려 볼 것을 요청한다. 만약 노를 젓지 않는다면 죽을지도 모른다. 흔들리는 물살 속에 떠 있기 위해서는 노를 저어야만 하고 길잡이가 필요하다.

부부가 첫 상담에 들어가 「이마고 부부대화법」을 소개받는 것은 마치 카누를 물가에 띄우는 것과도 같다. 그 과정 속에서 흔들리는 물살 때문에 카누가 뒤집어질 수도 있다. 당신도 모르게 당신은 거기에 반응하게 되거나 노를 놓아 버릴 수도 있는데 그렇게 되면 죽을 수도 있다. 아니면 그 여행이 엉망이 되어 버리거나 적어도 당신의 온 몸을 완전히 물에 젖게 만들 것이다.

물살의 흔들림 속에 있을 때 당신이 해야 할 일은 계속해서 노를 젓는 것이다. 여기에서 노 젓기는 「반영하기」를 의미한다. 만약 그 물살 속에서 당신이 노 젓기에 성공하기만 하면, 그 물살 위로 카누를 탈 수 있게 된다. 그리고 당신은 해변으로 돌아와 다시 당신의 일터로 돌아갈 수 있고 안전하게 다시 땅 위를 걸을 수 있음을 경험하게 될 것이다.

만약 그들이 서로 함께 '안전감'을 경험한다면 다시 카누로 돌아가 강 아래 더 먼 곳으로 여행을 떠날 수도 있다. 나는 그들의 마음속에 그런 안전한 이미지를 계속 간직하도록 격려한다.

시간이 허락한다면 그들이 상담을 하러 온 이유를 안전하게 나누고 여행을 좀 더 계속할 것을 권유한다. 다음으로 떠나야 할 여행 장소는 그들의 에너지가 어느 곳으로 표현되는지에 달려 있다. 예를 들어, 아내는 남편과 어느 것 하나 함께 대화를 할 수 없기 때문에 상담을 하러 왔다고 말할 수 있다. 이 말은 「반영하기」를 통해 되돌아오고 1~10점 척도로 확인된다.

이마고 치료사는 에너지의 신호를 매우 주의 깊게 들어야 한다. 만약 에너지가 이 말에 있다면 그 에너지를 취한 후 이렇게 말한다. "강을 따라 좀 더 내려가 보도록 합시다. 메리, 만약 내가 당신의 말을 잘 들었다면 당신이 여기에 온 이유는 어떤 것에 대해서도 남편과 대화를 할 수 없다고 느꼈기 때문이에요. 존, 당신이 메리에게 '왜 당신이 어느 것도 나와 말할 수가 없는 것인지 그 이유를 알고 싶어요?'라고 말해 주지 않겠어요?"

이마고 치료사는 남편에게 아내의 말을 반영해 줄 것을 요청한다. "나는 당신에게 어떤 것도 말할 수가 없어요. 왜냐하면 당신은 방어적이고 내 말을 잘 듣지 않기 때문이에요." 남편은 이 말을 반영하면서 더 할 말이 있는지를 묻는다. 아내가 "당신은 화만 내기 때문에 나는 어떤 것도 당신에게 얘기할 수가 없고, 당신 곁에 있는 것이 하나도 안전하지가 않아요."라고 말하면 남편은 다시 한 번 이 말을 반영한다.

이제 이마고 치료사는 「이마고 부부대화법」의 두 번째 단계인 「인정하기」로 부부를 안내한다.

남편은 반영한 것을 요약하고 아내는 그것이 모두 맞다고 대답한다. 그리고 나서 이마고 치료사는 남편에게 이렇게 말한다. "당신이 아내에게 아내를 이해하고 있다고 진실한 마음으로 말할 수 있겠습니까? 우리는 그것을 「인정하기」라고 부릅니다. 아내가 말한 것이 당신의 마음에 들지 않을 수도 있겠지만 우선 아내가 왜 그렇게 말하는지를 당신이 아는 것이 중요합니다. 아내가 사실이 아닌 것을 듣거나 보는 그런 정신 나간 사람이 아닌 다음에야 도대체 왜 그렇게 얘기하는지를 알 수 있어야 하지 않겠습니까? 아내의 말에 당신은 화가 날 수도 있습니다. 그리고 방어적이 될 수도 있어요. 하지만 당신이 혹시 이해할 수 있다면 이해가 된다고 확인해 주고 아내에게 왜 이해가 되는지를 말씀해 주시기 바랍니다."

그러면 남편은 이렇게 말하며 아내의 말을 확인한다. "나는 당신의 말이 이해가 돼. 왜냐하면…." 그리고 그는 왜 아내가 한 말이 이해가 되는지를 설명함으로써 자신의 말을 마친다. 그러나 만약 남편이 아내의 말에 「인정하기」를 하지 못한다면, 이마고 치료사는 아내에게 그녀의 말을 남편이 이해할 수 있도록 더 많은 정보를 주도록 요청한다.

이마고 치료사가 아내에게 좀 더 설명해 줄 것을 요청하면 아내는 이렇게 말할 수도 있다. "예를 들면, 어젯밤 내가 집에 왔을 때 난 당신과 함께 자녀 문제에 대해서 대화를 하고 싶었어요. 하지만 당신이 화만 내고 너무 흥분하는 바람에 우리는 더 이상 얘기를 할 수가 없었어요." 남편은 이 말에 「반영하기」를 한다. 그리고 이마고 치료사는 남편에게 "이제 알 수 있겠습니까? 아내의 말이 이해가 되세요?"라고 물으면서 「인정하기」를 돕게 된다. 결국 이마고 치료사의 도움으로 남편은 "이제 당신 말이 이해가 돼. 어젯밤에 우리는 집에서 말다툼을 했어. 내가 좀 방어적이었던 것 같아. 당신의 말이 이해가 돼. 당신이 정신 나간 것이 아니었어."라고 말할 수 있게 된다.

나는 만약 반응하고자 하는 것을 충분히 조절할 수 있게만 된다면, 듣는 말을 이해할 수 있을 것이라고 확신한다. 바로 그 시점에서 상대방을 확인할 수 있게 되고 긴장이 풀리며 변화가 일어나는 것이다.

「인정하기」를 하면서 이마고 치료사는 곧바로 「이마고 부부대화법」의 세 번째 단계인 「공감하기」로 나아가야 한다. 「공감하기」는 잠시 동안 아내의 입장으로 남편을 초대하여 아내가 느끼는 것을 남편도 함께 느껴 보도록 하는 것이다. 물론 서로 역할을 바꾸어 부부모두가 서로의 입장을 공감할 수 있어야 한다. 아내의 기분을 묻는 것이 아니라 아내의 기분을 직접 느껴 보는 것이 중요하다. 이러한 방법으로 아내의 감정을 이해하도록 노력하는 것은 남편으로 하여금 공감적이 될 수 있게 이끈다. 그리고 이 과정은 아내 또한 그녀가 설명한 것에 대하여 자신과 비슷한 감정을 남편 역시 가지고 있다는 느낌을 주게 된다.

예를 들면, 남편은 "당신이 나와 대화할 수 없다고 느꼈을 때 당신이 분명히 외로웠을 거라고 생각해."라고 말할 수 있다. 아내가 어떻게 느끼는가는 아내의 권한이지만 남편의 이런 설명 또한 매우 중요하다.

아내는 남편의 말이 맞는지 말해 주어야 한다. "맞아요, 아주 외로웠어요."라고 말하거나 또는 어떤 다른 감정을 가졌다고 할 수 있다. 만약 그렇다면 남편이 아내의 모든 감정을 확인할 때까지 「반영하기」를 계속한다.

이 과정이 다 끝난 후에 이마고 치료사는 이제 서로 역할을 바꾸어 아내가 남편을 위해 「반영하기」를 하도록 이끈다. 남편은 그의 감정이나 생각을 넣어 "당신의 말을 들으면서 나는 … 것이 느껴졌어."라고 문장을 완성하게 된다.

남편의 감정이 다 나타날 때까지 이 작업을 하게 되고 아내는 그것을 확인한다. 그리고 이제 남편의 감정이 어떠했을지를 아내가 생각해 보고 공감을 표현한다. 부부는 이러한 과정을 계속 반복하면서 서로 대화 과정을 경험하게 된다.

이마고 부부관계치료사는 부부의 안전을 유지하는 것이 자신의 임무임을 기억하면서 항상 부부 사이의 에너지의 흐름이 규칙적인지를 살피고, 또한 그 흐름이 안전한지 혹은 위험한지에 대해 민감해야만 한다. 대부분의 부부는 지금 설명한 것과 같은 방법으로 말하지 않는다. 서로의 주위에서 말하고, 서로를 향해 말하고, 서로를 통해서 말하지만 서로에게 말하지는 않는다. 하지만 「이마고 부부대화법」은 안전하고 연결된 방법을 통해서 서로에게 직접 말하도록 돕는다.

상담회기의 마무리 단계에 오면 이마고 치료사는 대화를 종료하도록 이끌고 그들에게 이러한 방법으로 대화하는 것이 어떠했는지를 묻는다. 그들은 일반적으로 안전하고 편안함을 느꼈다고 대답한다.

만약 이마고 치료사가 경계를 유지하지 않고 과정 안에서 또는 과정을 통해서 부부를 안내하지 않는다면 부부대화는 깨져 버린다. 만약 한 사람이 상대방의 말에 화가 나고 두려움을 느껴 반응적이 되어 버린다면—즉, 카누의 노를 놓쳐 버린다면—이 부부대화는 깨질 수밖에 없게 된다. 만약 이마고 치료사가 카누의 뒤에 있는 사람이라면 배가 다시 항로에 들어설 수 있도록 약간의 조종을 해야만 한다. 이마고 치료사는 화가 난 배우자에게 이렇게 말한다. "이야기를 듣는 것이 정말 힘들었군요. 아내가 그렇게 말한 것을 믿기가 힘들었을 거예요.”

이마고 부부관계치료사는 부부가 대화의 과정 속으로 다시 돌아올 수 있도록 더 많은 기회를 주고 그들이 서로에게 해야 할 일을 잘할 수 있도록 본보기가 되어 주어야 한다. 요컨대 노를 다시 집어 들고 노 젓기를 시작해 배를 다시 일으키는 것이다. 이마고 치료사로서 당신이 해야 할 일은 부부로 하여금 이 대화의 과정 속에 계속 머무를 수 있도록 하는 것이다.

첫 상담에서 이마고 치료사는 어떤 문제나 염려를 다시 언급할 수도 있다. “이제 우리가 왜 여기에 왔는지를 조금 느낄 수 있었을 겁니다. 그럼 이제 강을 따라 더 내려가 보지 않겠습니까? 남편께서 아내를 향해 이렇게 말해 보세요. ‘이왕 여기에 왔으니 나는 당신이 나와 함께 사는 것이 정말로 어떤지를 알고 싶어요.’”

보통 그들은 웃거나 “그 얘기는 별로 하고 싶지 않습니다.”라는 대답을 한다. 하지만 이마고 치료사는 “나는 그저 남편께서 아내의 거울이 되어 주길 원하는 거예요. 노를 젓듯이 말입니다.” 그러면 남편은 “나와 사는 것이 어때?”라고 물을 것이다.

“당신과 사는 건 꼭 청룡열차를 탄 것 같아요. 기분이 좋았다 나빴다 도대체 예측할 수가 없어요.”라는 아내의 말에 남편은 반영하고 또 다른 할 말이 없는지를 묻는다. 아내는 “글쎄요, 당신이 기분이 좋을 때 우리는 너무 재미있고 통하는 것도 많다고 느껴져요. 그때는 당신과 같이 있는 것이 즐거워요.” 이 말도 「반영하기」를 통해 되돌아오게 되는데, 긍정적인 반영 또한 매우 중요하다.

그리고 그녀는 남편이 기분이 나쁠 때의 경험을 이렇게 말한다.

"그러나 당신은 내 말은 듣지도 않고 항상 내가 어떻게 살아야 하는지 가르치려고만 해요." 이것 역시 「반영하기」를 통해 되돌아온다.

이렇게 주고받는 것은 남편이 「인정하기」를 할 수 있을 때까지 계속된다. 그는 "당신 말이 이해가 돼. 당신 말처럼 우리가 서로 통하는 것도 많고 즐거울 때도 있지만 내가 관심을 가져 주지 않았다는 것을 알겠어."라고 말한다.

만약 남편이 아내가 말하는 핵심을 보지 못하면, 그녀의 말을 확인할 수 있을 때까지 더 많은 정보를 요청할 수 있도록 한다. 「인정하기」가 끝나면 남편은 이렇게 말하며 「공감하기」를 한다. "내가 당신의 말을 잘 들어주지 않았을 때 당신이 거절감을 느끼고 외로웠을 거라고 생각해. 이것이 당신이 느꼈던 감정이 맞소?" 아내는 그렇다고 대답한다.

부부가 공감을 통해서 서로에게 다가가면 일반적으로 얼굴이 부드러워지고 눈물을 흘리기도 한다. 그렇게 부부는 대화의 과정 안에 머무르면서 안전감을 형성하고 이마고 치료사는 부부로 하여금 그들이 어린 시절의 상처를 통해 깨졌던 공감적 유대감을 되찾을 수 있는 기회를 갖게 한다.

상담회기를 마치면서 나는 우리가 이야기했던 내용은 내려놓고 단지 이 대화의 과정을 통해서 서로에게 이야기를 해 본 것이 어떠했는지를 묻는다. 아내는 "기분이 좋았어요. 당신은 정말 내 얘기를 잘 들어주었어요. 당신이 내 말을 자르지도 않고 모든 생각을 다 들어주는 것이 내겐 정말 좋았어요."라고 말하고 남편은 그것을 반영해 준다.

이마고 치료사는 남편에게도 이와 똑같이 묻고 남편은 "아내가 내 말을 잘못 이해했을 때 그것을 바로 이해하려고 노력하는 모습이 정말 좋았어요. 그리고 내 생각을 완전히 전달할 수 있어서 좋았습니다."라고 말을 할 것이고, 아내 또한 그것을 남편에게 반영해 준다.

이것은 「반영하기」가 어떠했는지를 알 수 있게 해 준다. 만약 이마고 치료사가 마무리를 잘했다면 부부는 **안전한 경험**을 했다고 말할 것이다. 부부는 자신들의 모든 문제를 다 이야기한 것은 아니지만 안전감을 느꼈을 것이고 이러한 경험을 계속하기 위해 다시 돌아올 가능성을 가지게 된다.

나는 이 부부가 그렇게 할 수 있을 것이라고 확신한다. 나는 이 부부가 정말 잘 지낼 수 있을지를 알기 원한다. 그래서 나는 그들과 같이 나의 경험을 잠시 나눈다. "나는 두 분과 함께 있으면서 안전감과 연결감을 느꼈습니다. 바로 두 분 자신이 이러한 감정과 유대감을 만든 것이라고 확신합니다."

그러고 나서 나는 그들에게 과제를 준다. "두 분께 과제를 드리겠습니다. 오늘부터 다음 주까지 적어도 한 번 이상 「반영하기」를 꼭 하시기 바랍니다. 남편께서도 아내에게 당신이 말하고 싶은 것을 말씀하세요. 하지만 아내가 「반영하기」를 마칠 때까지 기다려야 합니다."

아내가 그렇게 하겠다고 하자, 남편은 "나는 우리 가족 재정 상태에 대해 말하고 싶어."라고 말한다. 나는 아내에게 말하기를 "당신은 그냥 「반영하기」만 하세요. 말을 고치거나 해결하려고 하지 마세요. 그냥 그것을 듣고, 「반영하기」를 하고, 충분히 들을 때까지 반응하는 것을 잠재우셔야 합니다."라고 말하면서, 나는 그들이 대화기술을 익혀 가는 동안은 가볍게 이야기할 수 있는 주제를 선택하도록 추천한다. 그러고는 과제를 이해했는지 그리고 상대방의 「반영하기」가 얼마나 정확했는지를 서로에게 확인하도록 요청한다.

이 상담회기의 마지막에 나는 항상 그들을 부부로서만 상담한다는 것을 확인시키고 세 사람이 함께 모일 수 있도록 다음 계획을 잡는다. 부부대화의 과정 속에 머무르면서 그들은 안전함을 느끼고 서로에게 공감적이 되고 성장의 가능성과 오랜 상처를 치유로 이끄는 연결감을 되찾게 된다. 다음 장에서 우리는 어떻게 하면 치유가 일어나야 하는 그 깊은 곳까지 내려갈 수 있는지에 대해 이야기할 것이다.

07 FOSTERING HEALING
치유하기

1. 대화를 통해 탈출구 닫기

「이마고 부부대화법」은 탈출구를 닫는 것에도 도움이 된다. 이 작업이 부부에게 그리 쉬운 일은 아니지만 그러나 매우 중요한 과정이다. 간단하게 그저 탈출구를 닫는 것이 아니라 탈출구를 닫기 위해서 현재 존재하고 있는 부정적인 에너지에 대한 대화의 과정을 거쳐야만 한다. 탈출구를 먼저 확인한 후에 그것에 대해 안전하게 말할수 있는 대화의 과정으로 들어가는 것이 중요하다.

탈출구를 찾는 한 부부가 있었다. 어느 날 아내는 자신이 어떤 탈출구를 가지고 있는 것 같으냐고 남편에게 물었다. 남편은 아내에게 아내의 탈출구는 자기 전에 텔레비전을 보는 것이라고 말하며 아내가 잠들기 직전까지 텔레비전을 보고 있음을 상기시켰다.

아내는 반응하고자 하는 자신의 모습을 잠재우며 반영해 주었다. "그러니까 당신은 내가 특히 잠자기 전에 텔레비전을 보는 것을 탈출구로 사용했다고 생각하는군요. 당신이 말한 게 이게 맞나요?" 그러자 남편은 "음, 맞아요. 나는 당신이 침대에서 그냥 잠드는 것을 보고 그것이 나를 회피하는 방법이라고 생각했어요."라고 말했다. 아내는 그 말에 「반영하기」와 「인정하기」를 했다. "이해가 돼요. 내가 침대에서 잠들 때까지 텔레비전을 보는 것이 당신에게는 당신을 피하려는 방법으로 보였다는 것이 이해가 돼요." 그리고 그녀는 "당신에게 상처를 주었을 것 같아요. 무시당하는 느낌을 받았을 거라고 생각돼요."라고 공감을 표현했다. 그러자 그는 "맞아요, 약간 상처가 되었어요."라고 말했다.

그녀는 "내가 그렇게 행동했고 그것을 아마도 탈출구로 여긴 것 같아요. 왜냐하면 만약 내가 텔레비전을 끄면 당신이 내가 성관계를 원하는 것이라고 생각할 것만 같았어요."라고 말했고, 남편은 이 말에 반응하기 전에 「반영하기」를 했다. "텔레비전을 끄면 당신이 성관계를 원하는 것이라고 내가 생각할 것 같아서 당신이 텔레비전을 계속 켜 놓았다는 말이군요."

그녀는 "그렇다고 오해하지는 말아요. 나도 성관계를 즐겨요. 하지만 때로는 그냥 안고만 있는 것도 좋거든요. 하지만 내가 텔레비전을 끄면 우리가 무언가를 해야 한다는 사인을 당신에게 보내는 것처럼 느껴졌어요."라고 말하자, 남편은 "당신 말은 당신이 성관계를 싫어하는 것은 아니지만 때때로 그냥 껴안고만 있고 싶다는 것이군요."라고 반영해 주었다.

그리고 남편은 아내의 말을 인정한다. "당신이 그렇게 생각할 수도 있었겠다고 느껴요. TV가 켜 있지 않을 때 침대에 함께 누워 있으면 성관계를 하게 되기도 했었지요. 때때로 그냥 안겨 있고만 싶었다는 것이 이해가 돼요. 그리고 당신이 약간 실망했을지도 모른다는 생각이 드네요." "약간요. 왜냐하면 나는 그냥 조용히 당신의 품에서 잠들고 싶었거든요."

이 부부를 통해서 우리는 **탈출구로 향하는 에너지를 붙잡아 안전한 곳으로 이끄는** 모습을 볼 수 있다. 결과적으로 이들은 더욱 연결된 느낌과 친밀감을 갖게 되는 것이다.

비극적인 탈출구에서 다시 되돌아가 갑자기 함께 살아 보기로 결정했다는 한 부부를 떠올려 보자. 그들이 다시 함께 사는 것이 정말 끔찍하다고 말하는 것을 보면 그저 탈출구를 닫는다는 것만으로는 충분하지 않다는 것을 알 수 있다. 에너지는 과정 가운데 머물러 있어야만 한다. 아내가 남편에 대해 폭언을 쏟아놓은 후 나는 남편에게 「반영하기」를 할 의향이 있는지를 물었고 그는 그러겠다고 했다. 그러고는 "그래서 당신 말은 집에 오는 것이 싫었다는 거지. 왜냐하면 내가 하는 일이라고는 그저 소파에 누워 있는 것뿐이고 내가 그럴 때마다 당신은 나와 함께 있는 것이 아니고 당신 혼자 있는 것 같았으니까 말이야."

그녀는 그렇다고 대답했다. 남편은 "거기에 대해 더 말해 줘요!"라고 초청했다. 부인은 "난 나에게 아무런 관심도 주지 않는 사람이 있는 집으로 돌아가는 게 너무 싫어요."라고 말했고, 남편은 이 말에 「반영하기」를 했다.

그리고 나서 나는 남편에게 그 말을 인정해 줄 수 있겠느냐고 물었다. 그는 "그 말이 이해가 돼요. 당신에게는 관심조차 주지 않고 소파에만 누워 있는 그런 사람이 있는 집으로는 돌아오고 싶지 않았 겠죠. 이해가 돼요."라고 말했다.

나는 그에게 이 말에 대해 「공감하기」를 할 수 있겠느냐고 물었 다. 그는 "매우 외로웠을 거라는 생각이 들어요."라고 말했고 그녀 는 "그래요."라고 대답했다. 나는 이제 그들에게 서로 역할을 바꾸 도록 요청했다.

그러자 남편이 이렇게 말했다. "나도 유쾌하지는 않았어. 집에 오 자마자 당신을 괴롭힌다는 말을 들어야 했으니 나 역시 집에 돌아오 기가 싫었지. 당신에게 비판당하고 불평을 듣는 데 정말 진력이 났 다고." 그녀의 '오래된 뇌'는 이 말에 반응적이고자 했지만 자신을 조절하여 남편이 말한 것에 그저 「반영하기」를 했고 거기에 대해 더 말할 것이 있는지 물었다. 남편은 "이 상태로 사는 걸 난 더 이상 견 딜 수가 없어. 그래서 내가 집을 떠났어. 너무 싫어." 아내는 이 말에 「반영하기」를 했고 거기에 대해 더 할 말이 있는지 물었다. "내가 자 라 온 집과 똑같아. 나는 우리 부모가 싸웠던 그런 결혼생활만은 결 코 하지 않겠노라고 맹세했었어." 남편이 이렇게 말하면서 울기 시 작했다.

그의 눈물로 인해 아내는 목소리를 낮추며 부드러워졌고 더욱 공 감적이 되면서 「반영하기」를 했다. 이 두 사람은 서로를 헤어지게 만 들었던 그 부정적인 에너지를 붙잡아 안전함과 연결감을 느낄 수 있 는 과정 안으로 쏟아 냈다. 나는 몇 달간 치유가 일어나는 좀 더 깊은 과정으로 들어가는 그들을 지켜볼 수 있었다. 탈출구를 닫는 것은 과정이며 모든 치료 역시 과정이다.

2. 과정 속으로 깊이 들어가기

이마고 부부관계치료에 있어서 「이마고 부부대화법」은 펼쳐진 우산과도 같다. 이 우산 밑에는 더 깊은 의사소통과 공감, 부부 사이의 안전감, 그리고 치료와 성장을 위해 고안된 다섯 가지 과정이 있다. 이 과정은 (1) 새로운 이미지 형성하기(re-imaging), (2) 새로운 구조 형성하기(re-structuring), (3) 다시 해결하기(re-solving), (4) 낭만 회복하기(re-romanticizing), (5) 새로운 비전 갖기(re-visioning)다. 이 과정의 각 단계는 부부간의 이해와 공감적 연결감을 더 심화시킬 수 있게끔 고안되었다. **공감적 연결감**이 깊어지면 치유와 유대감이 일어나기 시작한다.

이 과정과 절차를 통해 이마고 부부관계치료사는 대화 기술을 활용하여 치유와 성장을 촉진한다. 부부가 서로의 배우자에 대해 새로운 이미지를 형성하게 되고, 서로에게 느끼는 좌절감을 재구성하며, 서로에 대한 분노를 해결하고, 낭만을 회복하며, 서로의 관계에 대해 새로운 비전을 가지게 되면 치유와 성장이 가능해진다. 이마고 치료사는 부부를 이러한 과정과 절차로 이끌면서 치유의 기회와 통로를 찾는다.

배우자에 대해 상처받은 사람으로서의 새로운 이미지 형성하기

앞 장에서 언급한 대로 우리가 스스로 만든 배우자의 이미지를 지니고 있는 한 우리는 보통 그것에 반응하려고만 한다. 그래서 만약 우리가 배우자를 매달리거나 요구하는 사람으로 경험하게 된다면 가능한 한 우리는 그 사람을 밀어내고 피하려 들 것이다.

그러나 만약 내가 배우자에 대해 새로운 정보와 다른 이미지를 가질 수 있다면 아마 조금은 다른 방법으로 그에게 반응할 수 있을 것이다. 예를 들어, 만약 내게 나의 배우자가 '버림받고 무시당한 상처로 인해 고통받고 있는 작은 아이'로 보인다면, 그 작은 아이에게 공감을 표현하고 있는 자신을 발견하게 될 것이다. 그리고 내가 어떻게 그가 과거에 상처받았던 것과 비슷한 방법으로 그 작은 아이에게 상처를 주어 왔는지를 훨씬 더 민감하게 그리고 의식적으로 바라볼 수 있을 것이다.

서로에게 새로운 이미지를 형성하도록 부부를 돕는 방법으로서 우리는 **부모-자녀 대화법**(Parent-Child dialogue)이라고 알려진 더욱 정교한 형태의 대화법을 사용한다. 이 대화법은 부부로 하여금 다른 눈, 그러니까 '부드러운 눈'으로 부부로 하여금 상대방 배우자를 바라볼 수 있도록 돕는다.

부모-자녀 대화법   부부 중 한 사람이 어떤 아픔을 표현하게 되면 부부는 이 깊은 단계의 대화로 전환된다. 메시지를 받는 자가 보내는 자의 어떤 상처에 대해서 공감이 형성되면, 이마고 치료사는 안내자로서 보내는 사람에게 다음과 같은 문장을 완성하도록 요청한다. "당신이 남편과의 관계에서 그러한 아픔을 느낄 때, 그것은 당신의 … 을 기억나게 해요."

문을 여는 것은 이마고 치료사가 한다 하더라도 보내는 사람의 표현은 반드시 받는 사람에게 직접 전달되어야만 한다. 이것은 부부 사이에 에너지가 계속 흐르게 만들고, 더욱 강한 연결감으로 그들을 움직이게 한다.

만약 이마고 치료사가 대화를 바르게 인도하고 그래서 부부 사이에 공감이 형성되면 보내는 사람이 표현하는 고통은 일찍이 어린 시절에 깊은 뿌리를 두고 형성된 것임을 알 수 있다. 예를 들어, 메시지를 보내는 사람은 받는 사람에게 "당신의 나에 대한 이러한 행동은 내가 어렸을 때 어떠했는지를 기억나게 해요." 또는 "내가 어렸을 때 느꼈던 외로움을 느끼게 만들어요." 또는 "당신의 그런 행동은 내가 성장하면서 누구도 절대로 신뢰할 수 없었던 불신감을 불러일으켜요."라고 말하게 된다.

앞서 말했듯이 이마고 치료사가 어떤 해석이나 분석, 판단을 하지 않는 한, 부부 사이에서 「반영하기」 과정은 계속 지속되고 안전감이 더욱 증가된다.

이 전환이 형성되고 보내는 사람이 어린시절의 상처를 드러내게 되면, 이마고 치료사는 그 기회를 잡아 부부를 「부모-자녀 대화법」으로 이끈다. 이 대화에서 부부는 마치 자신들이 부모와 자녀인 것처럼 그 역할을 맡게 된다.

이마고 치료사가 받는 사람에게 말하기를 "자, 이제부터 당신은 존이라는 사람이 아니라 메리의 아버지(혹은 어머니나 자신의 상처의 원인이 되었던 누군가)의 역할을 하도록 부탁하겠습니다." 이마고 치료사는 몇 분 동안 메시지를 받는 사람이 그 역할을 잘할 수 있도록 준비하는 것을 돕는다.

또한 보내는 사람에게 '성인 메리'를 잠시 떠나도록 요청하고 그녀가 돌아갈 수 있는 가장 어린 시절로 되돌아가도록 부탁한다. 그녀 역시 잠시 동안 그 시절로 되돌아가는 시간이 필요할 수 있다.

　　이제 부모 역할을 하는 배우자는 '아이'에게 이렇게 말하게 된다.
"나는 네 아빠야. 넌 나와 사는 게 어떠니?"

　　보내는 사람은 가상 부모에게 직접적으로 말하도록 한다. 치료사
는 그녀가 부모를 '그는' 또는 '나의 아버지는'이라고 지칭하기보다
는 '아빠는'의 단어를 사용하도록 요청한다. 가상 부모역할을 맡은
배우자는 "만약 내가 제대로 들었다면, 네가 나와 함께 사는 것
은…"이라고 하면서 간단히 「반영하기」를 하고 "거기에 대해서 좀
더 얘기해 주겠니?"라고 묻는다. 보내는 사람은 더 이상 할 말이 없
을 때까지 자신의 경험에 대해 말한다. 그러고는 받는 사람은 "내가
네가 말한 것을 모두 잘 들었다면…"이라고 하면서 들었던 모든 말
을 「요약반영하기」를 한다. 이렇게 하면서 보내는 사람이 자신이 보
낸 메시지를 반영한 것에 대한 정확성을 확인하게 된다.

　　부모와 사는 것이 어떤지에 대해 일반적인 느낌을 표현하고 나서
이제 가상부모는 그녀에게 다음과 같은 질문을 한다. "네가 나에게
서 받았던 가장 좌절되고, 깊은 상처는 무엇이었니?"

　　보내는 사람은 이렇게 말한다. "아버지와 함께 살면서 느꼈던 가
장 깊은 좌절과 상처는 …." 가상부모는 「반영하기」를 계속하고 부
부치료사의 도움으로 이러한 배우자의 경험을 인정할 수 있는 기회
를 갖는다. 「인정하기」를 하고 나서 가상부모는 아이에게 공감을
표현한다. "내가 그곳에 함께 있어 주지 못했을 때 네가 무척 외로
웠겠구나."

　　이 순간 종종 깊은 슬픔과 눈물이 보인다. 받는 사람은 그 순간에
계속 머물면서 더 많은 이야기를 듣게 된다.

　　가상부모는 아이에게 이렇게 묻는다. "그 상처가 치유될 수 있도

록 부모인 내게 네가 가장 원하는 것은 무엇이었니?" 받는 사람은
"내가 아버지에게 가장 원했던 것은…"이라고 말하면서 분명하게
'미해결욕구'를 설명한다.

받는 사람은 「반영하기」를 한다. "내가 맞게 들었다면, 부모인 나
에게 네가 가장 원했던 것은…." 그리고 더 할 말이 없느냐고 묻고,
보내는 사람은 더 이상 할 말이 없을 때까지 자신의 말을 계속한다.

받는 사람은 이렇게 말하면서 그 말을 인정한다. "네가 나에게서
그것을 원하고 필요로 했다는 것이 이해가 돼." 아이의 욕구를 확인
하면서 가상부모는 또한 공감을 표현한다. "내가 너에게 그것을 해
주었더라면 아마 너는 더욱 안전감을 느끼고 사랑받는다고 느꼈을
거야. 그렇지 않니?"

어린 시절 상처에 대해 공감적인 연결감이 형성되면 이마고 치료
사는 이렇게 말하면서 역할극을 중단하게 된다. "이제 메리의 아버
지는 없어지고, 존을 다시 불러옵시다." "그리고 메리, 이제 어린 메
리는 떠나고 성인의 메리로 다시 되돌아오세요."

이마고 치료사는 다시 한 번 부부가 현재로 되돌아올 수 있도록
돕는다. 존은 메리에게 이렇게 묻는다. "메리, 당신의 어린 시절의
상처의 치유를 위해서 나에게서 가장 원하는 것이 무엇인가요?" 존
은 메리의 말을 인정하고 공감을 표현할 수 있을 때까지 「반영하기」
를 계속하도록 장려된다. 대부분의 경우에 받는 사람이 보내는 사람
의 어린 시절의 상처를 충분히 공감할 수 있게 되면 이런 과정은 자
연스럽게 나오게 된다.

만약 부부가 이 깊은 대화로 들어가는 것에 저항한다면, 그것은
보통 이마고 치료사가 너무 빨리 이 대화로 나아갔거나, 필요한 만

큼의 공감이 아직 충분히 형성되지 못했기 때문이다. 만약 이런 일이 생기면 이마고 치료사는 부부가 서로의 관계에 대해 말하면서 공감적 연결감을 형성하는 그 이전의 과정으로 되돌아가야만 한다.

부부가 대화를 하는 듯한 모습은 보이지만 받는 사람이 잘 공감하는 것을 느낄 수 없다면, 그 부부는 더 나아가기가 어렵다. 즉, 공감이 없다면 더 깊은 과정으로 나아가기가 어렵다. 그럴 때면 치료사는 「인정하기」의 본보기를 보여 과정이 계속되도록 도와야 한다. 받는 사람이 어떤 내용에 대해 전혀 이해를 하지 못한다면 공감을 표현하기란 매우 어려울 것이다. 치료사는 그 공감을 표현하는 본보기가 되어 주어야 한다. 부부는 대화 과정 초기로 되돌아가서 그들의 감정을 부드럽게 하고, 공감을 할 수 있고 좀 더 깊은 대화 과정으로 나아갈 수 있는 전환이 되도록 해야 한다.

이것은 서둘러서 되는 과정이 아니다. 당신은 이마고 부부관계치료사로서 자신의 소리를 들어야 하고, 이 부부에게 진실한 공감이 형성되었는지 아닌지를 파악하기 위해 자신의 직감을 의지해야 한다. 만약 의심이 된다면 그것은 부부가 더 깊은 대화 과정으로 나아갈 수 없다는 지표일 수 있으므로 그 부부에게 더욱 주의를 기울여야 한다. 아직 준비되지 않은 상황을 일어나도록 강요하는 것은 지혜롭지 못하다.

하지만 만약 깊은 뿌리를 가지고 있는 어떤 아픔이 한 사람이나 부부 두 사람 모두에게 경험된다면 대화 과정을 신뢰해야 한다. 설령 부부치료사나 보내는 사람이 그 대화가 어디로 향하고 있는지를 잘 알지 못한다 하더라도, 이마고 치료사는 그 기저의 아픔과 상처는 어린 시절의 상처로부터 온다는 사실을 알아야만 한다. 설령 보내는 사람이 그것을 지각하지 못하고 있더라도 말이다.

만약 이마고 치료사가 이런 대화 과정 속에 부부를 계속 머무를 수 있게 한다면, 그들은 깊은 상처로 내려갈 수 있고, 두 **사람이 부부 사이에서 경험한 고통이 곧 어린 시절의 고통을 재현한 것임**을 깨달을 수 있을 것이다.

「부모-자녀 대화법」을 통해서 부부는 서로를 더욱 이해할 수 있게 되고, 상처를 통해 끊어졌던 공감적 유대감을 다시 되찾을 수 있게 된다. 이렇게 연결감이 재형성되면서, 이마고 치료사는 이것을 나타내는 몸동작을 관찰할 수 있게 되는데 부부가 의자를 끌어당겨 서로에게 가까이 간다든지, 새로운 인식으로 인해 눈물이 글썽거린다든지, 이전과는 다른 눈으로 서로를 바라볼 수 있게 된다.

안아 주기　이마고 부부관계치료사는 「부모-자녀 대화법」의 일부로서나 혹은 독립적으로 「안아 주기」라고 불리는 과정을 사용하는데, 이것은 상처받은 서로의 이미지를 새롭게 형성하는 데 도움을 준다.

눈가가 부드러워지기 시작하고 눈물이 맺히는 것을 이마고 치료사가 알아차렸을 때 부부에게 이 과정을 소개하게 된다. 이것은 그들이 슬픔과 상처의 자리로 움직이고 있다는 것을 의미한다. 이 순간 치료사는 **"지금 그 슬픔에 대해서 당신의 배우자에게 더 말해 줄 수 있겠습니까?"**라고 말한다. 받는 사람의 역할을 하는 사람은 상대방이 슬픔에 대해 말하는 것을 반영해 주어야 한다.

이 시점에서 슬픔은 더욱 깊어지고 이마고 치료사는 부부 사이에 공감이 더욱 깊어지는 것을 그들의 몸동작을 통해 알 수 있게 된다.

예를 들어, 이마고 치료사는 남편이 마치 아내를 안아 주려는 듯이 그의 의자를 앞으로 움직이는 것을 볼 수 있다. 그리고 아내가 울기 시작하면서 남편에게 기대려는 것처럼 앞으로 움직이기도 한다.

이마고 치료사는 그 순간을 잘 알아채고 서로 안기고 안기려는 자연적인 이끌림이 지속될 수 있도록 도와주어야 한다. 남편이 아내를 향해 앞으로 몸을 기울이는 것은 그가 실제로 슬퍼하는 사람을 안아 주려는 욕구가 있음을 나타내는 것이다. 그리고 아내는 깊은 슬픔의 자리로 움직일수록 신체적으로 안기고자 하는 욕구를 보일 것이다.

이것이 분명해지면, 치료사는 아내(남편)에게 이렇게 묻는다. "남편이 지금 당신을 안아 줘도 괜찮겠습니까?" "아내를 안아 주시겠습니까?"

만약 그들이 서로 안아 주고 안기기에 동의한다면 당신은 그들을 의자에서 소파로 또는 좀 더 큰 방석이 있는 바닥으로 이동시킨다. 남편에게 아내를 안아 줄 수 있는 자세를 취하도록 하는데, 이때 자세가 아주 중요하다.

아내는 그녀의 머리를 남편의 가슴에 대고 그의 무릎 위에 앉는다. 남편은 팔로 아내를 안고 그녀를 지지하기 위해 한쪽 무릎을 올린다. 이 자세는 우리가 아는 가장 원초적인 자세로서 **엄마가 팔 안에 아이를 안고 있는 모습**을 묘사한 것이다. 이러한 이유 때문에 부부는 스스로 팔을 기대어 지지하거나 남편의 다리에 그냥 앉아 있지 말아야 한다.

「안아 주기」 자세를 취하면 그들의 고통과 표현이 더욱 깊어지게 되고, 안겨 있는 사람은 그냥 우는 것에서 더 깊은 흐느낌으로 나아간다. 그리고 이때 안아 주는 사람이 상대방의 말이 아닌 감정을 반영해 줄 수 있도록 이마고 치료사는 이를 안내한다.

　이마고 치료사는 더 많은 정보를 위해 받는 사람이 이러한 문장을 사용하도록 요청한다. "정말로 아팠을 거예요. 당신이 말한 것을 생각하면 생각할수록 정말 슬픈 것 같아요. 그것에 대해 조금 더 설명해 줄 수 있겠어요?" 이러한 요청은 보내는 사람으로 하여금 더 깊은 고통 속으로 움직여 결국 어린 시절의 고통 속으로 들어가도록 돕는다.

　그리고 받는 사람으로 하여금 "당신 말은, 당신이 그러한 슬픔을 느낄 때 그것이 당신의 어린 시절의 …을 기억나게 한다는 거지요." 라는 문장을 사용하도록 함으로써 더욱더 많은 정보를 요구하도록 안내된다.

　이 시점에서 보내는 사람은 어린 시절의 고통으로 움직이면서 "내가 자랄 때도 이런 식이었어요. 아무도 나를 알아주지 않았지요."라고 말하며 흐느끼게 된다. 안아 주는 사람은 배우자와 계속 연결하면서 「공감적 반영하기」를 지속한다.

　이러한 공감적 반영은 부부간의 유대감 형성을 돕는다. 왜냐하면 아내가 남편의 품에 안겨서 안정감을 느끼면서 자신의 깊은 곳의 고통을 표현하면, 남편은 아내를 단지 불평하는 사람이 아닌 새로운 이미지로 바라볼 수 있게 되기 때문이다. 남편이 아내의 행동 저 뒤편에 있는 깊은 고통을 이해할 수 있게 되고, 아내를 '상처받은 작은 아이'로 바라보게 되어 더욱더 공감적인 반응을 보이게 된다. 이 작업은 두 사람 모두를 부드럽게 만든다.

　「안아 주기」는 상담 중에 여러 다양한 시점에서도 사용될 수 있다. 어떤 부부는 「부모-자녀 대화법」을 실행하는 도중 깊은 상처를 이야기하며 울기 시작한다. 그때 그들은 「안아 주기」로 나아갈 수 있는 아주 좋은 기회를 갖는다. 또는 이때 배우자를 부드럽게 하는 공감적 대화가 이루어지거나 혹은 「반영하기」를 하는 일반적 부부 대화 과정이 지속되기도 한다. 부부치료사는 그러한 기회가 나타날 때 조심스럽게 대화를 이끌어 가야 한다.

이마고 부부치료 과정은 어린 시절의 상처로 인해 끊어졌던 부부의 공감적 유대감을 회복시키는 시도다. 우리는 공감적 유대감을 지니고 이 땅에 태어난다. 하지만 태어나는 과정을 통해서, 그리고 사회화 과정과 상처가 발생하는 양육의 결핍을 통해서 그 공감적 유대감이 끊어지게 된다.

이렇게 끊어진 유대감은 치유되고자 하는 욕구를 지닌다. 「안아주기」 과정이나 부부대화 과정을 통해서 이 공감적 유대감이 회복되고 두 사람 사이의 연결감도 강화될 수 있다. 그러나 이 과정에서 주의할 점은 한 사람이 「안아 주기」를 받아들일 준비가 되어 있고, 또 그 배우자가 자신의 고통을 편안하게 표현할 수 있을 때까지는 이 「안아 주기」 과정으로 바로 나아가서는 안 된다는 것이다.

몇 년 전 「안아 주기」 과정을 포함한 이마고 부부치료 과정을 가졌던 한 부부를 기억한다. 상담 중에 아내는 자신이 저녁을 다 먹기도 전에 남편이 식탁을 떠났던 상황에서 느꼈던 좌절감에 대해서 말하기 시작했다. 남편은 「반영하기」를 하면서 아내의 말을 인정할 수 있을 때까지 충분히 아내의 말을 들었다. 그리고 매우 공감적으로 이렇게 말했다. "지금 내가 그것에 대해 생각해 보니, 그때 내가 당신에게 상처를 주었고, 당신은 버림받은 느낌을 가졌을 거라고 생각이 돼요."

그러자 아내는 울기 시작했고 남편은 거기에 대해 더 말할 것이 있느냐고 물었다. 아내는 "당신이 그렇게 행동한 건 너무 심한 것이었어요. 왜냐하면 그때가 나에게는 우리 가족이 함께 모인 거의 유일한 시간이었거든요. 우리는 그날 밤 식탁에 앉아서 함께 저녁을 먹을 수 있었어요. 그것이 가족으로서 우리가 가졌던 가장 소중한 단 한순간이었거든요."

남편은 자신의 의자를 움직여서 마치 아내를 안으려는 듯이 다가갔다. 왜냐하면 아내는 큰 고통 속에 있었기 때문이다. 나는 남편에게 아내를 안아 주라고 말했고 아내는 남편의 품에서 그 기억으로 흐느꼈다. 남편은 아내의 감정을 공감적으로 반영할 수 있는 탁월한 작업을 했고 이것을 통해서 그 부부는 더욱 강한 연결감을 가질 수 있게 되었다.

이 경험을 통해서 남편은 자신에게 불평하는 아내를 완전히 다르게 이해할 수 있었고, 아내에게 대하는 자신의 태도를 더욱 의식적으로 바라볼 수 있게 되었다. 그리고 그는 아내를 불평하는 사람이 아닌 아직 채워지지 않은 욕구를 지닌 사람으로서 더 부드럽게 바라볼 수 있었다.

그 부부가 이러한 수준에까지 이르자 그들의 의사소통은 본질적으로 변화하기 시작했다. 그들은 더 생각한 후 행동하게 되었고, 반응하고자 하는 모습이 줄어들었으며, 상대방이 자신을 표현하는 데 있어서 안전감을 갖도록 서로가 상대방의 반응을 더 잘 살필 수 있게 되었다. 만약 이마고 부부관계치료사가 아직 이러한 출발점을 그 부부에게서 감지하지 못했다면, 부부를 대화 과정 안에 두면서 부부로 하여금 그 과정 안에 충분히 머무를 수 있게 이끌면 곧 부드러운 모습이 나타나기 시작한다는 것을 믿고 그 순간을 붙잡아야만 한다.

두 사람이 서로 안전감을 느낄 때에만 그 기회가 일어난다. 그리고 안전감이 일어나도록 하려면 충분히 대화 과정 안에 머물러 있어야만 가능하다.

만약 「안아 주기」를 거부한다면 그것은 일반적으로 치료사가 너무 일찍 서둘렀거나 부부가 아직 준비되어 있지 않았을 때 무언가를 시도했기 때문이다. 눈물을 흘렸다 하더라도 그것이 분노의 눈물일 수도 있고, 상대방을 마지못해 안아 주는 것일 수도 있다.

부부를 「안아 주기」로 움직이게 하는 것은 이마고 치료사의 직관력이다. 과정을 따라가면서, 필요하다고 느끼는 위치에 부부가 도달했을 때 「안아 주기」를 하도록 이끌면 된다.

결국 그들은 다시 돌아가지 않아도 될 만큼 '쓰라린 상처에 대한 충분한 치유'를 얻어야만 한다. 만약 당신이 우는 아이를 충분히 안아 준다면 아이는 울음을 그치게 될 것이다. 아이의 욕구가 채워지게 될 때만 울음을 그치게 되는 것이다. 이것은 성인에게도 마찬가지다. 만일 어린 시절 애착의 문제를 가진 사람이라면 좀 더 오랫동안 안아 주는 것이 필요하다.

「안아 주기」가 경험되고 나면, 부부는 상담 도중이나 자신들의 집에서도 스스로 그렇게 할 수 있게 된다. 이마고 치료사의 상담실에서 이것을 경험했기 때문에 필요하다고 생각되면 자연스럽게 시행할 수 있게 되는 것이다.

좌절감 재구성하기

부부로서 살아가다 보면 대부분의 사람이 자신의 배우자에게 '좌절감'을 느낀다. 그들은 여러 가지 방법으로 이 '좌절감'을 다루게 되는데, 보통은 자신을 숨 막히게 하는 것에 대해 심각한 불평을 늘어놓으며 '좌절감'을 표현한다. 그들은 자신들의 욕구가 채워지지 않고, 고통스러운 '힘겨루기'에 온힘을 쏟고 있는 자신의 모습을 발견하면서 이마고 치료사의 도움을 필요로 하게 된다.

이마고 부부관계치료사는 모든 '좌절감' 아래에는 성장이 일어나고자 한다는 것을 기억해야만 한다. 이마고 배우자를 찾아냈던 무의식은 또한 자신이 무엇을 하려고 하는지를 잘 알고 있다. 무의식은 자신을 치유하고 회복하려 한다. 불행히도 우리는 이 과제를 이루는 데 있어서 어떤 이정표나 안내를 받지 못한다. 그러므로 부부는 모든 노력을 했음에도 서로 낙담하고 좌절하는 고통스러운 '힘겨루기' 속에 갇히게 된다.

얼마 동안 여기에 갇혀 있게 되면 부부는 자신들의 그 '좌절감'에서 빠져나오기 위해 이마고 치료사의 도움을 원하게 된다. 하지만 대부분의 부부는 치유되고 성장하려는 자신들의 욕구를 잘 의식하지 못한다. 사실 대부분의 부부는 정말로 변화가 있을 거라 기대하면서 치료에 임하지는 않는다. 그들은 그저 자신들의 모습을 그대로 지속할 수 있는 어떤 방법을 찾기 원하고 있다. 그들은 변화하는 것 그 자체에는 관심이 없고, 그리고 치유와 성장을 원하지도 않는다.

그들이 의식적으로 생각하지 않는 한, 무의식은 치유와 회복의 임무를 홀로 수행한다. 그리고 이 에너지가 부부에게는 '좌절감'으로 표현된다. 그러므로 부부가 부부치료사에게 가져오는 것은 자아의 성장이나 회복이 아닌 '좌절감'이다. 이마고 치료사는 그들의 '좌절감'을 다루는 것과 함께 무의식의 욕구를 채우는 과정에 부부를 참여시키게 된다.

행동수정 요청   30대 중반인 아내 재키와 남편 테드는 결혼한 지 8년이 된 부부였다. 그들이 나를 만나러 왔을 때 아내의 불만은 결혼생활이 행복하지 않다는 것이었다. 그녀는 점점 더 실망감에 빠지고 그들의 사이가 멀어짐에 따라 결혼생활을 유지할 수나 있을지 의심하게 되었다.

아내는 남편에게 자신의 이런 감정을 이야기했지만 남편은 그 불평을 별것 아닌 것으로 대수롭지 않게 받아들였다. 그녀는 만약 남편이 함께 부부상담을 받지 않는다면 부부관계를 끝내겠다고 말했고, 그래서 마침내 남편이 상담에 응하게 되었다.

4회의 상담회기 동안 나는 아내에게 그녀의 불행감에 대해 더 말해 달라고 요청했다. 그녀는 남편이 점점 더 골프 같은 취미생활이나 친구들을 만나는 데 시간을 보내고 자신과 보내는 시간은 흥미를 잃어 가는 것 같다며 '좌절감'을 표현했다.

그녀는 남편이 하고 싶어 하거나 하기 싫은 일을 자신이 통제하고 싶어 하지 않았다. 이제는 남편에게 졸라대는 자신의 모습에도 지쳤고 그가 무엇을 원하든지 그냥 내버려 두게 되었다. 하지만 그러면 그럴수록 그녀는 더욱더 우울해졌다. 아내가 원하는 것은 함께 있어 달라고 조르거나 요구해서가 아닌 남편이 정말로 원해서 자신의 곁에 있어 주는 것이었다.

「이마고 부부대화법」을 통해서 그녀는 자신의 이런 '좌절감'을 표현했고 남편은 그것을 반영해 주었다. 나는 남편에게 반영한 것을 요약할 것과 아내가 말한 것에 대해 「인정하기」를 요청했다. 처음에는 꺼렸지만 마침내 그는 아내의 말을 진심으로 인정할 수 있게 되었다. "이제야 당신의 말이 이해가 돼요. 내가 친구와 많은 시간을 보내고 골프 같은 취미생활에 시간을 많이 보낸다는 것을 알았어요. 당신의 말을 듣고 보니 우리가 점점 시간을 함께 보내지 않았다는 걸 알았어요."

"함께 있어 달라고 조르거나 강요하면서 날 통제하려 하지 않고, 내가 진심으로 원해서 당신과 함께 있어 주길 원한다는 당신의 말이 이제 이해가 돼요." 아내는 남편의 진심 어린 「인정하기」를 이렇게 경험하게 되었다.

남편은 아내의 '좌절감'을 인정한 후에 이것을 공감할 수 있도록 아내의 입장에서 그녀가 말하는 것이 어떤 느낌일지를 상상했다. 그는 "당신은 나에게 사랑받지 못하고 중요한 존재가 아니라고 느꼈을 것이 분명해요."라고 말했다.

아내는 고개를 끄덕였고 눈에는 눈물이 가득 고였다. 그녀의 마음이 남편의 진심 어린 공감의 표현을 통해서 움직이게 된 것이다.

부부치료사는 부부의 변화를 느낄 수 있어야만 한다. 나는 남편의 공감과 아내의 눈물로 양쪽 모두가 부드러워짐을 느낄 수 있었고, 이 부부가 이제 치유가 일어날 수 있는 더 깊은 곳으로 들어갈 준비가 되어 있음을 알아차렸다.

나는 아내에게 그 감정에 머무르면서 남편에게 자신의 슬픔에 대해 더 말해 줄 것을 요청했다. 그녀는 남편이 자신과 함께 있기를 원하지 않는 것처럼 행동한다고 느꼈고 그것이 그녀를 더 슬프게 만들었다고 말했다.

남편은 그 말에 「반영하기」를 했다.

나는 아내로 하여금 다음 문장을 완성하도록 했다. "내가 상처받은 이유는 내가 사랑받지 못하고 덜 중요하다고 느껴지는 것이고,

그리고 그것은 …을 생각나게 합니다."

그녀는 이 말을 듣자 더욱 흐느끼기 시작했다. 그리고 그것은 그녀가 자랄 때 늘 자신의 곁에 있어 주지 않았고, 항상 무언가에 바쁘셨던 아버지와 가족을 생각나게 한다고 말했다.

남편은 그 말을 반영했고 거기에 대해 더 말해 달라고 요청했다.

아내는 어린 시절 아버지가 친구 집에 가시곤 했던 것을 떠올렸다. 아버지는 오랫동안 집을 비웠고, 돌아왔을 때는 딸인 그녀를 야단쳤다. 그녀는 아버지가 자신에 대해서 얼마나 자신이 재치 있고 똑똑한 아이인지 인정하는 것을 단 한 번도 들은 적이 없었다는 사실을 기억해 냈다.

남편은 그것에 대해 「반영하기」를 했고 진심으로 이해할 수 있다고 그녀의 말을 인정했다. 그리고 "나는 당신이 외롭고, 사랑받지 못하고, 중요한 존재가 아니라는 느낌을 느꼈을 것이라고 생각돼요."라고 말했다.

남편의 진심 어린 공감과 깊은 연민의 말이 마음에 깊이 와 닿으면서 그녀는 더욱 흐느꼈다. 그리고 남편은 이마고 치료사인 나의 안내에 의해 그중에서도 **아내의 가장 깊은 상처**가 무엇인지를 물었다.

그녀에게 가장 큰 상처는 아버지가 자신을 진심으로 사랑하지 않은 것처럼 느껴졌던 것과 자신이 무엇을 하든지 간에 결코 아버지를 만족시키지 못했던 것이라고 말했다. 그리고 아버지의 관심을 끌기 위해서 자신이 학교에서 얼마나 노력했었는지를 생각해 냈다. 하지만 그 어떤 것도 아버지의 관심을 끌지는 못했던 것이다.

남편은 그것에 대해 반영하고 그 경험을 인정하면서 "당신이 그렇게 열심히 노력했지만 아버지가 그것을 알아채지 못했으니 그 마음이 어땠을지 이해가 돼요. 아마도 당신은 자신이 사랑받지 못한다고 느끼고, 버림받은 듯한 느낌을 받았을 거예요."라고 말했다.

그녀는 "그래요."라고 대답했다.

나는 남편이 아내에게 이렇게 묻기를 요청했다. "당신이 아버지에게서 정말로 원했던 것이 무엇인지 말해 주겠어요?"

그녀는 이렇게 대답했다. "내가 정말 원했던 것은 아버지의 무조건적인 사랑과 관심이었어요."

남편은 「반영하기」를 했고 만약 그녀가 아버지에게서 그것을 받았었더라면 아마도 자신이 사랑받는 중요한 존재라고 느꼈을 것이고 그런 아내의 말을 이해할 수 있다고 말했다.

아내는 "그래요."라고 인정했다.

그러고는 나는 다시 남편이 아내에게 이렇게 묻기를 요청했다. "당신이 우리의 부부관계에서 나에게 가장 필요로 하는 것은 무엇입니까?"

아내는 "나는 당신의 무조건적인 사랑과 관심이 필요했어요."라고 말했다.

아내와 아내의 어린 시절의 상처에 대해 나누면서 남편은 그 모든 것을 더욱더 잘 이해할 수 있게 되었다. 그녀의 말이 가슴에 와 닿았다. 그리고 단지 그녀를 이해할 수 있다고 말하는 것이 아니라 그녀가 사랑받고 있고 또한 특별한 존재라고 느낄 수 있도록 자신이 무언가를 할 수 있을 것이라고 생각하게 되었다.

이마고 치료사가 이 부부를 부드럽고 공감적인 위치에 잠시 두는 동안 무의식은 또 다른 과제를 지닌다. 무의식은 항상 치유와 회복의 임무를 수행 중임을 기억하라. 그러므로 남편이 아내를 이해하고 공감하는 것이 그 전부가 아니라 그녀는 여전히 어린 시절의 필요를 충족하지 못한 욕구를 계속 지니고 있는 것이다.

이마고 치료사는 이 시점에서 부부로 하여금 부부 사이의 공감적 연결감을 되찾도록 돕고 또한 서로의 어린 시절을 마무리하는 과정으로까지 나아가도록 해야 한다.

모든 좌절 아래에는 반드시 채워져야만 할 정당한 욕구가 있다. 부부는 그들의 필요가 채워지는 기회를 증가시키는 방법으로서 또한 그 욕구를 표현하는 과정이 요구된다. 우리는 이것을 「행동수정 요청(Behavior Change Request)」 과정이라고 부른다.

그녀가 남편에게 어떤 좌절감을 느꼈는지를 나누는 것은 그녀에게 상처를 주는 남편의 행동이 어린 시절의 상처와 어떻게 비슷한지를 볼 수 있게 해 준다. 그리고 이 과정은 남편으로 하여금 공감을 일으켜서 더 이상 아내에게 상처를 주는 것을 멈추게 하고 도리어 치유를 위한 자원이 되도록 이끈다.

바로 여기에 이마고 부부관계치료가 다른 부부치료나 의사소통훈련 프로그램과 구별되는 특징이 있다. 다른 많은 부부치료나 프로그램은 부부가 서로 어떤 계약을 맺거나 혹은 결혼생활의 문제와 좌절감을 어떤 타협을 통해서 부부를 도우려고 시도하지만 실제로 이러한 노력은 지속되지 않는다. 왜 그럴까? 그 이유는 무의식은 협상, 문제 해결, 타협 또는 교환 같은 것에는 아무 관심이 없기 때문이다. 무의식은 오직 치유와 성장, 회복에만 관심이 있다. 그러므로 **어린 시절의 상처를 둘러싼 공감적 연결감이 만들어지지 않고서는 이 욕구를 채우고자 하는 배우자의 투자나 혹은 의욕이 거의 생겨나지 않는 것이다.**

2. 과정 속으로 깊이 들어가기

남편과 아내 사이에서 이러한 연결감이 형성되고 난 뒤 아내에게 나는 이렇게 말했다. "남편에게 당신이 당신의 상처와 약한 부분에 대해 들려준 것은 아마 큰 도움이 되었을 것입니다. 그는 이제 진심으로 당신을 치유하는 데 도움이 되고 싶어 하고 당신에게 상처를 주는 것에 대해 결코 즐거워하지 않을 거예요."

"이제부터 다음 한두 주 동안 남편에게 긍정적이고 구체적이고 측정할 수 있는 무언가를 요청하도록 하세요. 그런데 그것은 당신이 치유를 느낄 수 있고, 또 당신의 가슴에 와 닿을 수 있는 것이어야만 합니다."

「행동수정 요청」이 이 세 가지 특징을 지녀야 한다는 사실이 매우 중요하다. 그것은 반드시 (1) 긍정적이고, (2) 측정이 가능하며, (3) 구체적이어야만 한다. 우리의 뇌는 부정적인 말에 반응하려는 경향이 있기 때문에 반드시 긍정적이어야만 한다. 부정적인 말은 누군가가 충분하지 않고 올바르지 않다는 오래된 메시지를 인식해 사람을 방어적으로 만든다. 그리고 그것은 또한 측정 가능해야만 한다. 사람들은 일반적으로 자신이 얼마만큼 그리고 얼마나 자주 받기를 원하는지에 대한 자신만의 느낌을 가지고 있다. 그리고 그것은 아주 구체적이어야 한다. 왜냐하면 그러한 구체성 없이는 아무리 배우자가 실행하려고 노력해도 실패할 수 있기 때문이다.

아내는 남편에게 이런 요청을 했다. "우리가 사람들이 모이는 어떤 모임 같은 곳에 같이 갈 때면, 나는 당신이 나와 함께 있는 것이 매우 즐겁다는 그런 눈빛을 보내 주기를 원해요. 그리고 당신이 나의 허리를 손으로 감싸 주거나, 서 있을 때는 나에게 팔을 두르는 것 같은 행동으로 나와 함께 있는 것이 즐겁다는 표현을 구체적으로 해 주었으면 해요."

　남편은 그 요구에 「반영하기」를 하면서 "나는 그러한 눈빛과 표현이 당신을 향한 나의 사랑의 표현이 되고, 또 당신과 함께 있고자 하는 욕구를 나타내는 것이라는 당신의 말이 이해가 돼요."라고 인정했다. 그는 또한 공감적이 되면서 이렇게 말했다. "만약 내가 그렇게 하면, 당신은 정말로 나에게 사랑받는다고 느낄 것 같아요."

　만약 남편이 이러한 아내의 「행동수정 요청」대로 나아간다면 그는 아내의 지금까지 채워지지 않았던 그리고 채워져야만 할 그 욕구를 다시 채우는 것을 시작하게 된다. 다른 말로 하면, 그녀는 어린 시절 그녀가 항상 원해 왔음에도 얻지 못했던 것을 이제 **이마고 배우자**에게서 받기 시작하는 것이다. 물론 아내에게 그런 즐거움을 주고 그렇게 안아 주는 다른 친구가 있었을 수도 있겠지만, 그것은 이마고 배우자가 그 욕구를 채워 주는 것과는 같지 않다. 왜냐하면 어렸을 때 받지 못했던 것을 그것이 거부되었던 사람과 아주 비슷한 사람에게서 받아야만 하기 때문이다. 이것이 **이마고 배우자**의 역할이다. 아내가 다른 많은 사람에게서 수많은 눈빛과 포옹을 받았다 하더라도 **남편이 보내는 눈빛과 포옹보다 더 치유적인 것은 이 세상에 없다.**

　이것은 두 사람 모두에게 유익이 된다. 남편이 아내의 「행동수정 요청」을 존중해 줄 때, 남편 또한 자신의 어린 시절 제지되었던 기능을 활성화하게 된다. 부드러운 감정을 표현하려는 남편의 시도는 그런 방식으로 에너지가 흐르는 것이 지지되지 않았었던 과거의 행동이나 메시지와 다시 만나게 한다. 남편은 사실 부드러움의 표현이 제한되었던 환경 속에서 성장했다. 그러므로 아내의 요청은 사실 남편의 성장을 위해 꼭 필요한 부분을 일으켜 준 셈이다.

이것을 인정하기 위해 나는 남편에게 다음의 문장을 따라 완성할 것을 부탁했다. "당신의 요구는 일리가 있을 뿐만 아니라, 그것은 나의 … 성장을 위해서도 중요하다고 생각해요."

남편은 이 문장을 이렇게 완성했다. "그것은 주위 사람에게 민감하지 못했던 나의 세계를 알 수 있도록 나를 성장시키는 데 있어서 중요하다고 생각돼요. 주위 사람을 인지한다 해도 난 항상 내가 무엇을 말해야 하는지 잘 알지 못했었어요. 당신의 요청은 나의 경계를 넓혀 주고 나에게 중요한 사람을 의식적으로 인지할 수 있게끔 도와줄 거예요."

아내는 이 말에 「반영하기」를 했고, 남편이 의식적으로 사람을 무시하는 것이 아니고, 그의 삶에서 아내를 포함한 다른 사람을 잘 인식하지 못해서 그랬다는 남편의 말이 이해가 된다고 인정하였다.

그녀는 또한 공감적으로 "이렇게 하는 것이 당신에게 조금 어색할는지는 몰라도 아마 당신도 기쁨을 느낄 수 있을 것 같아요."라고 말했다. 남편은 그것을 인정했다.

부부는 좌절을 표현하는 과정 속에서 치료사를 통해서 좌절 아래에 있는 어린 시절의 상처로까지 움직여 갈 수가 있다. 그 순간 받는 사람은 더욱 공감적이 되고 **상처받은** 아이를 바라볼 수 있게 되며, 이는 종종 치유를 위한 자원으로 움직여 동기화된다. 한 사람이 원하는 것을 얻는 동안 다른 한 사람은 상대방의 잃어버렸던 자아의 일부를 채워 줄 뿐만 아니라 자기 자신 또한 자신의 억제되었던 일부를 치유하는 데 도움을 받게 된다.

여기에 **치유와 성장의 차이점**이 있다. 치유는 배우자가 당신의 욕구를 충족시킬 때 일어난다. 그리고 **성장**은 당신이 배우자의 욕구를 충족시킬 때 일어난다.

분노 해결하기

만약 어떤 것에 대해 '좌절감'을 느낀다면 앞에서 설명한 「행동변화 요청」을 사용하여 도움을 받아야 한다. 그러나 그 사람의 감정이 좌절을 넘어서 화나 분노의 강도에 다다른 경우가 있다. 이럴 때 부부치료사는 어떻게 하면 부부 모두에게 여전히 안전한 환경을 형성하도록 도우면서 동시에 그런 격한 감정을 잘 다룰 수 있을까?

부부치료사는 모든 분노 아래에는 상처가 존재하고 있다는 것을 알고 있어야 한다. 그리고 이 상처의 밑바닥에는 바로 아직 치유되지 않은 어린 시절의 상처가 있다. 분노의 강도는 이 어린 시절의 상처의 강도와 같다. 다시 말해서, 화를 내는 것은 상처에 맞서 방어하려는 것이다.

나는 종종 화는 진정한 감정이 아니라고 말하여 동료들을 놀라게 하고 당황하게 만들었다. 화는 또한 좌절도 아니다. 두 가지 모두 상처의 감정에 대한 **방어**일 뿐이다. 만약 우리가 아직 깊은 상처로 움직이지 못한 채로 단지 밖으로 화를 표현하도록 조장되었다면 우리가 할 수 있는 것은 다만 방어를 더욱 강화시키는 것이다.

나 또한 오래전에 아내와 함께 부부상담을 받은 적이 있었다. 한 상담시간에 나는 무언가에 대해 매우 화가 나 있었고 '감정을 꺼내라'는 요청에 따라 아내에게 화를 표현했다. 치료사의 권위에 순종하면서 나는 계속해서 표현했다. 화의 강도가 높아지는 것을 느꼈고 치료사의 격려와 지지를 받으면서 나는 아내가 한 어떤 행동과 말에 대해 내가 얼마나 화가 많이 났는지를 표현했다. 아내는 조용하게 앉아 있었고 이 모든 것을 받아들이는 것 같았다.

30분 후에 나는 더 이상 할 말이 없었다. 치료사는 '감정을 열었던' 나의 용기에 지지를 표했다. 그리고 계속해서 나의 화를 들어주었던 아내에게 찬사를 보냈다. 그는 이제 "서로에 대해 더욱 정직해졌다."라고 말하면서 우리가 더욱 잘 지낼 수 있을 것이라고 확신하며 우리를 집으로 돌려보냈다.

하지만 그 후에도 나는 내 기분이 나아지지 않는다는 것을 깨달았다. 나는 매우 지쳤다. 무언가 내뱉기는 했지만 변화된 것은 아무것도 없었다. 아내 또한 내 주위에서 더욱 위축되는 것을 느꼈다. 우리는 서로 가까워지지도 못했고 사실 여러 면으로 우리 집은 더욱 안전하지 못한 환경이 되었다.

이마고 부부치료에서는 그냥 분노를 쏟아 놓는 것 자체에는 아무런 관심이 없다. 사실 그것은 아무런 가치가 없다. 많은 경우 그냥 분노를 쏟아 놓는 것은 부부에게 더 큰 상처를 주고 더욱더 방어적인 행동을 하게 만든다. 우리는 사람들이 화에서 그들의 상처로, 그리고 더 깊은 어린 시절의 상처로까지 나아가기를 바란다. 왜냐하면 그곳이 바로 **치유**가 일어나는 **지점**이기 때문이다. 만약 두 사람이 그러한 과정으로 안내될 수만 있다면, 그들은 단절된 **연결감**을 되찾을 수 있고 부부 두 사람 사이에 깊은 **공감적 유대감**을 가질 수 있게 될 것이다.

담아두기 훈련   화와 분노를 다룰 때, 이마고 부부관계치료사는 「담아두기 훈련(container exercise)」으로 불리는 과정을 사용해야 한다. 담아두기는 7단계의 과정이다. 첫째로, 안전감과 열정적인 관

계를 원하는 부부에게 화는 약속에 의해서만 표현할 수 있도록 이해
되어야 한다. 상담실 밖에서도 또한 화를 표현할 수 있도록 한 약속
에 따르지 않은 채 화를 표현해서는 안 된다.

이것이 현실적이지도 않고 또 왜 그래야 하는지에 대해 의문을 가
질 수도 있다. 그러나 단순하게 우리는 내가 언제 화가 폭발해 배우
자에게 폭력을 쓰게 될지 알지 못하기 때문에 항상 방어적이고 신중
해야만 한다. 누군가 화가 나 있다는 사실 앞에서 우리는 아무것도
할 수 없을 것이다. 그러나 우리는 분노에 대해서 무엇을 해야 하는
지 약간의 지각을 가지고 있다. 그러므로 우리는 배우자와의 관계에
서 안전함을 느낄 수 있도록 **약속에 의해서만 화를 표현하도록** 해야
한다.

예를 들어, 아내에게 화가 난 한 남편이 있다. 그는 아마 그러한
감정 앞에서 아무것도 할 수 없을 것이다. 하지만 아내에게 화를 내
고 소리를 지르는 대신에, 아내에게 자신이 어떤 것에 화가 났고 자
신이 왜 그렇게 화가 났는지를 이야기해 보자고 물어봐야 한다.

만약 그때 아내가 당장 대화할 수 없는 상황이라면 왜 그런지를
설명하고 다시 이야기를 나눌 수 있는 시간을 제안할 수 있다. "지금
은 아이들 때문에 곤란해요. 하지만 아이들이 잠든 후에는 괜찮아
요."

이 대화는 상대방이 가능하다고 한 그 시간 이전에 진행되어서는
안 된다. 이것은 부부가 언제, 어디서, 그리고 어떻게 화를 표현해야
하는지를 더욱 의식적이 되도록 이끌어 준다. 이마고 치료사는 상담
시간이 바로 그런 약속에 의한 시간이라는 것을 부부로 하여금 알게
하고 그들이 화를 잘 다룰 수 있도록 도와주어야 한다.

부부치료를 하면서 한 사람이 매우 화가 났다고 말했다. 나는 다른 배우자에게 화가 난 내용을 들을 수 있겠느냐고 물었다. 이마고 치료사는 안내자로서 이런 말을 통해 부부에게 도움을 제공해야 한다. "화를 극복하는 과정 속으로 당신을 안내하고 싶습니다. 나와 함께 그렇게 하시겠습니까?"

화를 표현하는 것은 약속에 의해서 가능하지만 또한 **구조화**를 통해서도 가능하다. 구조화하는 것은 안전감을 형성하는 데 있어서 매우 중요하다. 우리는 이렇게 말하지는 않는다. "자, 이제 나는 준비되었어요. 어디 실컷 화를 내 보세요." 화의 표현은 치유와 성장이 일어날 수 있는 구체적인 구조 안에서 이루어져야만 한다. 「담아두기 훈련」은 바로 그런 구조를 제공한다.

약속시간이 되어 부부가 도착했을 때 아내는 매우 화가 나 보였다. 대기실에서 그들은 양쪽 끝으로 떨어져 앉아 있었다. 그녀는 팔을 꼬고 '죽이고 말겠다는 표정'을 하고 앉아 있었다. 내가 인사를 하기 위해 대기실로 들어섰을 때도 그녀는 한마디 말도 하지 않은 채 바로 일어나 상담실로 걸어 들어갔다. 남편은 이 모습을 보며 매우 힘든 상담이 될 것 같다는 표정을 지었다.

내가 그들에게 잘 오셨다는 인사도 하기 전에 아내가 소리쳤다. "오늘이 마지막이 될 거예요. 이제 끝이에요." 그녀의 몸짓과 목소리의 톤을 살피며 나는 「반영하기」를 했다. "대기실에서 두 분을 만났는데 당신은 매우 화가 난 것 같더군요." 그녀는 재빨리 이렇게 대답했다. "네, 나는 화가 났어요. 여기에 와 봐야 아무 소용이 없을 게 뻔해요."

"나는 그것에 대해 조금 더 듣고 싶습니다. 당신의 분노를 안전하게 잘 표현할 수 있는 과정으로 당신을 초대하고 싶은데 허락하시겠습니까?" 그녀는 주저하면서도 그렇게 하겠다고 고개를 끄덕였다.

그리고 나는 남편에게 "당신도 할 수 있겠습니까?"라고 물었고 그도 그렇게 하겠다고 말했다. 만약 배우자가 들을 수 있겠다고 하면 그다음 단계는 보내는 사람(아내)이 그녀를 화나게 한 것이 무엇인지 한두 문장으로 말하는 것이다. 받는 사람(남편)은 이 문장들을 다시 「반영하기」로 되돌려주고 제대로 들었는지를 보내는 사람에게 확인한다.

아내는 말했다. "주말 내내 TV 스포츠만 보며 누워 있는 당신에게 이제 진력이 났어요. 우리는 주말 내내 다른 아무것도 하지 않았다고요. 함께한 것이 아무것도 없어요. 말 한마디도 하지 않았다고요. 우리가 집에서 아무것도 하지 않는다면 여기 오는 것도 돈 낭비라고요."

남편으로 하여금 아내의 말에 간단하게 「반영하기」를 하도록 했다.

그리고 나서 나는 남편에게 이렇게 말했다. "부인이 화가 난 것에 대해 더 듣기 전에 당신이 상상할 수 있는 가장 안전한 장소를 잠시 동안 떠올려 보도록 하세요. 당신의 아내가 이야기를 할 텐데 내가 당신에게 원하는 것은 당신이 그녀와 당신 사이에 작은 구멍을 가진 유리벽이 있다고 상상하는 거예요. 그리고 그 벽은 충분히 두꺼워서 당신은 안전할 수 있고, 그 구멍을 통해서 당신에게 어떤 이야기를 하는지 들을 수 있어요. 당신이 안전하고, 그리고 들을 수 있고, 경청을 하는 것이 매우 중요해요.

"또한 깊은 숨을 들이키고 내쉬면서 자기 자신에게 초점을 맞춰 보세요. 몸을 이완시키고, 두 발을 땅에 두세요. 그리고 아내를 상처받은 사람으로 그려 보세요. 그 분노 밑에는 **상처**가 있답니다."

그는 숨을 고르고, 자기 자신에게 초점을 맞추어 준비가 되었다고 느낄 때 그녀에게 이렇게 말했다. "이제 나는 당신의 모든 감정을 들을 준비가 되었어요."

이 순간 이마고 치료사는 그녀에게 말한다. "당신은 이제 다시 한 번 분노를 표현하게 될 거예요. 당신이 느끼는 모든 에너지를 표현하도록 그냥 당신을 맡겨 보세요."

아내는 다시 한 번 그녀의 **좌절감**을 말하고 주말 내내 그냥 누워 있기만 하는 남편과 함께 사는 것이 얼마나 짜증나는 일인지를 말했다. 그녀는 남편이 자신에게 얼마나 무관심했는지 그리고 그게 얼마나 지독했는지를 예를 들어 설명하기 시작했다. 아주 화가 난 목소리로 그들이 데이트하던 시절에는 그가 얼마나 세심했었는지를 떠올리며 지금은 전혀 그렇지 않다고 말했다. 그녀는 팔을 휘두르면서 그의 관심을 조금이라도 끌기 위해서 자신이 얼마나 많은 것들을 시도했었는지 이야기했고 점점 더 목소리를 높였다.

보내는 사람이 화를 표현할 때 이마고 치료사는 같은 톤의 목소리로 에너지를 표현하며 이를 돕는다. 나는 그녀의 말에 동참하며 나의 목소리를 상기시켰다. "이제 진력이 나요!" "맞아요." 그녀는 똑같은 강도와 높이로 말했다. 나는 다시 소리쳤다. "더 이상 참을 수가 없어요!" 그녀는 나의 말을 받아 더 큰 소리로 목소리를 높였다.

보내는 사람은 상대방에게 화가 나는 것이 무엇인지를 이야기할 때 대부분 목소리가 커진다. 이마고 치료사는 그 에너지에 동참하면서 에너지의 폭발을 격려한다. 내가 "나는 그것을 증오해요."라고 말하면 그녀는 더욱 소리를 높여서 "맞아요. 나는 그것을 증오해요."라고 말한다.

이마고 치료사는 에너지가 계속 움직여 그것이 폭발할 때까지 함께해 주어야 한다. 왜냐하면 결국 이것이 **고통을 깨뜨리게 되는 그 순간까지** 넘어가야만 하기 때문이다. 그러는 동안 이마고 치료사는 받는 사람이 유리벽 뒤에 안전하게 있는지를 확인하면서 거기에도 주의를 기울여야 한다. 받는 사람이 두려움을 느끼기 시작한다면 치료사는 그의 팔에 손을 얹어 치료사가 함께 있고 자신이 안전하다는 것을 다시 한 번 알게 해 주어야 한다. 이때 받는 사람은 반응하지 않고 단지 듣기만 해야 한다. 만약 그가 유리벽 뒤에서 밖으로 뛰어나가는데도 보내는 사람이 계속 진행하는 건 더 이상 안전하지도 않을뿐더러 아무 소용이 없다.

이마고 치료사는 모든 분노 아래에는 상처가 있음을 알고 있다. 에너지와 분노가 폭발한 후에 보내는 사람은 종종 눈물을 흘리는데 이는 **슬픔으로 움직이는 모습**이다. 이제 이마고 치료사는 그들이 상처로 나아갈 수 있도록 이렇게 말하면서 격려한다. "정말 상처를 받았겠군요. 잠시 그 상처에 머무를 수 있겠습니까? 남편에게 당신의 아픔에 대해 더 말해 보지 않겠습니까?"

아내는 눈물을 흘리면서 "**외로움에 너무 지쳤어요.** 혼자서 외로움을 견뎌야 하는 이 결혼생활을 더 이상 하고 싶지 않아요."

모든 상처 아래에는 깊은 어린 시절의 상처가 있음을 아는 이마고 치료사는 다음과 같은 문장을 그녀에게 따라 하도록 한다. "그러한 고통, 아픔 혹은 외로움을 느낄 때마다 나는 …가 생각납니다." 이 문장은 보통 그 사람을 **어린 시절의 상처로** 움직이도록 이끌어 준다.

이마고 치료사는 그녀가 어린 시절의 상처로 움직이는 동안 함께 있어 주고, 유리벽 뒤에 있는 남편은 아내를 소리 지르는 여자로서가 아닌 상처받은 우는 아이의 모습으로 부드럽게 바라볼 수 있게 된다.

아내는 어릴 적 이야기를 하면서 흐느꼈다. "나는 많은 시간을 외로워하며 지냈어요. 마치 겁에 질린 아이처럼요. 아버지는 결코 내게 관심을 보여 주지 않았어요. 아버지는 항상 집에 없었고 어쩌다가 집에 있을 때면 늘 소파에 누워서 잠만 잤어요." 그녀는 고통스러운 아동기를 회상하면서 흐느꼈다.

상처받은 아이의 모습을 바라보게 되면 부부는 마치 아이를 부둥켜 안으려는 듯이 서로 몸을 앞으로 움직이는 모습을 취하게 된다. 이마고 치료사는 치료 과정 중에 그 순간을 정확하게 포착하고 부부가 서로 안아 주는 자세를 취할 수 있도록 도와주어야 한다.

이러한 과정을 보면서 어떻게 그렇게 버럭버럭 소리를 지르던 사람이 다시 배우자를 안아 줄 수가 있는지, 그리고 어떻게 그토록 화가 났던 사람이 배우자에게 안기려는 모습을 보이는지에 대해 의아해하면서 다른 치료사들이 이마고 치료사에게 그 이유에 대해 묻곤 한다. 하지만 과정에 머물다 보면 에너지는 **분노**에서 **상처**로 그리고 **슬픔**으로 옮겨지고, 이것은 매우 자연스러운 흐름처럼 보인다. 왜냐하면 이제는 상대방이 분노에 찬 그 사람이 아니라 '상처받은 아이'로 보이기 때문이다.

남편이 아내를 향해서 몸을 기울이자 나는 거의 말없이 그들에게 앞에서 설명한 「안아 주기」 자세를 취하도록 했다. 부부가 이 자세로 움직이게 되면 고통을 둘러싼 슬픔은 더욱 깊어지고 화가 난 사람은 그 상처로 인해 보통 흐느끼게 된다. 그런 흐느낌이 잦아들게 되면 깊게 숨을 쉬면서 조용히 쉴 수 있도록 격려한다.

다음 단계로 부부는 「행동수정 요청」을 하게 된다. 화가 난 사람은 받는 사람에게 긍정적이고 구체적이고 측정 가능한 세 가지 요청을 하게 된다. 이 요청은 받는 사람이 다음 주 내에 곧 실행이 가능할 수 있는 것이어야만 하고, 요청하는 사람의 상처가 치유될 수 있는 데 도움이 되는 것이어야만 한다.

받는 사람은 각각의 「행동수정 요청」에 대해 반영해 주어야 할 의무가 있다.

정확하게 모두 반영해 주고 난 그다음 단계에서 받는 사람으로 하여금 그 세 가지 요청 중에서 당장 약속을 실행할 수 있는 한 가지를 먼저 선택하도록 한다. 나는 보통 가장 쉬운 요구를 선택하도록 권유한다. 종종 그들은 그런 공감적 자리에서는 세 가지 요구를 다 들어줄 수 있다고 말하곤 한다. 내 경험에 비추어 보면 그들은 마치 하늘의 별도 따다 주겠다고 말하지만 현실적으로는 사실 그 어느 것 하나도 온전히 지키기가 어렵다.

아내가 제시한 세 가지 요구 중에서 남편은 "다음 두 주 동안 나는 아이 없이 당신하고 단둘이만 저녁 외식을 하고 영화도 보겠어요."라고 했다. 아내는 남편의 말을 「반영하기」를 통해 그녀가 그의 약속에 대해 정확하게 이해했는지를 확인한다. 이것은 확실하게 지반을 다지는 데 있어 중요하다. 남편은 아내가 반영한 것을 다시 정확히 인정했고, 아내는 "고마워요."라고 대답했다.

이 과정의 마지막 단계는 보내는 사람에게 어떤 높은 에너지의 즐거움을 시도하도록 하는 것이다. 이것은 매우 중요한 단계인데 처음에 부정적이었던 에너지가 긍정적이고 열정적인 에너지로 바뀌어 실재케 하고 그 순환을 완성 짓는 것을 뜻한다. 이 작업은 부부의 유대감을 더욱 강화시켜 준다.

상담실에서 그들은 주로 웃거나 껴안는다. 하지만 종종 서로 사랑하고 싶은 욕망이 생긴다. 그만큼 깊고 친밀한 연결감이 형성된 것이다.

가장 감동적으로 기억되는 한 부부가 있다. 상담을 받으러 올 때마다 남편은 늘 화가 난 상태였고, 나는 아내에게 남편의 말을 잘 들어줄 것을 부탁했다. 남편은 항상 "이제는 집에 가는 게 싫증이 나. 당신은 내게 어떤 감정도, 즐거움도 표현하지 않잖아."라고 불평했다.

아내는 이 말을 반영해 주었다. 그러자 남편이 다시 화를 내며 말했다. "적어도 내가 집에 들어왔을 때 날 안아 주거나 키스 정도는 해 줘야 하는 거 아니오? 내가 원하는 것은 단지 그냥 사랑스러운 짧은 입맞춤뿐이야. 왜 내게 그런 걸 해 줄 수가 없는 거지?" 그의 화는 흐느낄 때까지 계속되었고, 마침내 울음을 터트리면서 자신이 어린 소년이었을 때를 회상하기 시작했다. 그의 부모는 두 사람 모두 맞벌이 부부로 일했기 때문에 어렸을 적 그의 집에는 아무도 없었다.

아내가 남편을 껴안고 같이 울기 시작했다. 「안아 주기」 자세를 취하면서 아내가 남편에게 이렇게 묻도록 이끌었다. "당신에게 그때 그 일이 어떠했는지 더 말해 줄 수 있겠어요?"

남편은 계속해서 흐느끼면서 이렇게 말했다. "나는 늘 학교에서 집에 돌아와 곧장 나의 방으로 가 혼자 있었어. 너무나 외로워서 혼자 재미있는 상상을 하기도 했고, 때로는 그냥 뭐라도 해야 했기 때문에 책을 읽었지."

그가 이 말을 하자, 나는 **외로움**을 가진 작은 어린 소년이 방 안 침대에 웅크리고 앉아 책을 읽고 있는 모습을 상상할 수 있었다.

　그의 흐느낌이 잦아들자 아내가 공감 어린 말을 하였다. "당신이 그렇게 느끼는 것이 이제 이해가 돼요. 나는 결코 당신의 이런 모습을 알지 못했어요. 내가 어떻게 하면 당신의 기분이 좀 더 나아질 수 있겠어요?"

　"내가 집으로 돌아오면 당신이 나를 반갑게 안아 주고 키스를 해 주었으면 좋겠어."라고 그가 말했다. 그 순간 그녀는 그에게로 가서 애정 어린 포옹과 키스를 해 주었다. 이제 그녀는 그를 화가 난 남편이 아닌 포옹과 키스를 원하는 작은 소년으로 보게 된 것이다. 감정이 메마른 아내에 대해 불평을 해대던 남편의 모습을 그의 **어린 시절의 과거의 경험**과 연결 짓지 않고서는 도무지 이 상처를 치유하는 데 필요한 그 어떤 욕구나 공감을 형성할 수가 없었던 것이다. 이것을 경험하기 전까지 아내는 남편의 욕구를 단지 비평과 불평으로만 받아들였었던 것이다.

낭만 회복하기

　부부에게 있어서 서로의 고통과 상처를 다시 경험하도록 하는 것은 마치 오래된 뇌에게 자신이 위험하고 죽을 수도 있다는 메시지를 보내는 것과 같다. 그러므로 살아남기 위해 방어벽을 치고, 자신을 보호해야 하며 어떤 대가를 치르더라도 살아남아야만 하는 것이다.

　한편으로 부부가 서로에게 즐거움과 기쁨을 경험하는 것은 마치 뇌에게 단지 살아 있는 것에만 그치지 않고 나의 살아 있음을 즐거워한다는 메시지를 보내는 것과도 같다.

　살아 있다는 느낌과 더욱 즐거운 감정을 느끼는 시간은 연애기간이나 그들의 관계가 낭만적인 시기 동안이다. 그 기간 중에 그렇게 기쁘고 안전함을 느끼는 이유 중 하나는 실제로 부부가 서로 긍정적인 메시지를 주고받으며 서로를 돌보기 때문이다.

돌봄의 행동은 부부 중 한 사람에 의해서 상대방 배우자로 하여금 사랑과 돌봄을 받고 있음을 긍정적으로 경험하게 하는 실제적이고 구체적이면서 동시에 관찰이 가능한 행동이다. 아내 론다와 남편 빌이 데이트하던 당시에는, 그녀는 그냥 한낮에 걸려 오는 빌의 안부 전화에도 매우 기뻐했다. 저녁이 되면 빌은 론다의 집으로 전화를 걸어 몇 시간이고 통화를 하곤 했다. 그는 론다가 늘 포옹과 키스를 해 주면서 얼마나 기쁘게 그를 맞이했는지를 기억하고 있었다. 그는 그녀의 따뜻하고 포근한 포옹으로 인해 자신이 너무나 사랑을 받고 있다고 느끼곤 했었다.

이 두 사람은 마중을 나오고, 카드를 보내고, 화장실 거울에 사랑의 메시지를 적고, 서로 마사지를 해 주고, 특별한 저녁을 준비하고, 주말여행을 하는 등 여러 가지 방법으로 그들의 사랑과 관심을 표현했었다.

그런데 시간이 지나고 '로맨틱한 사랑'이 사라지면서 그들 사이에는 서로에게 상처를 주는 행동이 점점 증가하게 되었고 그들의 관계에서 안전감은 사라지고 위험감이 더해 갔다. 그리고 다른 모든 부부들처럼 그들 또한 방어적인 모습에 적응해 갔고, 결국 기쁨이라곤 전혀 없는 관계에서 고통스러운 '힘겨루기'를 하게 되었다.

이러한 순간에 이마고 치료사는 부부로 하여금 뇌 중추부의 즐거움을 활성화시키도록 돕는 것이 중요하다. 그렇게 함으로써 이마고 치료사는 부부가 서로를 즐거움을 제공하는 사람으로 다시 바라볼 수 있도록 돕고 강화시키게 된다.

돌보기 행동   첫 상담을 하고난 후에 나는 보통 지난 번 상담 후
에 어떤 시간을 보냈는지를 묻곤 한다. 그러고는 대개 지난 상담 후
에 상대방 배우자에게 무엇이 가장 고마웠는지를 서로 나누도록 요
청한다. "우리가 지금부터 할 것은 이제까지 배웠던 「이마고 부부대
화법」을 더욱 튼튼히 하는 것입니다. 두 분 중 한 사람이 상대방에게
감사했던 이야기를 하면 상대방은 그것을 반영해 주세요."

이것을 하는 데는 몇 가지 이유가 있다. 첫째는 부부가 진심으로
나아지기를 기대하는 마음에서다. 나는 그들이 나아지기 위해서 시
간과 돈을 사용한다고 믿는다. 부부가 이것을 표현하지 않거나 아직
의식적으로까지 되지는 않는다 하더라도 바로 이것이 그들의 무의
식적인 목표일 것이라고 나는 믿는다. 설령 이혼을 고려하는 부부라
할지라도 사실은 나아지기를 원하고 있다고 나는 믿는다(무의식적으
로는).

이혼을 고려하는 사람도 사실 마음속 깊은 곳에서는 이를 원하지
않는다. 그들이 원하는 것은 **고통이 끝나는** 것이다. 그러므로 우리
가 이들의 관계를 고통의 원인에서 벗어나 기쁨을 제공하는 곳으로
옮길 수 있도록 돕는다면 부부는 그것에 더욱 많은 시간을 쏟게 될
것이다.

상담을 시작하면서 배우자에게 고마웠던 것을 이야기하도록 하는
또 다른 이유는 상대방을 좀 더 긍정적으로 바라볼 수 있게 하기 위
해서다. 사실 우리는 서로에 대한 긍정적인 경험에 머무르기보다는
고통을 경험하는 쪽에 머무르는 것이 더 자연스럽다.

아내 론다는 어느 날 상담을 시작하면서 이렇게 말했다. "빌, 지
난 주 당신이 한낮에 전화해서 기분이 어떠냐고 물어봐 줘서 내가

아주 사랑받고 관심을 받고 있다고 느꼈어요." 남편은 이것을 반영했고, 아내는 눈물을 흘리기 시작했다. 그리고 남편이 아내에게 더 말해 주길 요청했다. 그녀는 그들이 데이트할 당시에 그의 전화를 받는 것이 얼마나 좋았었는지를 떠올렸다. 그녀가 이러한 것을 나누면서 남편 또한 마음이 열리는 듯했다.

남편은 아내에게 지난주 이후로 고마웠던 것이 또 있었느냐고 물었다. 그녀는 "지난주에 당신이 아이들을 돌봐 줘서 나 혼자서 시간을 보낼 수가 있었고, 내가 정말 사랑받고 있고 관심을 받는다고 느꼈어요."라고 말했다.

이런 과정을 통해서 그들은 더 많은 긍정적 에너지를 경험하기 시작했고, 이것은 아마도 그들이 부부관계 초기에 느꼈던 것과 거의 비슷한 경험일 것이다.

매번 상담을 시작하면서 감사를 표현하는 습관을 길들이고 나면 그들은 상담실에 오면 치료사인 내가 서로에게 고마웠던 이야기를 물어볼 것을 미리 알게 된다. 그리고 부부는 그러한 내용을 미리 대기실에서나 상담실로 오는 차 안에서 준비하게 된다. 이러한 연습은 나중에는 상담 예약을 준비하기 위해 그 주간 중간쯤에 이뤄지게 된다.

이런 식으로 상담을 시작하면서 그들은 모든 시간 동안에 이러한 긍정적 에너지의 흐름을 경험할 수 있게 된다.

상담이 한 달 정도 지난 뒤 남편은 그가 집에 들어왔을 때 아내가 따뜻하게 그를 맞아 주던 것을 고마워했다. 그녀가 남편의 차가 들어오는 소리를 듣고는 문 밖으로 나가 남편에게 따뜻한 포옹을 하는 배려를 보였던 것이다. 남편이 이것을 아내와 나누었고, 그녀는 여기에 「반영하기」를 하였으며, 그는 눈물을 흘리기 시작했다.

이마고 치료사인 나는 그 순간을 포착하여 남편에게 "이것이 나에게 이처럼 감동적으로 와 닿는 이유는 …"이라는 문장을 완성하게 했다. 그는 이 문장을 완성했고 이내 얼굴이 붉어지더니 눈물을 참으려고 안간힘을 썼다. 나는 그에게 그 감정에 머물러 있으면서 아내에게 좀 더 그 이야기를 말해 주도록 요청했다.

감정의 깊은 곳에서 남편은 그의 아동기에 받았던 상처를 기억했다. "아버지는 집에 거의 안 계셨지만 우리가 집에 오면 항상 어머니가 문 밖에 서 계셨어요. 나에겐 그것이 아주 좋은 기억으로 남아 있었어요. 왜냐하면 아버지가 오면 우리 집은 완전히 변해 버렸기 때문이에요. 아버지는 항상 술을 드셨고, 어머니는 늘 긴장해 계셨어요." 아내는 계속해서 남편의 말에 「반영하기」를 해 주었고, 스스로 남편의 경험을 인정하고 큰 공감을 표현했다.

고마움을 표현하는 것을 통해 이 통로가 열리게 되었고, 이 부부는 더욱 깊은 연결감과 유대감을 가지게 되었던 것이다.

긍정적 홍수　'로맨틱한 사랑'의 시간 동안 경험했었던 긍정적인 에너지를 또다시 경험할 수 있도록 하는 과정 중 우리가 「긍정적 홍수(positive flooding)」라고 부르는 것이 있다. 이것은 서로의 배우자에게 긍정적 에너지를 충분히 표현하도록 하는 것이다. 충분히 긍정적인 에너지를 가지고 배우자에게 아낌없이 표현을 하게 되면 이는 뇌의 다른 경로를 형성해 자기 자신을 긍정적인 가치를 지닌 사람으로 경험하게 하고 바라보게 한다.

이마고 치료사는 부부와 함께 시간을 보낸 후에 그 부부가 좋은 관계를 형성했다고 판단되면 이 「긍정적 홍수」를 사용한다. 이 일을

시작할 때 나는 먼저 부부에게 더욱 긍정적인 에너지를 증가하도록
돕는 과정에 참여하고 싶은지를 묻는다.

다른 것과 마찬가지로 이 과정에서도 한 사람은 보내는 사람이 되
고 또 다른 한 사람은 받는 사람이 된다. 받는 사람은 의자에 앉아
있고, 보내는 사람은 부부치료사의 도움을 받아 그 의자 주위를 맴
돌기 시작한다. 이 움직임은 에너지의 흐름을 증가시킨다.

그리고 배우자와 눈이 마주치는 순간마다 보내는 사람은 받는 사
람에게 "나는 당신의 …을 좋아해요."라는 긍정적인 말을 해야 한
다. 이 말을 할 때는 다음의 세 가지 영역에 초점을 맞춘다.

① 상대방의 **신체적 특징**에 초점을 맞춘다. 예를 들어, 보내는 사
   람은 이렇게 말할 수 있다. "나는 당신의 눈을 정말로 좋아해
   요. 나는 당신의 웃음이 좋아요. 당신은 정말 사랑스럽고 따뜻
   한 미소를 가지고 있어요." "나는 당신의 손을 좋아해요. 당신
   의 손은 너무나 부드러워요." 이때 받는 사람은 조용하게 앉아
   있고 반응하지 않도록 한다.

② 보내는 사람이 받는 사람 주위를 돌면서 그녀의 **행동적 특징**에
   대해 긍정적인 메시지를 보내도록 한다. 그가 이런 긍정적인
   메시지를 보낼 때 치료사는 에너지와 목소리를 증가시키도록
   격려한다. "나는 당신이 문에서 나를 맞아 주는 것이 좋아요."
   또는 "아침에 일어나 나를 위해 커피를 만들어 주는 모습이 좋
   아요." 또는 "나는 당신이 사람이 많은 곳에서 내 손을 잡아 주
   는 게 좋아요."라고 말한다.

③ 긍정적인 에너지가 증가함에 따라 그는 의욕을 가지고 그녀의 **성격적 특징**에 대해 긍정적인 메시지를 보낸다. "나는 당신의 성실함이 아주 좋아요. 그리고 나는 당신의 친절함과 민감함을 특히 좋아해요."

보내는 사람이 원을 그리면서 계속해서 말을 하면 에너지는 점차 증가되고 자신이 얼마나 아내를 사랑하고 감사하는지 에너지가 충만하게 된다. 그때 이마고 치료사는 보내는 사람으로 하여금 받는 사람 앞에 정면으로 서도록 요청한다.

때때로 그들은 아래위로 막 뛰기도 하고, 포옹할 때처럼 기쁨의 눈물을 흘린다. 이 방법은 부부간의 긍정적인 에너지를 증가시키고 유대감을 강화시킨다.

보내는 사람은 이러한 이야기를 하는 것이 자신을 매우 기분 좋게 만든다고 말한다. 왜냐하면 이 모든 것을 생각하긴 했었지만 직접 말로 표현하지는 않았었기 때문이다. 받는 사람은 이 대화가 끝나는 것이 정말 싫을 정도로 이것을 좋아한다. 왜냐하면 우리는 오랫동안 어린 시절을 보내며 무엇이 옳지 않은지에 대해서만 주로 들었고, 이로 인해서 우리가 가치 없고 사랑받지 못하는 존재로 느껴졌기 때문이다.

새로운 비전 갖기   부부치료를 하면서 그들이 어디로 가고 있는지, 목표는 무엇인지, 그리고 그들의 부부관계에서 진정 바라는 것이 무엇인지를 아는 것이 매우 중요하다. 그리고 단지 부부가 그것에 대해 말하는 것보다는 지금 있는 여기에서 자신들이 정말 원하는 새로운 비전을 가질 수 있도록 도와주어야 한다.

부부치료 과정 동안 여러 시간과 장소에서 그들의 부부관계를 향한 비전을 찾을 수 있다. 두세 번의 상담 후에 한 배우자는 이렇게 말할 수도 있다. "난 우리가 어디로 가는지 알 수가 없어요." "우리가 나아지는지도 잘 모르겠어요." "아직 변한 것이 아무것도 없는 것 같아요."

이때 이마고 치료사가 그 부부가 어떤 일이 일어나기를 원하는지를 구체적으로 물어보는 것은 또 다른 기회를 잡을 수 있도록 이끈다. 그리고 "나에게 말하는 대신 서로에게 말해 보지 않겠어요? 당신이 꿈꾸어 왔던 그 '관계'를 경험하는 데 있어서 상대방이 어떻게 해 주면 도움이 되겠는지를 긍정적인 방법으로 전달해 주기 바랍니다."

한 사람은 그들이 가장 친한 친구가 되고 싶다고 말하거나, 결혼 생활에 더욱 열정을 가지고 싶다거나, 취미를 나누고 싶다고 말할 수 있다. 그러면 상대방 배우자는 이 말을 반영하고 요약하고 인정한다.

언제든지 아직 잘 이해할 수 없다고 느낄 때는 더 많은 정보를 묻고, 또 인정하고 공감할 수 있을 때까지 반영하면 된다.

그 후 부부는 서로의 역할을 바꾸어 각각 이 비전을 나눈다. 결국 그들이 '부부관계 비전 나누기'를 통해서 자신들이 정말로 원하는 것이 무엇인지 그리고 그들이 어디로 가고 싶어 하는지에 대해 상호간의 동의에 이르게 된다. 즉, 「새로운 비전 갖기」를 통해서 **부부 공동의 관계 비전**을 갖게 되는 것이다.

이마고 치료사의 목표는 부부가 서로 합의점에 이르도록 하여 그 부부관계 비전을 서로 나누도록 하는 데 있는 것이 아니다. 이마고 치료사의 진정한 목표는 부부를 '대화의 과정'에 머무르도록 하는 것이다. 내용은 정말로 아무 상관이 없다. 하지만 만약 부부가 '대화의 과정' 속에 머무를 수 있게 되면, 공감적 유대감을 경험하게 되고 결국 관계의 비전을 나누는 곳으로까지 움직이게 될 것이다.

아내가 슬퍼하며 이렇게 말한다. "나는 우리가 좀 더 가까워지기를 원하는데 우린 그러지를 못해요." 이마고 치료사는 남편에게 먼저 「반영하기」를 요청했고 아내에게 다시 이렇게 묻는다. "그 목표가 이루어지기 위해 무엇이 필요하다고 생각합니까?" 또는 "가까워지도록 하지 못하는 이유가 무엇이라고 생각합니까?"

이러한 질문은 '힘겨루기'를 계속하게 만드는 주요한 문제를 다루는 대화로 부부를 이끈다. 부부치료사는 부부를 그 대화 과정 안에 머물 수 있도록 이끈다. 부부치료사는 대화 과정에서 「부모-자녀 대화법」, 「안아 주기」, 「담아두기 훈련」과 같은 심오한 과정을 다룰 수 있는 기회를 갖는다.

부부는 그들이 꿈꾸는 부부관계에 대해서 서로가 다른 관점을 가지고 있는 것으로 인해서 어떤 문제가 발생하기도 한다. 한 사람은 "우리가 가장 친한 친구 사이 같고 함께 아이를 길렀으면 좋겠어요."라고 말하지만, 다른 한 사람은 자녀를 원하지 않을 수도 있다.

이러한 일이 생기면 그들이 정말로 다른 점이 무엇인지를 발견할 수 있도록 충분히 오랫동안 대화 과정 속에 머물러 있어야 한다.

나는 나의 결혼생활 속에서 이런 점을 깨달았다. 아내는 셋째 아이를 원했지만 내 계획은 그렇지가 않았다. 대화의 주제는 아이였지만 아이를 가지거나 가지지 않는 것은 협상의 문제가 아니었다. 우리는 이 문제를 가지고 3개월이 넘도록 긴 대화 과정을 가졌다. 때로는 잠들기 전에 이야기를 나누었고, 때로는 휴일 아침 커피숍에 가서 몇 시간이고 대화하기도 했다.

대화를 통해서 아내는 왜 자신이 그토록 셋째 아이를 원하는지 자기 자신조차 잘 모르겠다고 했다. "아마도 내가 세 자녀가 있는 가정에서 자랐기 때문에 지금은 무언가 완전하지 않다고 생각할 수도 있어요." 나는 아무런 판단, 해석을 하지 않고 그저 아내의 말에 간단하게 「반영하기」만 했다. 그리고 그녀가 그런 생각과 느낌을 가지는 것을 이해할 수 있게 되었다.

내 생각을 나누게 되었을 때 나는 두 아이만 있는 것이 내겐 더 편하다고 말했다. 나는 나의 삶이 무언가 변화되길 원하는데 지금은 여행하는 것이 자유롭지만 만약 아이가 더 생기면 어려워질 것이라고 말했다. 그녀는 이 말에 반영해 주면서 내 생각을 인정했고, 셋째 아이가 생기면 여행이 힘들 것이라는 나의 감정에 공감을 표현했다.

그리고 경제적인 문제도 있었다. 또 다른 아이를 키울 수 있을까? 아내는 남이 말하는 것처럼 "내가 알아서 할게요."라는 식으로 말하지 않고 그저 내 말을 잘 반영해 주었다. 그리고 그 걱정이 충분히 이해가된다고 인정하면서 또 다른 아이를 가지는 것에 대한 나의 부담 또한 공감해 주었다.

몇 주가 지나면서 그녀는 이렇게 말했다. "내가 왜 그렇게 강하게 셋째 아이를 원하는지 잘 모르겠어요. 한편으로는 원하지 않는 것 같기도 하고… 지금 우리는 조금 여유로운 생활을 하고 있는데 아마도 난 무언가를 더 하고 싶은가 봐요. 하지만 이 감정이 흔들리는 것 같지는 않아요."

나는 아내를 내 생각 쪽으로 설득하고자 하는 유혹에 잠시 빠졌지만, 부부대화에 진실하게 임하는 것이 더욱 중요하다고 생각했다. 그래서 아내의 말을 반영하고 나 또한 이렇게 인정했다. "당신이 아이를 갖는 것에 대해 강한 열망이 있긴 하지만, 당신 자신도 아직 그게 무엇인지 다 이해하지 못하고 있고, 한편으로는 아이를 원하지 않는 것 같다는 당신의 말이 모두 이해가 돼요." 그러고는 공감적으로 "이 모든 것이 당신을 혼란스럽게 할 것 같아요."라고 말했고, 아내는 고개를 끄덕이며 동의했다.

3개월 동안의 이 긴 대화에서 나는 나의 걱정거리를 이야기했다. "우리는 두 명의 건강하고 예쁜 아이가 있고, 이제는 나이도 먹었어요. 만약 셋째 아이가 잘못돼서 태어나면 어떡해요? 만약 그렇다면 내가 진심으로 그 아이를 사랑할 수 있을지 잘 모르겠어요." 나는 아내가 나의 생각과 감정을 판단하거나 혹은 "만약 그렇게 되면 다른 부모처럼 그 아이를 사랑할 다른 방법을 찾을 수 있을 거예요."라는 식으로 말할까 봐 걱정했었다. 만약 아내가 그런 식으로 반응을 했었더라면 아마도 나는 내 생각을 던져 버리고 그런 생각을 했던 내 자신을 무척 창피하게 여겼을 것 같다.

하지만 다행히도 아내는 나에 말에 간단하게 「반영하기」를 해 주고 내 말을 인정했다. "맞아요, 우리에게는 너무나 예쁜 두 아이가 있어요. 만약 셋째가 약간의 선천적 문제를 가진다면 무척 힘들 거예요. 그 말이 이해가 돼요. 당신은 아마도 분노와 죄책감으로 인해 당신이 원하는 만큼 아이를 충분히 사랑해 주지 못할 거예요."

그 말은 정확하게 내가 생각하는 그대로였다. 나는 아마도 사랑하는 부모로서 나의 책임을 다하려고 노력이야 하겠지만, 결국 그 깊은 감정이 곪아 흘러내릴 것을 알고 있었다. 이 대화를 시작하던 3개월 전까지는 나는 내가 왜 셋째를 갖는 데 그렇게 주저하는지 나 자신의 생각과 감정을 몰랐었다. 그저 단순하게 그것이 시간과 돈의 문제라고만 생각했었다.

그런데 이 3개월 동안 대화의 과정에 있으면서 우리 두 사람 모두에게 무언가 변화가 생겨났다. 처음에는 누구도 어디서 끝을 맺어야 할지를 확신하지 못했다. 그런데 아내는 놀랍게도 대화를 하면서 세 번째 아이를 갖지 않아도 괜찮게 되었다. "나는 더 이상 이것에 대해 싸우고 싶지 않아요."라고 말하며 체념하는 것이 아니라, 진정 평화와 만족감을 가진 것이다. 한편으로 나는 셋째 아이의 가능성에 대해 약간 기뻐하는 상태가 되었다.

지금까지 일어난 일이 아내로서는 아내의 잃어버렸던 어떤 일부가 깊은 나눔과 공감적 유대감을 통해 채워지게 된 것이다. 어떤 갈망과 열망은 서로의 관계가 가까워짐을 통해 만족된다. 동시에 나는 깊은 두려움을 말할 수 있게 됨에 따라 또 다른 아이를 기뻐할 수 있는 보다 나은 위치로 나아가게 되었던 것이다.

결국 그렇게 우리는 셋째를 얻었다. 그리고 지금 그 아이는 나의 삶의 최고의 기쁨이다!

이 모든 것을 통해서 내가 배우게 된 것은 만약 사람들이 그들의 관계에 대해 다른 꿈, 목표, 희망 또는 비전을 가지고 있다면, 서로의 공동의 비전을 가질 때까지 충분히 길게 대화 과정에 머무는 것이 중요하다는 것이다.

이 대화 과정에 머물기 위해서 사람들은 약속을 해야 한다. 문제 해결사가 되려는 사람들이나 협상을 통해 문제를 해결하거나 차이

점을 해석하고자 열망하는 치료사에게 나는 《탈무드(*Talmud*)》에 나오는 다음의 말을 상기시키고 싶다. "짧은 길은 긴 길이고, 긴 길은 짧은 길이다."

만약 부부가 짧은 길을 선택해서 서로 타협하고자 한다면 그들은 그곳에 묶이게 된다. 왜 그럴까? 무의식은 타협하는 것에는 전혀 관심이 없기 때문이다. 무의식은 단지 치유와 회복에만 관심을 보인다. 그러므로 만약 부부가 대화의 긴 과정을 택한다면 그들의 문제는 그리 중요하지 않게 되고 결국에는 치유와 공감적 연결감의 자리로 움직이게 되는 것이다.

 ## 3. 요약

삶은 해결되어야만 하는 골칫거리가 아니다. 삶은 살아가야 할 과정이다. 부부치료 또한 과정이다. 부부치료사에게 있어서 이 과정은 **부부대화**에 기반을 두는 것이어야 한다.

부부대화의 5단계 과정은 「새로운 이미지 형성하기」, 「좌절감 재구성하기」, 「분노 해결하기」, 「낭만 회복하기」, 그리고 「새로운 비전 갖기」다. 이것은 마치 여러 다양한 부품이 한데 모여서 하나의 엔진이 되는 것처럼 이 부부대화의 5단계 과정의 여러 가지 형태는 부부치료사에 의해서 더욱 깊어지고 결국 공감적인 유대감으로 이어지며 치유와 회복이 일어난다.

처음으로 배우는 기술인 「이마고 부부대화법」은 결국 우리가 이 세상을 살아가는 존재의 방식이다. 즉, 우리가 대화적이 된다는 것은 다른 사람을 진심으로 대한다는 것이고, 그들의 존재를 인정하고 당신 주위에 공감적 유대감을 형성하는 것이다.

이마고 부부관계치료사의 목표는 부부가 서로의 치료사가 될 수 있도록 돕자는 데 있다. 이것을 서로의 분석가가 되는 것과 혼돈해서는 안 된다. 많은 부부들은 상대 배우자의 행동과 의도를 분석하는 데 꽤 능숙하다. "맞아, 당신은 늘 나의 사랑을 확신하지 못했어. 당신이 자라 온 가정이 그것을 말해 주지. 그래서 당신은 자신감에 문제가 있고 자존감이 낮아." 배우자에 의한 이러한 비평은 서로의 관계에 방어와 거리감만 주게 된다.

"부부가 서로의 치료사가 된다."라는 말은 매우 중요한 의미가 있다. 배우자의 치료사가 된다는 것은 상대방 배우자가 나의 감정과 생각을 나눌 수 있는 안전한 위치가 만들어지기까지 자신의 목표를 잠시 접어 둔다는 것을 의미한다. 그리고 좋은 치료사처럼 배우자의 말을 인정해야만 한다. "당신의 말은 일리가 있어요. 당신은 당신을 가두어 둘 필요가 전혀 없어요. 그리고 여기에 정신이 나가서 미친 사람은 아무도 없어요." 그리고 상대방에게 공감을 표현한다. 좋은 치료에서는 공감이 일어나게끔 되어 있다. 배우자로부터 이러한 좋은 선물을 받는 것은 결국 치유를 위한 티켓을 받는 것과 같다.

부부가 그들의 관계에서 나타나는 여러 가지 언덕, 계곡, 벼랑 등을 잘 넘어갈 수 있도록 이마고 치료사는 마지막까지 이들이 대화 과정 안에 머무를 수 있도록 이끈다. 이러한 지속적인 연습은 결국 부부로 하여금 자신들의 집에서도 이러한 대화를 지속적으로 할 수 있게끔 편안함을 갖게 한다.

이마고 치료사가 부부에게 여러 과제를 내주는 것 또한 도움이 된다. 부부는 그러한 과제를 통해서 일반적으로 상담실 밖에서도 여러 가지 경험을 할 수가 있고, 그리고 상담의 연속선상에서 그것을 활용할 수 있다. 만약 「행동수정 요청」 과정 중에 상담이 종료되면, 그것이 그 한 주간의 과제가 된다. 과제는 종종 상담실 밖에서 이뤄지기 때문에 목표 지향적이어야만 하며, 또한 각 상담내용과 상호연관이 있어야 한다. 과제를 수행하는 것은 부부에게 성취감과 함께 자신들의 나아지고 있다는 느낌을 준다.

만약 이마고 치료사가 어떤 특별한 과제를 제시했다면, 부부에게 그 과제를 확인하는 절차가 나중에 있다고 말해 준다(나는 숙제를 내주고 확인하지 않는 선생님에 대해서 좌절감을 느끼곤 했었다). 그리고는 부부에게 이 과제를 중요하게 대해야만 하고 하나하나를 성실하게 임하라고 말한다.

나는 부부상담을 시작하면서 "지난주에 상담했을 때 당신은 남편에게 한 가지 요청을 했고, 남편은 그 요청에 동의했었지요. 그 요청이 어떻게 되었는지가 궁금합니다. 거기에 대해서 나에게 말하기보다는 서로에게 말해 보세요."라고 과제를 확인한다. 이런 방법으로 그들은 상담을 시작하면서 곧 과정으로 들어가게 되고 그들은 그 과제의 결과를 이마고 치료사에게 말하기보다는 서로에게 말하게 된다.

아내는 자기 부부가 그 과제를 하지 않았다고 말할 수도 있다. 나는 왜 하지 않았느냐고 직접 묻기보다는 남편에게 그것에 대해 반영해 줄 것을 요청한다. 이마고 치료사는 이 부부 역시 의사소통을 원하고 있다는 것에 유의해야 한다.

남편은 「반영하기」를 하고 더 말할 것이 있느냐고 물었다. 아내는 "나는 그것을 하려고 했는데 당신은 도무지 관심이 없더군요."라고 말했다.

　남편은 다시 「반영하기」를 하고 더 말할 것이 있느냐고 다시 한 번 물었다.

　만약 그들이 충분하게 「반영하기」를 한다면, 마침내 남편이 아내를 인정할 수 있는 그 시점에 다다르게 될 것이다. "이해가 돼요. 당신은 나와 이야기를 나누고 싶었군요. 그리고 당신의 말을 듣고 보니 내가 그렇게 하지 않았군요."

　이마고 치료사는 그러고 나서 남편에게 **공감**으로 나아가도록 요청을 했고, 그는 "내가 대화에 참여하지 않았을 때 당신이 분명히 상처를 받았을 것이라고 생각이 돼요. 그랬던 게 맞나요?"라고 말했다

　아내는 더 할 말이 있는 것 같았고 울기 시작했다. 그녀가 눈물을 보이는 것은 그 과정 안에서 더 **깊은 상처로 내려가려는** 것을 의미한다. 이마고 치료사는 더 깊은 과정으로 나아가게 하기 위해 여러 가지 과정을 사용할 수가 있는데, 이 과정은 치유가 일어나는 공감적 유대감을 형성하게 한다. 부부가 과제를 하지 않았다면 그들에게 창피를 주거나 꾸짖기보다는 오히려 그 기회를 포착하여 더 유익한 방향으로 나아가야 한다.

　만약 그들이 과제를 수행했다면 대화를 통해 경험한 것을 서로에게 이야기하는 과정으로 나아간다. 소중하고 고마웠던 일을 함께 나누며 그 이야기를 듣는 것은 서로를 치유하는 데에 큰 도움이 된다. 예를 들어, 「행동변화 요청」을 함께해 나가는 것은 즐거운 느낌을 갖게 한다.

　부부는 눈물을 흘리며 기쁨을 표현할 수도 있다. 왜냐하면 과제를 함께하면서 상대방에 의해 마음이 많이 움직였기 때문이다. 이마고

치료사는 그들에게 다음과 같은 문장을 제시하고 완성하게 한다. "나에게 이것이 그렇게 큰 의미가 되는 이유는…." 또는 "이것이 나를 그렇게 크게 감동시키는 이유는 당신이…."

그러면 그 말을 받는 사람은 다음과 같이 말하면서 「반영하기」를 한다. "내가 당신을 맞게 이해했다면 당신은 내가 지난주에 그렇게 했을 때 정말 감동을 받았군요. 왜냐하면…."

상담 시간은 과제를 했는지 안 했는지를 알아보며 사용될 수도 있지만 이마고 치료사는 그 시간을 잘 활용할 수 있어야 한다. 이마고 치료사와 부부는 함께 치유로 나아가기 위해 서로의 차이점을 이해하고 감사하며 생각을 교환한다.

부부는 이마고 치료사의 상담실에 들어온 첫 순간부터 이 과정을 배우기 시작한다. 이마고 치료사는 그들의 코치이고, 부부는 상담실의 안팎에서 「이마고 부부대화법」을 연습한다. 그러나 그들이 스스로 살아가면서 이 대화 과정에 머물기란 매우 어렵다. 왜냐하면 이 대화 과정이 부자연스럽고 불편하게 느껴지기 때문이다.

이마고 치료사는 부부가 자신이 보지 않는 다른 장소에서는 매우 어려움을 겪을 것이라고 예상해야 한다. 두 명의 **상처받은 아이**를 집으로 돌려보내는 것이라고 생각해 보라. 3세, 4세짜리 아이들을 집에 혼자 두면서 모든 것이 다 잘되리라고 기대하지는 않을 것이다.

이것을 스키에 비유하자면, 처음에 대화를 시작하면서는 잘되는 것 같은 생각이 들지만 그러다 갑자기 얼음덩어리에 부딪히게 되면 두려워지고 조절력을 잃었다고 느낄 것이다. 스키를 타면서 가장 잘해야 하는 것은 잘 넘어지는 일이다. 그리고 곧 평정을 되찾고 일어서길 원할 것이다. 그렇게 하려면 두 발로 서서 다시 어떻게 스키의 제동을 거는지 또다시 기본으로 되돌아간다. 즉, 모든 것을 천천히 하고 정확하게 「반영하기」를 하도록 한다.

결혼을 하고 결혼생활을 지속하는 데는 좋은 점도 있고 나쁜 점도 있다. 나쁜 점은 만약 당신이 결혼생활을 유지하려 한다면 반드시 변해야만 한다는 것이다!

어째서 그런가? 왜냐하면 당신은 당신의 배우자를 실망시키고 계속 상처를 입히기 때문이다. 배우자가 당신을 자신의 고통과 상처의 근원이라고 느끼는 한, 자기 자신을 그 고통으로부터 계속 보호하려 들 것이다. 그래서 당신의 배우자는 도망가거나, 싸우거나, 자신을 보호하기 위해 숨으려고 하지만 당신은 당신과 함께 놀고, 양육하고 사랑할 사람이 필요하다. 하지만 당신의 배우자는 당신의 그런 만족을 채우는 데서 벗어나기 위한 여러 다른 방법들을 모색하려 들 것이다.

결혼을 지속하는 데 좋은 점은 당신이 변화한다는 것이다!

어떻게 그런가? 왜냐하면 당신은 당신이 원하는 모습에서 벗어나려 하기 때문이다.

내가 캘리포니아로 휴가 갔을 때 있었던 일을 비유하여 이 말을 설명하려 한다. 나는 아름다운 해변을 운전하면서 해변을 따라 심어져 있는 약간 이상한 나무들을 발견했다. 사람들은 그 나무를 삼나무라고 불렀다. 아마 당신은 이 나무들을 해지는 엽서 속에서 혹시 봤을지도 모른다. 그 나무들은 실제로 매우 아름다웠다. 나무의 가지와 잎사귀는 모두 바다 쪽이 아닌 육지 쪽을 바라보고 있었다. 수십 년 동안 이 나무들은 모진 바람과 파도에 부딪치며 자라느라 정상적인 성장이 방해되었던 것이다.

나는 그 나무들을 보며 내 자신에게 이렇게 말했다. "저것이 바로 우리야. 우리의 모습이 저 나무와 같아." 왜냐하면 우리는 자라면서 '다 큰 아이는 우는 거 아니야.' 또는 '감정을 표현하지 마라.' 같은 메시지를 받았기 때문에 우리의 에너지를 제 기능대로 충분히 흐르게 하기보다는 그것을 억제하여 우리 안에 숨겨 두었던 것이다. 그렇게 되면 그 에너지는 다른 통로나 다른 기능으로 흐르게 되는 데, 이 때문에 우리도 그 나무들처럼 약간 기형적이고 특이한 기질적 구조로 형성되게 된다.

그러나 우리는 결코 기형적으로 태어난 것이 아니다. 우리는 충분히 살아 있음을 느끼면서 여러 기능으로 에너지를 흐르게 할 수 있는 능력을 가지고 태어났다. 우리의 무의식은 회복이 필요한 것을 알고 있으며, 그 임무를 수행하기 위해 누군가를 찾아 나선다. 처음엔 잘 맞을 것 같은 사람을 발견하지만 이내 낭만이 사라지고 나면 서로가 맞지 않는 데 대한 '좌절감'을 경험하게 된다.

자신의 에너지를 표현하지 않으려는 경향을 가지고 있고 아주 실제적이며 논리적인 남자는 자신의 생각이나 의견이 확실하지는 않지만 자신의 감정을 편안히 나눌 수 있는 그런 여자에게 끌리게 된다. 두 사람이 만나면 어떤 불가사의한 작용이 일어나 서로에게 끌리게 된다. 남자는 여자의 섬세함을 사랑하게 되고 여자는 남자의 침착성과 안정감을 사랑하게 된다.

그 둘은 마침내 결혼을 한다. 하지만 시간이 지나고 결혼생활이 점차 안정되면서 여자는 남편에 의해 무시당하는 느낌을 갖는다. 남편은 아내에게 그들이 데이트할 때만큼의 관심을 보이지 않는다. 그녀는 좌절감을 느끼고 남편을 비평하며 이렇게 말한다. "나는 당신에게 아무것도 아니에요. 나한테 말도 걸지 않는 사람과 사는 것은 이제 진력이 났다고요. 더 이상 이렇게 살 수는 없어요." 물론 이러한 공격에 대해 남편 역시 방어를 하거나 아내를 공격하기도 한다. 이렇게 함으로써 그들은 끝없는 '힘겨루기' 속에 빠지게 되고, 둘 중 누구도 서로의 욕구를 채우지 못한 채 '좌절감'을 느끼게 된다.

그러나 이 모든 좌절감 아래에서 '성장'이 일어난다. 모든 좌절감 아래에는 정당한 욕구나 욕망이 있다. 모든 부부는 이러한 욕구를 결코 채우지 못하게 되는데, 그 이유는 그들이 하는 모든 시도가 그들의 관계를 더욱 파괴시키고 비생산적으로 끝나게 되기 때문이다.

대부분의 부부는 서로를 비난하면서 그들의 '좌절감'을 다루려 한다. "당신은 너무나 이기적이에요." 또는 "당신은 너무 무뎌요." 또는 "당신은 당신밖에 몰라요." 또는 "당신은 성관계에는 아무 관심이 없어요. 당신은 성관계를 아예 생각하지도 않는 것 같아요."

우리는 아주 이상하게도 우리가 배우자를 오랫동안 열심히 비난하게 되면, 결국 상대 배우자가 변하게 되어 우리의 욕구를 채워 줄 것이라 믿고 있는 것 같다. 나는 오랫동안 어디서 그런 사고가 시작되었는지에 대해 고민해 보았다. 그리고 그런 생각은 바로 우리가 이 세상에 태어나면서부터 생겼다는 확신을 갖게 되었다.

우리는 아주 많은 욕구를 가지고 이 세상에 태어났다. 당신이 갓난아기였을 때 배고픔과 같은 욕구가 채워지지 않는다면 갓난아기였던 당신은 계속 울게 된다. 만일 그 욕구가 계속해서 채워지지 않으면 더 크게 울고 그래도 채워지지 않는다면 더 큰 소리를 지르게 된다. 그렇게 하면 어떤 일이 일어나는가? 누군가가 다가와 우유병을 물려 줌으로써 당신의 욕구를 채워 줄 것이다.

우리의 오래된 뇌는 이 시나리오를 잘 기억하고 있다. 어른이 되어서도 필요한 욕구가 채워지지 않으면 우리는 좌절감을 느끼게 되고 또 울기 시작한다. 그런데 이제 우리는 성인이기 때문에 울기보다는 남을 비난하게 되는 것이다. 비난과 비평은 성인에게 울음의 한 방법이다.

배우자를 비난하지만 그래도 욕구가 여전히 채워지지 않는다면 이제는 더욱더 소리를 높여 비난한다. 그러나 그럼에도 욕구가 계속해서 채워지지 않는다면 일반적으로는 완전히 악에 받쳐 독설을 퍼붓게 된다. "당신은 자기 자신 말고는 그 어느 누구도 상관하지 않아요. 당신은 내가 필요할 때 단 한 번도 있어 준 적이 없어요. 당신은 정말 차갑고 냉랭한 악마예요!"

하지만 이런 비난의 말은 우리의 욕구를 채우는 데에 사실 그리 도움이 되지 않는다. 왜냐하면 비난의 말은 상처를 주기 때문이다. 창조주가 아기에게 말을 하지 못하게 한 이유도 어쩌면 이런 이유 때문일는지도 모른다. 아기는 말을 하지 못함으로써 살아남을 수 있는 기회가 증가되는 것이다.

의식적으로 생각해 보면 결혼생활에는 비평을 위한 그 어떤 공간도 없다. 건설적인 비평조차도 말이다. 왜냐하면 비평은 그 의도와는 상관없이 항상 받는 사람으로 하여금 상처를 받게 하기 때문이다.

앞에서 우리가 배운 것처럼 부부는 그들의 좌절감을 재구조화하고 「행동수정 요청」을 하도록 격려받는다. 그렇게 함으로써 그들은 배우자를 **치유를 위한 자원**으로 초대하게 된다. 그리고 동시에 성장이 촉진된다.

앞서 묘사한 부부 사례에서 아내는 자신의 비평을 관심을 위한 긍정적인 요청으로 바꾸었다. 구체적으로 남편에게 팔로 안아 달라고 한다든지, 그녀의 눈을 바라보게 한다든지, 자신에게 사랑을 표현해 주도록 요청함으로써 남편을 치유의 자원으로 초대한다. 동시에 아내는 남편으로 하여금 남편이 억제되었던 곳으로부터 성장할 수 있도록 돕게 된다. 이렇게 되면 남편 또한 본래의 온전함으로 돌아가게 되는 것이다.

결론적으로 부부는 이렇게 함으로써 그들이 오랫동안 좌절 속에 있었던 곳에서 벗어나 이제 그들의 온전함, 충분히 살아 있는 본연의 상태로 돌아갈 수 있게 된다. 즉, 우리는 이제 우리가 있어야 할 바로 그 자리에 초대되는 것이다.

한 사람이 있는 모습 그대로 상대방을 받아들일 수 있다는 것은 사회적인 통념일 뿐이다. 그 일은 결코 저절로 일어나지 않는다. 부부는 처음에는 서로 화목할 것 같지만 시간이 지나면 서로 잘 맞지 않는 것을 경험하는 관계를 갖게 된다. 이런 마찰이 있는 곳에서 삶은 시작되고, 치유 또한 일어나며, 성장하게 된다.

당신을 있는 모습 그대로 받아들이는 사람을 찾아 나서는 것보다는 당신의 존재 그 자체가 훨씬 더 의미가 있다. 부부가 지금 여기에서 서로를 존중하고 인정하는 것이 중요하다. 그리고 완전한 회복을 향한 여정에서 이것을 깨닫는 것은 아주 짧은 순간뿐이다.

무의식을 신뢰하라. 무의식은 자신이 나아갈 길을 잘 알고 있다.

Bader, Ellyn, & Pearson, Peter T. (1988). In *Quest of the Mythical Mate*. New York: Brunner/Mazel.

Beavers, W. Robert. (1985). *Successful Marriage*. New York: Norton.

Erikson, Erik H. (1950). "Eight Stages of Man." In *Childhood and Society*. New York: Norton.

Freud, Sigmund. (1933). "Anxiety and Instinctual Life, Lecture XXXIII." In *New Introductory Lectures on PsychoAnalysis*. New York: Norton.

Freud, Sigmund. (1936). *The Problem Of Anxiety*. New York: Psychoanalytic Quarterly Press & Norton.

Freud, Sigmund. (1959a). "Contributions to the Psychology of Love—The Most Prevalent Form of Degradation in Erotic Life (1912)." In Ernest Jones (Ed.), *Sigmund Freud, Collected Papers*, Vol. 4. New York: Basic Books.

Freud, Sigmund. (1959b). "Contributions to the Psychology of Love—A Special Type of Choice of Object Made by Man (1910)," In Ernest Jones (Ed.), *Sigmund Freud, Collected Papers*, Vol. 4. New York: Basic Books.

Freud, Sigmund. (1959c). "Contributions to the Psychology of Love— The Taboo of Virginity (1918)," In Ernest Jones (Ed.), *Sigmund Freud, Collected Papers*, Vol. 4. New York: Basic Books.

Freud, Sigmund. (1959d). "Formulations Regarding the Two Principles in Mental Functioning (1911)," In Ernest Jones (Ed.), *Sigmund Freud, Collected Papers*, Vol. 4. New York: Basic Books.

Freud, Sigmund. (1959e). "Instincts and Their Vicissitudes (1915)," In Ernest Jones (Ed.), *Sigmund Freud, Collected Papers*, Vol. 4. New York: Basic Books.

Freud, Sigmund. (1959f). "On Narcissism: An Introduction (1914)," In Ernest Jones (Ed.), *Sigmund Freud, Collected Papers*, Vol. 4. New York: Basic Books.

Freud, Sigmund. (1959g). "Repression (1915)," In Ernest Jones (Ed.), *Sigmund Freud, Collected Papers*, Vol. 4. New York: Basic Books.

Freud, Sigmund. (1959h). "The Unconscious (1915)," In Ernest Jones (Ed.), *Sigmund Freud, Collected Papers*, Vol. 4. New York: Basic Books.

Freud, Sigmund. (1960). *The Ego and the Id*. The Psychoanalytic Quarterly Press & Norton.

Fromm, Erich. (1958). *The Art of Loving*. New York: Harper & Row.

Guerin, Phillip J., Jr., Fay, Leo F., Burden, Susan L., & Kautoo, Judith Gilbert. (1987). *The Evaluation and Treatment of Marital Conflict*. New York: Basic Books.

Hendrix, Harville & Hunt, Helen. (1997). *Giving the Love That Heals: A Guide for Parents*. New York: Pocket Books.

Hendrix, Harville. (1990). *Getting the Love You Want: A Guide for Couples*. New York: Harper & Row.

Hendrix, Harville. (1992). *Keeping the Love You Find: A Guide for Singles*. New York: Pocket Books.

Hendrix, Harville. (1996). "The Evolution of Imago Relationship

Therapy: A personal and Theoretical Journey." In *The Journal of Imago Relationship Therapy*, International Universities Press, Inc., Vol. 1, No. 1.

Jung, Garl G. (1971a). "Aion: Phenomenology of the Self (The Ego, the Shadow, the Syzygy: Anima/Animus)." In Joseph Campbell (Ed.), *The Portable Jung*. New York: Viking Press.

Jung, Garl G. (1971b). "The Concept of the Collective Unconscious." In Joseph Campbell (Ed.), *The Portable Jung*. New York: Viking Press.

Jung, Garl G. (1971c). "Marriage as a Psychological Relationship." In Joseph Campbell (Ed.), *The Portable Jung*. New York: Viking Press.

Jung, Garl G. (1971d). "The Relations Between the Ego and The Unconscious." In Joseph Campbell (Ed.), *The Portable Jung*. New York: Viking Press.

Kaplan, Louise J. (1978). *Oneness & Separateness: From Infant to individual*. New York: Simon & Schuster.

Lerner, Harriet Godhor. (1989). *The Dance of Intimacy*. New York: Harper & Row.

McLean, Paul. (February 3, 1964). "Man and His Animal Brains." *Modern Medicine*.

Napier, Augustus Y. (1988). *The Fragile Bond*. New York: Harper & Row.

Ornstein, Robert, & Sobel, David. (1989). *Healthy Pleasures*. New York: Addison-Wesley.

Perls, Frederick S. (1969). "Projection." In *Ego, Hunger and Aggression—The Beginning of Gestalt Therapy*. New York: Random House.

Perls, Frederick S. (1970). "Four Lectures." In Fagan, Joen & Shepherd, Irma Lee (Eds.), *Gestalt Therapy Now—Theory,*

Techniques, Applications. Palo Alto, CA: Science and Behavior Books, Inc.

Sager, Clifford J., & Hunt, Bernice. (1979). *Intimate Partners—Hidden Patterns in Love Relationships*. New York: McGraw-Hill.

Sanford, John A. (1980). *The Invisible Partners—How the Male and Female in Each of Us Affects Our Relationships*. New York: Paulist Press.

Schnarch, David M. (1991). *Constructing the Sexual Crucible*. New York: Norton.

Solomon, Marion F. (1989). *Narcissism and Intimacy*. New York: Norton.

Stern, Daniel N. (1985). *The Interpersonal World of the Infant*. New York: Basic Books.

Stuart, Richard B. (1980). *Helping Couples Change*. New York: Guilford Press.

Tannen, Deborah. (1990). *You Just Don't Understand*. New York: Ballantine Books.

찾아보기

릭 브라운(Rick Brown)

이마고 부부관계치료 전문가로 이마고 부부관계치료협회 회장을 역임했으며, 현재 플로리다의 윈터파크에 있는 이마고 부부관계치료연구소 소장이다. 지난 30여 년 동안 이마고 부부관계치료의 임상감독자로서 수많은 가족들과 부부들 그리고 다양한 커플들과 개인들의 관계치료를 도왔으며, 오프라 윈프리 쇼에도 출연하여 이마고 부부관계치료를 시연하기도 했다. 세계적인 학회와 워크숍에 초청되어 수많은 강연을 하는 유명강사로 활발한 활동을 하고 있다.

오제은 박사와 이마고 부부관계치료 개발자인 하빌 헨드릭스 박사
－국제 이마고 부부치료협회(IRI) 총회에서－

오제은

오제은 박사는 퀸즈 대학교와 하버드 대학교, 토론토 대학교와 뉴잉글랜드 대학교를 졸업하고 상담학 박사학위를 취득했으며, 보스턴의 로저스 메모리얼병원 인턴십과 케임브리지 가족치료연구소 가족치료전문가 과정, 버지니아 우드브리지와 파세데나, 뉴저지 페닝턴 부부치료전문가 수련센터 등에서 부부치료전문가 수련과정을 마쳤다. 숭실대학교와 백석대학교에서 상담전공 교수로 재직하면서, 학생상담센터장과 부부가족상담연구소장, 『가족과 상담』편집장, 한국상담전공대학원협의회 회장을 역임했으며, 현재 한국가족상담센터 대표로서 (사)한국가족상담협회와 한국부부상담학회 회장으로 활동 중이다. 국제공인 이마고(Imago) 부부치료전문가(CIT), 커플스워크숍 인도자(CWP), 싱글스워크숍 인도자(SWP), Advanced Clinician, Clinical Instructor Candidate 자격을 취득했으며, 한국가족상담협회 가족상담전문가 수련감독, 한국부부상담학회 부부상담전문가 수련감독, 한국상담심리학회 상담심리전문가 및 슈퍼바이저, 한국상담학회 수련감독으로서, 상담전문가 양성 및 개인상담, 내면아이치료, 집단상담, 가족상담과 부부워크숍을 인도하고 있다. 또한 KBS 1TV〈아침마당〉〈여성공감〉〈오제은 박사의 목요클리닉〉, MBC TV〈생방송 오늘아침〉〈MBC 스페셜 부부솔루션: 이마고(IMAGO)〉, EBS TV〈성공시대〉〈다큐프라임〉등에서 생방송 상담 및 특별강연과 기고 등을 통한 대중 상담가로서 상담의 대중화를 위해 애쓰고 있으며, 저서 및 역서로는 『오제은 교수의 자기사랑노트』『상처받은 내면아이 치유』『가족: 진정한 나를 찾아 떠나는 심리여행』『칼 로저스의 사람-중심 상담』『부부관계 패러다임』『가족치유』등이 있다.

- 이메일 jayoh@familykorea.org
- 홈페이지 http://www.familykorea.org

이마고 부부관계치료 이론과 실제

An Introduction to Theory and Practice

2009년 8월 20일 1판 1쇄 발행
2024년 1월 25일 1판 14쇄 발행

지은이 • Rick Brown
옮긴이 • 오 제 은
펴낸이 • 김 진 환
펴낸곳 • (주) **학지사**

       04031 서울특별시 마포구 양화로 15길 20 마인드월드빌딩 5층

대표전화 • 02) 330-5114   팩스 • 02) 324-2345

등록번호 • 제313-2006-000265호

홈페이지 • http://www.hakjisa.co.kr
인스타그램 • https://www.instagram.com/hakjisabook

ISBN 978-89-6330-182-2 93180

정가 13,000원

역자와의 협약으로 인지는 생략합니다.
파본은 구입처에서 교환하여 드립니다.

출판미디어기업 학지사

간호보건의학출판 **학지사메디컬** www.hakjisamd.co.kr
심리검사연구소 **인싸이트** www.inpsyt.co.kr
학술논문서비스 **뉴논문** www.newnonmun.com
원격교육연수원 **카운피아** www.counpia.com

이마고 부부관계치료 과정 안내

1 이마고 부부관계치료를 활용하여 오제은 박사가 인도하는 〈부부세미나〉는 이혼을 결심한 부부 10쌍 중 7쌍이 이 세미나에 참석한 뒤 부부관계가 극적으로 회복되는, 전 세계적으로 가장 탁월한 효과를 인정받은 부부치료 프로그램이다. 결혼 전 예비 커플을 포함한 모든 형태의 커플들의 다양한 부부 갈등, 상처와 이슈들을 정서, 심리, 관계, 문화, 신체적, 성적 등 다양한 주제별로 다루며 부부관계 회복을 통합적으로 접근한다. 국제 이마고 부부치료협회(IRI)는 약 20여 개국에 1,000명 이상의 이마고(IMAGO) 부부치료전문가를 배출하였으며, 아시아인 최초로 오제은 박사가 국제공인 이마고 부부치료전문가 자격(CIT)을 취득하여, 국내에서도 이마고 부부관계치료를 활용한 부부세미나(2일간/오전 10시~오후 6시)를 실시하고 있다.

2 이마고 부부관계치료를 중심으로 오제은 박사가 인도하는 〈부부교육 지도자〉 과정은 이마고 부부관계치료(IMAGO Couple Relationship Therapy)의 이론과 실제를 공부하는 과정이다. 이마고 부부관계치료의 전반적인 이론교육과 함께 「이마고 부부대화법(IMAGO Couple's Dialogue)」을 집중적으로 훈련한다. '부부세미나'와 '부부교육 지도자' 과정을 수료하면, '부부교육 지도자' 수료증이 발급되며, (사)한국가족상담협회 부부상담사 2급 응시자격이 주어진다. '부부교육지도자'는 교육인증번호를 수여한 후《부부관계교육》을 실시할 수 있다.

3 이마고 부부관계치료를 중심으로 오제은 박사가 인도하는 〈부부상담 전문가〉 과정은 「이마고 부부관계치료(IMAGO Couple Relationship Therapy)」를 중점적으로 수련한 '부부상담 전문가'를 배출하는 과정으로, (1) 부부세미나 (2) 부부교육지도자 과정 (3) 임상수련과정(총 3학기 인턴십―한 학기당 12주로 구성)을 이수하고 (4) 부부상담(115시간 이상)을 실시하고 (5) 과제를 제출하여 통과된 후 (6) 협력 슈퍼바이저 과정을 이수하게 되면 (사)한국가족상담협회《부부상담전문가 1급》응시자격이 주어진다.

4 이마고 부부관계치료를 중심으로 오제은 박사가 인도하는 〈목회자 부부교육 지도자〉 과정은 교인 또는 지역 내 부부 및 결혼 전 예비커플을 대상으로 《부부관계교육》을 실시할 수 있도록 '이마고 부부관계치료(IMAGO Couple Relationship Therapy)의 이론과 실제'를 공부하는 과정이다. '목회자 부부세미나'와 '목회자 부부교육 지도자' 과정을 수료하면, '목회자 부부교육 지도자' 수료증과 (사)한국가족상담협회 부부상담사 2급 응시자격이 주어지며 교육인증번호를 수여한 후 《부부관계교육》을 실시할 수 있다.

5 〈이마고 부부상담연구소〉는 하빌 헨드릭스(Harville Hendrix) 박사에 의하여 개발된 「이마고 부부관계치료(IMAGO Couple Relationship Therapy)」를 한국에 정착시키고자 전문상담사와 교사, 목회자와 부부들에게 이마고 부부관계치료를 소개하고, 이마고 부부관계치료에 관한 집중 연구와 보급을 위해 설립된 비영리 연구기관이다.

http://www.imagokorea.org
이마고부부상담연구소 (02)2285-5915

• 교육과정 문의
  한국가족상담센터 / 이마고부부상담연구소
  02) 2285-5915 / www.familyKorea.org
• 부부상담사 자격증 취득 문의
  (사)한국가족상담협회
  02) 584-0870 / www.Kafc.or.kr